重要単語チェック！

3年　開隆堂版

JN100740

② PROGRAM 1
blossom

cherry blossoms

③ PROGRAM 1
chilly

feel chilly

④ PROGRAM 1
colorful

a colorful painting

⑤ PROGRAM 1
deliver

deliver goods

⑥ PROGRAM 1
develop

develop the city

⑦ PROGRAM 1
different

different colors

⑧ PROGRAM 1
fantastic

Sounds fantastic.

⑨ PROGRAM 1
fever

have a high fever

⑩ PROGRAM 1
headache

have a headache

⑪ PROGRAM 1
home-made

home-made cake

⑫ PROGRAM 1
least

at least

⑬ PROGRAM 1
lend
lent-lent

lent money

⑭ PROGRAM 1
medicine

take a medicine

⑮ PROGRAM 1
noon

at noon

⑯ PROGRAM 1
nutrition

get enough nutrition

⑰ PROGRAM 1
own

own room

⑱ PROGRAM 1
pain

have a pain in my leg

⑲ PROGRAM 1
picnic

go on a picnic

⑳ PROGRAM 1
relay

a relay race

㉑ PROGRAM 1
service

excellent service

㉒ PROGRAM 1
stapler

use a stapler

1 PROGRAM 1

㊙ 利用できる

利用できる席

音声を聞きながら発音の練習をしよう。

音声アプリの「重要単語チェック」から
音声を聞いて，聞きとり，発音の練習をすることができます。
アプリの使い方は，表紙裏をご覧ください。

4 PROGRAM 1

㊙ 色彩に富んだ

色彩に富んだ絵

3 PROGRAM 1

㊙ 寒くて身ぶるいするような

寒気がする

2 PROGRAM 1

㊛ 花

桜の花

7 PROGRAM 1

㊙ 違った，異なる

異なる色

6 PROGRAM 1

㊍ 発展させる，開発する

市を発展させる

5 PROGRAM 1

㊍ 配達する

商品を配達する

10 PROGRAM 1

㊛ 頭痛

頭痛がする

9 PROGRAM 1

㊛ 高熱

熱が高い

8 PROGRAM 1

㊙ すばらしい

すばらしい。

13 PROGRAM 1

㊍ 貸す

お金を貸した

12 PROGRAM 1

㊙ little（小さい）の最上級

少なくとも

11 PROGRAM 1

㊙ 自家製の

自家製ケーキ

16 PROGRAM 1

㊛ 栄養

十分な栄養を取る

15 PROGRAM 1

㊛ 正午

正午に

14 PROGRAM 1

㊛ 薬

薬を飲む

19 PROGRAM 1

㊛ ピクニック

ピクニックに行く

18 PROGRAM 1

㊛ 痛み

足が痛い

17 PROGRAM 1

㊙ 独自の

自分の部屋

22 PROGRAM 1

㊛ ホッチキス

ホッチキスを使う

21 PROGRAM 1

㊛ サービス

すばらしいサービス

20 PROGRAM 1

㊛ リレー

リレー競技

教科書ぴったりトレーニング 英語3年 開隆堂版 付録 ①裏

23 PROGRAM 1

stomachache

have a stomachache

24 PROGRAM 1

suitcase

carry a suitcase

25 PROGRAM 1

tell

told-told

told a story

26 PROGRAM 1

variety

a variety of fruit

27 PROGRAM 1

well-balanced

a well-balanced meal

28 PROGRAM 1

workplace

my workplace

29 Word Web 1

boil

boil water

30 Word Web 1

bread

eat bread

31 Word Web 1

brush

brush my teeth

32 Word Web 1

garden

clean the garden

33 Word Web 1

sofa

a comfortable sofa

34 Word Web 1

spend

spent-spent

spend time with my friends

35 Word Web 1

stair

go up the stairs

36 Word Web 1

tie

a red tie

37 Steps 1

journalist

become a journalist

38 Steps 1

publish

publish a book

39 Steps 1

trust

I trust you.

40 PROGRAM 2

affect

Smoking affects health.

41 PROGRAM 2

asleep

fall asleep

42 PROGRAM 2

bell

ring a bell

43 PROGRAM 2

body

a human body

44 PROGRAM 2

brain

a human brain

45 PROGRAM 2

bright

bright eyes

46 PROGRAM 2

concentrate

concentrate on study

教科書ぴったりトレーニング　英語3年　開隆堂版　付録　②表

㉕ PROGRAM 1	㉔ PROGRAM 1	㉓ PROGRAM 1
動 話す	名 スーツケース	名 胃痛
話をした	スーツケースを運ぶ	お腹が痛い

㉘ PROGRAM 1	㉗ PROGRAM 1	㉖ PROGRAM 1
名 職場	形 バランスのとれた	名 (a variety of で) さまざまな
私の職場	バランスのとれた食事	さまざまな果物

㉛ Word Web 1	㉚ Word Web 1	㉙ Word Web 1
動 ブラシをかける	名 パン	動 ふっとうさせる
歯をみがく	パンを食べる	お湯をわかす

㉞ Word Web 1	㉝ Word Web 1	㉜ Word Web 1
動 (時間を) 過ごす	名 ソファー	名 庭
友人と時間を過ごす	心地の良いソファー	庭の掃除をする

㊲ Steps 1	㊱ Word Web 1	㉟ Word Web 1
名 ジャーナリスト	名 ネクタイ	名 階段
ジャーナリストになる	赤いネクタイ	階段を上る

㊵ PROGRAM 2	㊴ Steps 1	㊳ Steps 1
動 影響を及ぼす	動 信頼する	動 出版する
喫煙は健康に影響を及ぼす。	あなたを信頼しています。	本を出版する

㊸ PROGRAM 2	㊷ PROGRAM 2	㊶ PROGRAM 2
名 体	名 鈴，鐘	形 眠って
人間の体	ベルを鳴らす	眠りに落ちる

㊻ PROGRAM 2	㊺ PROGRAM 2	㊹ PROGRAM 2
動 集中する	形 光っている	名 脳
勉強に集中する	きらきらと輝く目	人間の脳

47 PROGRAM 2

cross

cross over a bridge

48 PROGRAM 2

daytime

in the daytime

49 PROGRAM 2

energy

clean energy

50 PROGRAM 2

habit

a bad habit

51 PROGRAM 2

hold

held–held

held a birthday party

52 PROGRAM 2

improve

improve my English

53 PROGRAM 2

lack

lack of money

54 PROGRAM 2

lose

lost–lost

lost my key

55 PROGRAM 2

minute

wait for 5 minutes

56 PROGRAM 2

nap

take a nap

57 PROGRAM 2

result

a result of a game

58 PROGRAM 2

sign

road signs

59 PROGRAM 2

tight

sleep tight

60 PROGRAM 2

tonight

at nine tonight

61 Power-UP 1

traveler

many travelers

62 PROGRAM 3

angry

I'm angry.

63 PROGRAM 3

baby

smile at a baby

64 PROGRAM 3

bake

bake a cake

65 PROGRAM 3

born

He was born in Canada.

66 PROGRAM 3

comfortable

comfortable weather

67 PROGRAM 3

create

create a play

68 PROGRAM 3

draw

drew–drawn

drew a picture

69 PROGRAM 3

especially

$E = mc^2$

especially famous

70 PROGRAM 3

final

the final part of a story

教科書ぴったりトレーニング　英語3年　開隆堂版　付録

③表

49 PROGRAM 2	48 PROGRAM 2	47 PROGRAM 2
名 エネルギー	名 昼間	動 横断する
クリーンエネルギー	昼間に	橋を渡る

52 PROGRAM 2	51 PROGRAM 2	50 PROGRAM 2
動 改善する	動 開催する	名 習慣
英語を上達させる	誕生日会を催した	悪い習慣

55 PROGRAM 2	54 PROGRAM 2	53 PROGRAM 2
名 分	動 失う	名 不足
5分間待つ	カギをなくす	お金の不足

58 PROGRAM 2	57 PROGRAM 2	56 PROGRAM 2
名 標識，表示	名 結果	名 昼寝
道路標識	試合の結果	昼寝をする

61 Power-UP 1	60 PROGRAM 2	59 PROGRAM 2
名 旅行者	副 今夜（は）	副 ぐっすりと，深く
たくさんの旅行者	今夜9時に	ぐっすり眠る

64 PROGRAM 3	63 PROGRAM 3	62 PROGRAM 3
動 （菓子などを）焼く	名 赤ん坊	形 怒った
ケーキを焼く	赤ちゃんに微笑みかける	わたしは怒っている。

67 PROGRAM 3	66 PROGRAM 3	65 PROGRAM 3
動 作り出す	形 心地よい	動 （be born で）生まれる
劇を創作する	心地よい天気	彼はカナダで生まれた。

70 PROGRAM 3	69 PROGRAM 3	68 PROGRAM 3
形 最後の，最終の	副 特に	動 （絵を）描く
物語の最後の部分	特に有名である	絵を描いた

71 PROGRAM 3

indoor

indoor sports

72 PROGRAM 3

luck

Please wish me luck.

73 PROGRAM 3

outdoor

outdoor sports

74 PROGRAM 3

power

electric power

75 PROGRAM 3

report

a news report

76 PROGRAM 3

rest

take a rest

77 PROGRAM 3

super

a super man

78 PROGRAM 3

tournament

the national tournament

79 PROGRAM 3

wake

wake up at 7am

80 Steps 2

painting

a unique painting

81 Steps 2

softball

play softball

82 Our Project 7

boat

ride a boat

83 Our Project 7

choose
chose-chosen
chose a present

84 Our Project 7

dress

dress up

85 Our Project 7

fashion

a fashion magazine

86 Our Project 7

interviewer

interviewer's questions

87 Our Project 7

island

a small island

88 Our Project 7

middle

in the middle of summer

89 Our Project 7

ocean

the Pacific Ocean

90 Our Project 7

speaker

a native speaker of English

91 Our Project 7

support

full support

92 Our Project 7

survive

survive an accident

93 Our Project 7

wind

a strong wind

94 Reading 1

a few

a few cats

73 PROGRAM 3	72 PROGRAM 3	71 PROGRAM 3
形 野外の	名 幸運	形 屋内の，室内の
屋外スポーツ	幸運を祈って下さい。	室内スポーツ

76 PROGRAM 3	75 PROGRAM 3	74 PROGRAM 3
名 休養，休息	名 報告	名 力
休憩する	報道	電力

79 PROGRAM 3	78 PROGRAM 3	77 PROGRAM 3
動 目が覚める，起きる	名 トーナメント	形 超強力な
7時におきる	全国大会	超人

82 Our Project 7	81 Steps 2	80 Steps 2
名 ボート	名 ソフトボール	名 絵
ボートに乗る	ソフトボールをする	独特な絵

85 Our Project 7	84 Our Project 7	83 Our Project 7
名 ファッション，流行	動 服を着る	動 選ぶ
ファッション誌	着飾る	プレゼントを選んだ

88 Our Project 7	87 Our Project 7	86 Our Project 7
名 真ん中	名 島	名 インタビューする人
夏のさなかに	小島	インタビュアーからの質問

91 Our Project 7	90 Our Project 7	89 Our Project 7
名 支持，支え	名 話者	名 海，大洋
全面的支持	英語を母国語とする人	太平洋

94 Reading 1	93 Our Project 7	92 Our Project 7
形 いくつかの～，少しの～	名 風	動 生き延びる
数匹のネコ	強風	事故で生き延びる

95 Reading 1

cage

a dog cage

96 Reading 1

clever

He is clever.

97 Reading 1

examine

examine a bag

98 Reading 1

faithful

A dog is faithful.

99 Reading 1

harm

harm the earth

100 Reading 1

kill

be killed in the war

101 Reading 1

lie

lay-lain

lie down on my bed

102 Reading 1

loving

loving words

103 Reading 1

needle

an injection needle

104 Reading 1

poisoned

poisoned water

105 Reading 1

poor

a poor cat

106 Reading 1

raise

raise my hand

107 Reading 1

skin

I have dry skin.

108 Reading 1

stomach

a strong stomach

109 Reading 1

trunk

elephants' long trunks

110 Reading 1

visitor

a group of visitors

111 Reading 1

weak

a weak team

112 Reading 1

worse

become worse

113 Reading 1

zookeeper

become a zookeeper

114 Power-Up 2

exchange

exchange presents

115 Power-Up 2

salesclerk

a kind salesclerk

116 PROGRAM 4

alphabet

write the alphabet

117 PROGRAM 4

bench

sit on a bench

118 PROGRAM 4

communicate

communicate in English

動 検査する

かばんを検査する

形 頭がよい

彼は賢いです。

名 (動物の) おり

イヌ用のおり

動 殺す

戦争で死ぬ

動 害を与える, 傷つける

地球に害を与える

形 忠実な

犬は忠実である。

名 注射針

注射針

形 愛情のこもった

愛情のこもった言葉

動 横たわる

ベッドに横たわる

動 (持ち) 上げる

手を挙げる

形 かわいそうな

かわいそうなネコ

形 毒入りの

毒入りの水

名 (ゾウの) 鼻

ゾウの長い鼻

名 胃

丈夫な胃

名 皮ふ

乾燥肌である。

形 より悪い

なおさら悪くなる

形 弱い

弱いチーム

名 訪問者

訪問者の一団

名 店員

優しい店員

動 交換する

プレゼントを交換する

名 動物園の飼育係

動物園の飼育係になる

動 情報を伝え合う

英語で意思疎通する

名 ベンチ

ベンチに腰かける

名 アルファベット

アルファベットを書く

119 PROGRAM 4

design

design a new car

120 PROGRAM 4

expression

surprised expression

121 PROGRAM 4

facial

facial expression

122 PROGRAM 4

gesture

with gestures

123 PROGRAM 4

kid

No kidding.

124 PROGRAM 4

lower

lower my eyebrow

125 PROGRAM 4

necessary

necessary information

126 PROGRAM 4

photo

take a photo

127 PROGRAM 4

population

the population of Japan

128 PROGRAM 4

realize

realize the danger

129 PROGRAM 4

stage

sing on the stage

130 Power-Up 3

activity

club activities

131 Power-Up 3

beginner

a book for beginners

132 Power-Up 3

championship

win the championship

133 Power-Up 3

competition

a swimming competition

134 Power-Up 3

council

attend a council

135 Power-Up 3

display

display of some paintings

136 Power-Up 3

election

an election campaign

137 Power-Up 3

elementary

elementary school

138 Power-Up 3

including

five including pets

139 Power-Up 3

instrument

play musical instruments

140 Power-Up 3

match

a tennis match

141 Power-Up 3

outing

go for a school outing

142 Power-Up 3

several

several months

121 PROGRAM 4	120 PROGRAM 4	119 PROGRAM 4
形 顔の	名 表現	動 デザインする
顔の表情	驚いた表情	新しい車をデザインする

124 PROGRAM 4	123 PROGRAM 4	122 PROGRAM 4
動 下げる	動 からかう	名 ジェスチャー
まゆげをさげる	まさか。［冗談でしょう。］	身振りを交えて

127 PROGRAM 4	126 PROGRAM 4	125 PROGRAM 4
名 人口	名 写真	形 必要な
日本の人口	写真を撮る	必要な情報

130 Power-Up 3	129 PROGRAM 4	128 PROGRAM 4
名 活動	名 舞台，ステージ	動 理解する，実感する
クラブ活動	舞台で歌う	危険を理解する

133 Power-Up 3	132 Power-Up 3	131 Power-Up 3
名 競技会，試合	名 選手権	名 初心者
水泳競技会	優勝する	初心者向けの本

136 Power-Up 3	135 Power-Up 3	134 Power-Up 3
名 選挙	名 展示	名 協議会，会議
選挙活動	絵の展示	協議会に出席する

139 Power-Up 3	138 Power-Up 3	137 Power-Up 3
名 楽器，道具	前 （～を）含めて	形 初等の，基本の
楽器を弾く	ペットを含めて5名	小学校

142 Power-Up 3	141 Power-Up 3	140 Power-Up 3
形 いくつかの	名 遠足	名 試合
数ヶ月	学校の遠足に行く	テニスの試合

教科書ぴったりトレーニング 英語3年 開隆堂版 付録

⑦ 表

143 PROGRAM 5

add

add sugar

144 PROGRAM 5

bean

coffee beans

145 PROGRAM 5

begin

began-begun

began to rain

146 PROGRAM 5

belong

belong to the music club

147 PROGRAM 5

cacao

a cacao farm

148 PROGRAM 5

debut

make his professional debut

149 PROGRAM 5

fair

fair trade

150 PROGRAM 5

female

female clothes

151 PROGRAM 5

force

be forced to study

152 PROGRAM 5

image

my image of Japan

153 PROGRAM 5

male

Japanese male

154 PROGRAM 5

movement

join a movement

155 PROGRAM 5

neck

a long neck

156 PROGRAM 5

pocket

an inner pocket

157 PROGRAM 5

prefecture

Ehime prefecture

158 PROGRAM 5

price

the price of oil

159 PROGRAM 5

row

the front row

160 PROGRAM 5

serve

serve good coffee

161 PROGRAM 5

side

the good side of life

162 PROGRAM 5

surround

surrounded by trees

163 PROGRAM 5

throughout

throughout the world

164 PROGRAM 5

tool

a useful tool

165 PROGRAM 5

unfairly

treat unfairly

166 PROGRAM 5

used

used clothes

動 始まる，始める

雨が降り始めた

名 豆

コーヒー豆

動 加える

砂糖を加える

名 デビュー

プロデビューする

名 カカオ

カカオ畑

動 所属する

音楽クラブに所属する

動 (be forced to do で) ～せざるを得ない

勉強せざるを得ない

形 女性の

女性の衣服

形 公正な

フェアトレード

名 運動

運動に加わる

名 雄，男性

日本人男性

名 印象，イメージ

日本に対する私のイメージ

名 県

愛媛県

名 ポケット

内ポケット

名 首

長い首

動 (食事などを) 出す

おいしいコーヒーを出す

名 列

最前列

名 値段

石油の価格

前 ～の至るところに

世界中の至るところに

動 囲む

木々に取り囲まれた

名 面

人生の良い面

形 中古の

古着

副 不公平に

不公平に取り扱う

名 道具

便利な道具

167 PROGRAM 5

valuable

a valuable bag

168 PROGRAM 5

website

view a website

169 Steps 4

daily

daily life

170 Steps 4

electronic

an electronic dictionary

171 Steps 4

perfect

a perfect day for a trip

172 Steps 4

traffic

a traffic light

173 PROGRAM 6

actually

Actually, it's a large rock.

174 PROGRAM 6

allow

No swimming allowed.

175 PROGRAM 6

amount

a large amount of money

176 PROGRAM 6

area

the Kanto area

177 PROGRAM 6

broadcasting

radio broadcasting

178 PROGRAM 6

collect

collect stamps

179 PROGRAM 6

contain

contain egg and milk

180 PROGRAM 6

escape

escape from a dog

181 PROGRAM 6

fat

a fat cat

182 PROGRAM 6

float

float on water

183 PROGRAM 6

gather

gather people

184 PROGRAM 6

grade

a good grade

185 PROGRAM 6

huge

a huge animal

186 PROGRAM 6

human

Humans live in the earth.

187 PROGRAM 6

hurt

hurt–hurt

hurt my leg

188 PROGRAM 6

project

a big project

189 PROGRAM 6

reduce

reduce waste

190 PROGRAM 6

researcher

a great researcher

⑯⑦ PROGRAM 5	⑯⑧ PROGRAM 5	⑯⑨ Steps 4
形 高価な	名 ウェブサイト	形 日常の
高価なかばん	ウェブサイトを見る	日常生活

⑰⓪ Steps 4	⑰① Steps 4	⑰② Steps 4
形 電子の	形 完全な，申し分ない	名 交通
電子辞書	旅行には申し分ない日	信号機

⑰③ PROGRAM 6	⑰④ PROGRAM 6	⑰⑤ PROGRAM 6
副 実際に，実のところ	動 許す	名 ある量
実は大きな岩でした。	遊泳禁止	大金

⑰⑥ PROGRAM 6	⑰⑦ PROGRAM 6	⑰⑧ PROGRAM 6
名 地域，地方	名 放送	動 集める
関東地方	ラジオ放送	切手を集める

⑰⑨ PROGRAM 6	⑱⓪ PROGRAM 6	⑱① PROGRAM 6
動 ～を含む	動 逃げる	形 太った
卵と牛乳を含んでいる	犬から逃げる	太ったネコ

⑱② PROGRAM 6	⑱③ PROGRAM 6	⑱④ PROGRAM 6
動 浮く，浮かぶ	動 集まる，集める	名 成績
水中で浮く	人を集める	良い成績

⑱⑤ PROGRAM 6	⑱⑥ PROGRAM 6	⑱⑦ PROGRAM 6
形 巨大な	名 人間	動 傷つける
巨大な動物	人間は地球に住んでいる。	足にけがをする

⑱⑧ PROGRAM 6	⑱⑨ PROGRAM 6	⑲⓪ PROGRAM 6
名 企画，計画	動 減らす	名 研究者
大きな企画	ごみを減らす	偉大な研究者

教科書ぴったりトレーニング　英語3年　開隆堂版　付録　⑧裏

191 PROGRAM 6

system

solar power system

192 PROGRAM 6

term

end of term

193 PROGRAM 6

throw
threw–thrown

throw a ball

194 PROGRAM 6

tiny

a tiny cat

195 PROGRAM 6

trash

a bag of trash

196 PROGRAM 6

whole

the whole country

197 Steps 5

battery

change batteries

198 Steps 5

radio

listen to the radio

199 Our Project 8

emotional

emotional expressions

200 Our Project 8

excellent

an excellent student

201 Our Project 8

explanation

make a good explanation

202 Our Project 8

feature

the feature of the car

203 Our Project 8

logical
$E = mc^2$

logical thinking

204 Our Project 8

percent

5 percent

205 Our Project 8

smell

It smells good.

206 Power-Up 4

drill

fire drill

207 Power-Up 4

east

East Asia

208 Power-Up 4

exit

an emergency exit

209 Power-Up 4

north

fly north

210 Power-Up 4

south

South America

211 Power-Up 4

west

a west wind

212 PROGRAM 7

ability

a special ability

213 PROGRAM 7

cancer

medicine for cancer

214 PROGRAM 7

chance

a chance to ride a horse

193 PROGRAM 6 動 投げる ボールを投げる	**192** PROGRAM 6 名 学期 学期末	**191** PROGRAM 6 名 装置 太陽光発電装置
196 PROGRAM 6 形 全体の，全部の 国全体	**195** PROGRAM 6 名 ごみ ごみ1袋	**194** PROGRAM 6 形 とても小さい とても小さいネコ
199 Our Project 8 形 感情の 感情表現	**198** Steps 5 名 ラジオ ラジオを聞く	**197** Steps 5 名 電池 電池を変える
202 Our Project 8 名 特長 車の特長	**201** Our Project 8 名 説明 良い説明をする	**200** Our Project 8 形 すばらしい，優れた 優れた生徒
205 Our Project 8 動 においがする いいにおいがする。	**204** Our Project 8 名 パーセント 5パーセント	**203** Our Project 8 形 論理的 論理的思考
208 Power-Up 4 名 出口 非常口	**207** Power-Up 4 名 形 東（の） 東アジア	**206** Power-Up 4 名 訓練 火災訓練
211 Power-Up 4 名 形 西（の） 西の風	**210** Power-Up 4 名 形 南（の） 南アメリカ	**209** Power-Up 4 名 形 北（の） 北に飛ぶ
214 PROGRAM 7 名 チャンス，機会 馬に乗る機会	**213** PROGRAM 7 名 ガン ガンの薬	**212** PROGRAM 7 名 能力 特技

215 PROGRAM 7
choice

have some choices

216 PROGRAM 7
cleaner

use a cleaner

217 PROGRAM 7
convenient

the convenient place

218 PROGRAM 7
deep

the deep sea

219 PROGRAM 7
disease

die of disease

220 PROGRAM 7
exam

take an exam

221 PROGRAM 7
expert

an expert in cooking

222 PROGRAM 7
feeling

feeling of sadness

223 PROGRAM 7
grandparent

kind grandparents

224 PROGRAM 7
heater

use a heater

225 PROGRAM 7
imagine

imagine my future

226 PROGRAM 7
inside

go inside

227 PROGRAM 7
level

developed to the level

228 PROGRAM 7
map

see a road map

229 PROGRAM 7
nobody

nobody knows

230 PROGRAM 7
patient

save many patients

231 PROGRAM 7
quickly

eat lunch quickly

232 PROGRAM 7
select

select a book

233 PROGRAM 7
shake

shake hands with him

234 PROGRAM 7
shape

the shape of a heart

235 PROGRAM 7
suggest

suggest a good idea

236 PROGRAM 7
ticket

have two tickets

237 PROGRAM 7
unbelievable

her unbelievable beauty

238 PROGRAM 7
various

various colors

㉗ PROGRAM 7	㉖ PROGRAM 7	㉕ PROGRAM 7
㴕 便利な	㴁 掃除機	㴁 選択
便利な場所	掃除機を使う	選択肢がいくつかある

㉚ PROGRAM 7	㉙ PROGRAM 7	㉘ PROGRAM 7
㴁 試験	㴁 病気	㴕 深い
試験を受ける	病気で死ぬ	深海

㉓ PROGRAM 7	㉒ PROGRAM 7	㉑ PROGRAM 7
㴁 祖父，祖母	㴁 感情	㴁 達人，熟練者
優しい祖父母	悲しみの感情	料理専門家

㉖ PROGRAM 7	㉕ PROGRAM 7	㉔ PROGRAM 7
㴓 内部に	㴍 想像する	㴁 暖房器具
中に入る	自分の将来を想像する	暖房器具を使う

㉙ PROGRAM 7	㉘ PROGRAM 7	㉗ PROGRAM 7
㴌 だれも〜ない	㴁 地図	㴁 （能力や地位などの）水準
だれも知らない	道路地図を見る	その水準まで発展した

㉜ PROGRAM 7	㉛ PROGRAM 7	㉚ PROGRAM 7
㴍 選ぶ	㴓 速く	㴁 患者
本を選ぶ	急いで昼食を食べる	多くの患者を救う

㉟ PROGRAM 7	㉞ PROGRAM 7	㉝ PROGRAM 7
㴍 提案する	㴁 形	㴍 握手をする
良い考えを提案する	ハートの形	彼と握手をする

㊳ PROGRAM 7	㊲ PROGRAM 7	㊱ PROGRAM 7
㴕 いろいろの	㴕 信じられない	㴁 券，切符
いろいろ色	彼女の信じられないような美しさ	2枚のチケットを持っている

239 Reading 2
control

out of control

240 Reading 2
deeply

deeply moved

241 Reading 2
effective

an effective cure

242 Reading 2
freedom

fight for freedom

243 Reading 2
freely

speak freely

244 Reading 2
group

a group of students

245 Reading 2
gunman

shot by a gunman

246 Reading 2
hide
hid-hidden

hide under the desk

247 Reading 2
hometown

remember my hometown

248 Reading 2
immediately

go immediately

249 Reading 2
miraculously

miraculously survived

250 Reading 2
miserable

miserable life

251 Reading 2
northern

a northern country

252 Reading 2
opinion

a general opinion

253 Reading 2
reality

reality of war

254 Reading 2
schoolgirl

a schoolgirl with a bag

255 Reading 2
silent

keep silent

256 Reading 2
soldier

a great soldier

257 Reading 2
solution

find a good solution

258 Reading 2
speak
spoke-spoken

spoke English

259 Special Project
kindness

Thank you for your kindness.

260 Special Project
meaningful

It was a meaningful meeting.

261 Special Project
victory

win a victory

262 Word Web 3
football

play football

㉛ Reading 2 ㊚ 効果的な 効果的な治療	㉘ Reading 2 ㊙ 深く 深く感動して	㉔ Reading 2 ㊛ 支配，統制 制御しきれない
㉔ Reading 2 ㊛ 一団，集団 学生のグループ	㉔ Reading 2 ㊙ 自由に 自由に話す	㉔ Reading 2 ㊛ 自由 自由のために戦う
㉔ Reading 2 ㊛ 故郷の町 ふるさとを思い出す	㉔ Reading 2 ㊐ かくす 机の下に姿を隠す	㉔ Reading 2 ㊛ 殺し屋，無法者 ガンマンに撃たれる
㉚ Reading 2 ㊚ みじめな みじめな生活	㉔ Reading 2 ㊙ 奇跡的に 奇跡的に生き延びた	㉔ Reading 2 ㊙ ただちに，すぐに すぐに行く
㉝ Reading 2 ㊛ 現実 戦争の現実	㉜ Reading 2 ㊛ 意見 一般的な意見	㉛ Reading 2 ㊚ 北の 北の国
㉞ Reading 2 ㊛ 兵士 優秀な兵士	㉟ Reading 2 ㊚ 物を言わない 黙っている	㉞ Reading 2 ㊛ 女生徒，女学生 かばんを持った女生徒
㉟ Special Project ㊛ 親切 ご親切にありがとう。	㉞ Reading 2 ㊐ 話す 英語を話した	㉟ Reading 2 ㊛ 解決策 良い解決策を見つける
㉖ Word Web 3 ㊛ サッカー サッカーをする	㉖ Special Project ㊛ 勝利 勝利を得る	㉖ Special Project ㊚ 意味のある 有意義なミーティングだった。

263 Word Web 3

wheelchair

in a wheelchair

264 Further Reading 1

audience

audience of the show

265 Further Reading 1

curiosity

full of curiosity

266 Further Reading 1

discovery

a great discovery

267 Further Reading 1

fill

fill a bottle with water

268 Further Reading 1

increase

increase population

269 Further Reading 1

past

learn from the past

270 Further Reading 1

recent

recent news

271 Further Reading 1

scientific

scientific knowledge

272 Further Reading 1

silly

a silly joke

273 Further Reading 1

successful

a successful musician

274 Further Reading 1

winner

a prize winner

275 Further Reading 2

anymore

I cannot do anymore.

276 Further Reading 2

closed

closed eyes

277 Further Reading 2

either

I don't like tomatoes, either.

278 Further Reading 2

ignore

ignore him

279 Further Reading 2

lady

Ladies first.

280 Further Reading 2

neighborhood

in my neighborhood

281 Further Reading 2

notice

notice the change

282 Further Reading 2

promise

I promise you.

283 Further Reading 2

seem

It seems interesting.

284 Further Reading 2

title

the title of the book

285 Further Reading 2

toward

go toward the river

286 Further Reading 2

yourself
by yourself

①

㉖㊄ Further Reading 1

㊘ 好奇心

好奇心旺盛

㉖㊃ Further Reading 1

㊘ 聴衆，観客

ショーの観客

㉖㊂ Word Web 3

㊘ 車いす

車いすに乗って

㉖㊇ Further Reading 1

㊐ 増やす，強める

人口を増やす

㉖㊆ Further Reading 1

㊐ 満たす

びんを水でいっぱいにする

㉖㊅ Further Reading 1

㊘ 発見

素晴らしい発見

㉗㊀ Further Reading 1

㊗ 科学の，科学的な

科学の知識

㉗⓪ Further Reading 1

㊗ 最近の

最近のニュース

㉖㊈ Further Reading 1

㊘ 過去

過去から学ぶ

㉗㊃ Further Reading 1

㊘ 受賞者

受賞者

㉗㊂ Further Reading 1

㊗ 成功した

成功した音楽家

㉗㊁ Further Reading 1

㊗ ばかばかしい

ばかげたジョーク

㉗㊆ Further Reading 2

㊙（否定文で）…もまた

私もトマトが嫌いです。

㉗㊅ Further Reading 2

㊗ 閉じている

閉じている目

㉗㊄ Further Reading 2

㊙［否定文で］これ以上

これ以上できない。

㉘⓪ Further Reading 2

㊘ 近所，近隣

私の近所に

㉗㊈ Further Reading 2

㊘ 婦人

ご婦人がお先に。

㉗㊇ Further Reading 2

㊐ 無視する

彼を無視する

㉘㊂ Further Reading 2

㊐ のように見える

それはおもしろそうだ。

㉘㊁ Further Reading 2

㊐ 約束する

あなたに約束します。

㉘㊀ Further Reading 2

㊐ 気づく

変化に気づく

㉘㊅ Further Reading 2

㊪ あなた自身を［に］

あなたひとりで

㉘㊄ Further Reading 2

㊖ ～の方へ

川の方へ行く

㉘㊃ Further Reading 2

㊘ 題名

本の題名

目次

成績アップのための学習メソッド

ぴたトレ1
要点チェック

教科書の基礎内容についての理解を深め, 基礎学力を定着させます。

- 教科書で扱われている文法事項の解説をしています。
- 新出単語を和訳・英訳ともに掲載しています。
- 重要文をもとにした基礎的な問題を解きます。

問題を解くペース
英語は問題を解く時間が足りなくなりやすい教科。普段の学習から解く時間を常に意識しよう！

「ナルホド!」で文法を復習
最初に取り組むときは必ず読もう！

Words & Phrases
単語や熟語のチェックをしよう。
ここに載っている単語は必ず押さえよう！

注目!
⚠ミスに注意
テストによく出る!
テストで狙われやすい, ミスしやすい箇所が一目でわかるよ！

学習メソッド

STEP0 学校の授業を受ける

STEP1 ぴたトレ1を解く
ナルホド！も読んで, 基礎をおさらいしよう。

STEP2 解答解説で丸付け
間違えた問題にはチェックをつけて, 何度もやり直そう。

STEP3 別冊mini bookで確認
単語や基本文を繰り返し読んで覚えよう。

STEP4 得点UPポイントを確認
「注目!」「ミスに注意!」「テストによく出る!」を確認してから, ぴたトレ2に進もう。

時間のないときは「ナルホド」を読んでから,「注目!」「ミスに注意!」「テストによく出る!」を確認しよう！これだけで最低限のポイントが抑えられるよ！

リー子

● 教科書の文章を読み，内容をしっかり把握します。

● スピーキング問題を解いて，答え合わせをし，文章と解答を音声アプリに吹き込みます。
（アプリは「おんトレ」で検索し，インストールしてご利用ください。ご利用に必要なコードはカバーの折り返しにあります）

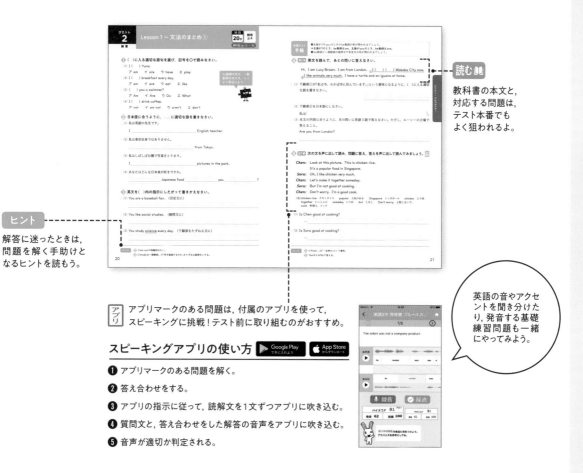

読む

教科書の本文と，
対応する問題は，
テスト本番でも
よく狙われるよ。

ヒント

解答に迷ったときは，
問題を解く手助けと
なるヒントを読もう。

英語の音やアクセ
ントを聞き分けた
り，発音する基礎
練習問題も一緒
にやってみよう。

アプリマークのある問題は，付属のアプリを使って，
スピーキングに挑戦！テスト前に取り組むのがおすすめ。

スピーキングアプリの使い方

❶ アプリマークのある問題を解く。

❷ 答え合わせをする。

❸ アプリの指示に従って，読解文を1文ずつアプリに吹き込む。

❹ 質問文と，答え合わせをした解答の音声をアプリに吹き込む。

❺ 音声が適切か判定される。

学習メソッド

STEP1 ぴたトレ2を解く

STEP2 解答・解説を見て答え合わせをする

STEP3 アプリを使って，スピーキング問題を解く

わからない単語や
知らない単語が
あるときはお手本
を聞いてまねして
みよう！

ター坊

成績アップのための **学習メソッド**

ぴたトレ**3**
確認テスト

テストで出題されやすい文法事項，教科書の内容をさらに深める
オリジナルの読解問題を掲載しています。

● 学習した文法や単語の入ったオリジナルの文章を載せています。
　初めて読む文章に対応することで，テスト本番に強くなります。

● 「よく出る」「差がつく」「点UP」で，重要問題が一目でわかります。

**発音問題も
チェック！**

発音・アクセント
問題も掲載！
何度も声に出し
て読んで発音を
意識しよう。

**オリジナル長文に
挑戦！**

ぴたトレ1や2で学習
した文法を基にした
長文が出題されるよ。
初めて見る文章にも
強くなろう。

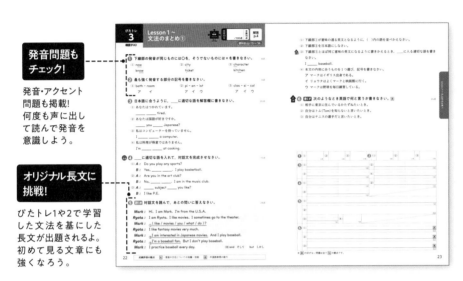

4技能マークに注目！

4技能に対応！
このマークがついている
問題は要チェック！

※「聞く」問題は，巻末のリ
　スニングに掲載していま
　す。

繰り返し練習しよう！

ポイントとなる問題は繰り
返し練習して，テストでも
解けるようにしよう！

学習メソッド

STEP1 ぴたトレ3を解く
テスト本番3日前になったら時間を計って解いてみよう。

STEP2 解答解説を読む
英作文には採点ポイントが示されているよ。
できなかった部分をもう一度見直そう。

STEP3 定期テスト予想問題を解く
巻末にあるテスト対策問題を解いて最後のおさらいをしよう。

STEP4 出題傾向を読んで，苦手な箇所をおさらいしよう
定期テスト予想問題の解答解説には出題傾向が載っているよ。
テストでねらわれやすい箇所をもう一度チェックしよう。

ぴたトレ3には
「観点別評価」
も示されてるよ！
これなら内申点
も意識できるね！

ピー助

● 長文問題を解くことを通して, 解答にかかる時間のペースを意識しましょう。

観点別評価

本書では、

「言語や文化についての知識・技能」
「外国語表現の能力」

の2つの観点を取り上げ, 成績に結び付くようにしています。

| **リスニング** | 文法ごとにその学年で扱われやすいリスニング問題を掲載しています。どこでも聞けるアプリに対応! | **英作文** | やや難易度の高い英作文や, 表やグラフなどを見て必要な情報を英文で説明する問題を掲載しています。 |

● リスニング問題はくりかえし聞いて, 耳に慣れるようにしておきましょう。

※一部標準的な問題を出題している箇所があります(教科書非準拠)。
※リスニングには「ポケットリスニング」のアプリが必要です。
(使い方は表紙の裏をご確認ください。)

● 学年末や, 入試前の対策にぴったりです。

● 難しいと感じる場合は, 解答解説の 英作力 UP⤴ を読んでから挑戦してみましょう。

［ ぴたトレが支持される**3**つの理由!! ］

1
35年以上続く超ロングセラー商品

昭和59年の発刊以降, 教科書改訂にあわせて教材の質を高め, 多くの中学生に使用されてきた実績があります。

2
教科書会社が制作する唯一の教科書準拠問題集

教科書会社の編集部が問題集を作成しているので, 授業の進度にあわせた予習・復習にもぴったり対応しています。

3
日常学習～定期テスト対策まで完全サポート

部活などで忙しくても効率的に取り組むことで, テストの点数はもちろん, 成績・内申点アップも期待できます。

ぴたトレ
1
要点チェック

PROGRAM 1
Bentos Are Interesting! 1

時間 15分
解答 p.1

〈新出語・熟語 別冊p.6〉

教科書の重要ポイント ask[tell / want] ～ to ...の文   教科書 pp.8 ～ 10・15

I asked *my father* to buy me a new bike. 〔私は父に新しい自転車を買ってくれるように頼みました。〕
〈to＋動詞の原形〉「買うこと」

Could you ask *him* to call me back? 〔私に折り返し電話をするように彼に頼んでいただけませんか。〕
〈to＋動詞の原形〉「電話すること」

- ・〈ask ～ to ...〉で「～に…するように頼む」を表す。
- ・to ... の動作を行うのは目的語の〈～〉である。

I asked my father to buy me a new bike.
「買う」のは「私の父」

「ナルホド!」

We told *Mike* to go home. 〔私たちはマイクに家に帰るように言いました。〕
〈to＋動詞の原形〉「帰ること」

- ・〈tell ～ to ...〉で「～に…するように言う」を表す。

「ナルホド!」

I want *you* to eat this chocolate. 〔私はあなたにこのチョコレートを食べてほしいと思います。〕
〈to＋動詞の原形〉「食べること」

- ・〈want ～ to ...〉で「～に…してほしいと思う」を表す。

「チョコレートを食べる」のは「あなた」だよ。

「ナルホド!」

Words & Phrases 次の日本語は英語に，英語は日本語にしなさい。

□(1) blossom （   ）

□(2) colorful （   ）

□(3) noon （   ）

□(4) Here is ～. （   ）

□(5) tellの過去形 ＿＿＿＿＿＿＿＿＿＿

□(6) スーツケース ＿＿＿＿＿＿＿＿＿＿

□(7) このようにして ＿＿＿ ＿＿＿ ＿＿＿

□(8) ～を待つ ＿＿＿＿ ＿＿＿＿ ～

1 日本語に合うように，（ ）内から適切なものを選び，記号を○で囲みなさい。

□(1) 私はジョンにその歌を歌ってほしいと思っています。

I want John （ ア sing イ to sing ）the song.

□(2) 私の母は私に牛乳を買ってくるように頼みました。

My mother asked （ ア me イ my ）to buy some milk.

□(3) 彼女は娘に寝るように言いました。

She told her daughter （ ア to go to bed イ going to bed ）.

□(4) 私はエマに窓を閉めるように頼みました。

I asked （ ア to Emma close イ Emma to close ）the window.

□(5) 私は父にいっしょに動物園に行ってもらいたいと思っています。

I （ ア want to go my father to the zoo イ want my father to go to the zoo ）with me.

2 例にならい，「私は〜に…するように頼みました」という意味の文を完成させなさい。

| 例 Tom / wash the dishes | (1) Yumi / play the piano | (2) my brother / cook lunch | (3) Meg / clean the room |

例 **I asked Tom to wash the dishes.**

□(1) I asked _____ _____ play the piano.

□(2) I asked _____ lunch.

□(3) _____

3 日本語に合うように，（ ）内の語を並べかえなさい。

□(1) 彼らはあなたに彼らのチームに参加してほしいと思っています。

(join / you / team / want / they / to / their).

_____.

□(2) 彼女は正午からずっと数学を勉強しています。

(since / math / been / she / noon / studying / has).

_____.

□(3) 映画に行きましょう。

(to / go / movie / let's / a).

_____.

PROGRAM 1
Bentos Are Interesting! ②

教科書の重要ポイント	It is 〜 (for＋人) to .... の文	教科書 pp.8〜9・11・15

To get up early is difficult. 〔早起きするのは難しいです。〕

名詞的用法の不定詞「…すること」 長い主語を後ろに置く

It is difficult to get up early. 〔早起きするのは難しいです。〕

仮の主語 「…すること」

- 〈It is 〜 to ....〉で「…するのは〜である」を表す。
- Itを主語にして，その内容を〈to＋動詞の原形〉の形で後ろに置く。
- Itは仮の主語なので，日本語に訳さない。
- 英語では長い主語を避ける傾向があるため，このような構文を用いる。

It is not easy   to understand Chinese. 〔中国語を理解するのはやすくありません。〕

仮の主語   〈to＋動詞の原形〉

It is not easy for me to understand Chinese. 〔私が中国語を理解するのはやすくありません。〕

〈for＋人〉「(人)が」「(人)にとって」

- 〈It is 〜 for＋人＋to ....〉で「(人)が…するのは〜である」を表す。
- 〈for＋人〉はto …の動作を行う人を表している。
- 〈for＋人〉は文によって，「(人)が」「(人)にとって」などと訳す。

疑問文は〈Is it 〜 to ...?〉，否定文は
〈It is not 〜 to ....〉の形になるよ。

Words & Phrases 次の日本語は英語に，英語は日本語にしなさい。

☐(1) home-made （   ）

☐(2) oyster （   ）

☐(3) fantastic （   ）

☐(4) マラソン _____

☐(5) 入手できる _____

☐(6) 楽器 _____ _____

1 日本語に合うように，（　）内から適切なものを選び，記号を○で囲みなさい。

□(1) おもしろい本を読むのはわくわくします。

（ ア This イ It ）is exciting to read an interesting book.

□(2) 子どもたちが勉強するのは大切です。

It is important (ア for イ to) children to study.

□(3) 彼にとって友だちと踊ることは楽しいです。

It is fun (ア to dance for him イ for him to dance) with his friends.

□(4) 私が自転車に乗るのは難しいです。

(ア It is difficult for me to ride イ It is difficult to me ride) a bike.

2 例にならい，「私が…するのは～です」という意味の文を完成させなさい。

例	(1)	(2)	(3)
interesting / study science	easy / make a cake	difficult / use a computer	fun / play soccer

例 **It is interesting for me to study science.**

□(1) It is ＿＿＿＿＿＿ for me ＿＿＿＿＿＿ make a cake.

□(2) It is ＿＿＿＿＿＿＿＿＿＿＿＿ use a computer.

□(3) ＿＿＿＿＿＿＿＿＿＿＿＿＿＿＿＿＿

3 日本語に合うように，（　）内の語句を並べかえなさい。

□(1) 彼にとって外国へ旅行するのはわくわくします。

(exciting / him / travel / is / to / it / for) abroad.

＿＿＿＿＿＿＿＿＿＿＿＿＿＿＿＿＿ abroad.

□(2) 兄が誕生日プレゼントとして腕時計を私にくれました。

(a watch / me / my brother / a birthday present / gave / as).

＿＿＿＿＿＿＿＿＿＿＿＿＿＿＿＿＿.

□(3) 彼女は50冊以上のマンガを持っています。

(has / comic books / than / she / fifty / more).

＿＿＿＿＿＿＿＿＿＿＿＿＿＿＿＿＿.

ぴたトレ
1
要点チェック

PROGRAM 1
Bentos Are Interesting! 3

時間 15分
解答 p.1

〈新出語・熟語 別冊p.6〉

教科書の
重要ポイント   〈主語＋be動詞＋形容詞＋that 〜.〉の文   教科書 pp.8 〜 9・12・15

感情を表す形容詞   〈that＋主語＋動詞〜〉
I'm   glad   (that) you like this present.
       「うれしい」   「…して」   〔私は，あなたがこのプレゼントを気に入ってくれてうれしいです。〕

We are   surprised   (that) Koji won first prize at the contest.
       「驚いている」   「…なので」   〔私たちは，コウジがコンクールで優勝したので驚いています。〕

・感情を表す形容詞のあとに 〈that＋主語＋動詞〜〉を続けて，「…なので〜」「…して〜」と理
 由や原因を表す。
・このthatは省略されることがある。

\ナルホド!/

感情を表す形容詞   〈that＋主語＋動詞〜〉
I'm   sure   (that) many people will live with a robot.
       「確信している」   「…ということを」   〔私は，多くの人々がロボットと暮らすだろうと確信しています。〕

I'm   afraid   (that) I have made a mistake.
       「心配している」   「…ということを」   〔私は，間違えたのではないかと心配しています。〕

・感情を表す形容詞のあとに 〈that＋主語＋動詞〜〉を続けて，「…ということを〜」と具体的な
 内容を表すこともある。
・sureは「確かな」，afraidは「恐れている」という意味であるが，自然な日本語になるように
 工夫するとよい。

\ナルホド!/

Words & Phrases   次の日本語は英語に，英語は日本語にしなさい。

□(1) nutrition   (   )   □(5) 違った，異なる _____

□(2) deliver   (   )   □(6) 発展させる _____

□(3) own   (   )   □(7) 職場 _____

□(4) well-balanced (   )   □(8) ホッチキス _____

1 日本語に合うように，（ ）内から適切なものを選び，記号を○で囲みなさい。

□(1) 私は，あなたがその問題を解決すると確信しています。

I'm sure （ ア to　イ that ） you will solve the problem.

□(2) 私たちは，あなたを助けることができてうれしいです。

We （ ア glad that　イ are glad that ） we could help you.

□(3) 私は，来週テストで不合格になるのではないかと心配しています。

I'm afraid （ ア that I will fail　イ that my fail ） the test next week.

□(4) 私たちは，彼が新しいカメラを買ったので驚いています。

（ ア We're surprised him to buy　イ We're surprised he bought ） a new camera.

2 日本語に合うように，＿＿に適切な語を書きなさい。

□(1) 私たちは，彼女が泣いているので驚いています。

We are surprised ＿＿＿＿＿＿ ＿＿＿＿＿＿ is crying.

□(2) 私は，あなたが日本での滞在を楽しむと確信しています。

I'm ＿＿＿＿＿ you will ＿＿＿＿＿ your stay in Japan.

□(3) 私は，あなたが忙しいのではないかと心配しています。

＿＿＿＿＿＿ ＿＿＿＿＿＿ that you are busy.

□(4) 彼女は，あなたがパーティーに来てくれたのでうれしいです。

She's glad ＿＿＿＿＿＿ you ＿＿＿＿＿＿ to the party.

□(5) 彼らは，トムがカナダへ引っ越したので悲しんでいます。

They ＿＿＿＿＿＿ ＿＿＿＿＿＿ that Tom moved to Canada.

3 日本語に合うように，（ ）内の語句を並べかえなさい。

□(1) 私たちは，彼女がこのかばんをほしがっていると確信しています。

(wants / sure / bag / are / she / we / this).

＿＿＿＿＿＿＿＿＿＿＿＿＿＿＿＿＿＿＿＿＿＿.

□(2) そのレストランに行ってみたらどうですか。

(don't / to / that restaurant / you / why / go)?

＿＿＿＿＿＿＿＿＿＿＿＿＿＿＿＿＿＿＿＿＿？

□(3) その歌は多くの国で歌われています。

(is / many / in / sung / the song / countries).

＿＿＿＿＿＿＿＿＿＿＿＿＿＿＿＿＿＿＿＿＿.

11

Word Web 1　家の中と外

> 教科書の重要ポイント **動作を表す表現（家の中と外）** 　教科書 pp.16〜17

［自分の部屋で］

- I listen to music **with my headphones.** 〔私はヘッドホンで音楽を聞きます。〕
- I change clothes **in my room.** 〔私は自分の部屋で服を替えます。〕

［ふろや洗面所で］

- I sometimes take a shower **in the morning.** 〔私はときどき，朝シャワーを浴びます。〕
- I brush my <u>teeth</u> **before I go to bed.** 〔私は寝る前に歯をみがきます。〕
  └── tooth「歯」の複数形

［リビングで］

- I read the newspaper **on the sofa.** 〔私はソファで新聞を読みます。〕
- I <u>turn on</u> the light **near the TV.** 〔私はテレビの近くの明かりをつけます。〕
  └──「〜を消す」はturn off 〜

［台所で］

- I boil water **to drink tea.** 〔私は紅茶を飲むために湯をわかします。〕
- I toast the bread **for breakfast.** 〔私は朝食にパンをトーストします。〕
- I usually have breakfast **with my family.** 〔私はふつう家族と朝食を食べます。〕

［庭で］

- I play with **my dog.** 〔私はイヌと遊びます。〕
- I <u>water</u> the flowers **in the garden.** 〔私は花だんの花に水をやります。〕
  └── waterは名詞で「水」，動詞で「〜に水をやる」という意味
- I take off my shoes **before I enter the room.** 〔私は室内に入る前にくつをぬぎます。〕

> **Words & Phrases** 次の日本語は英語に，英語は日本語にしなさい。

☐(1) toast 　（　　　　　　　　）　　☐(4) (時間を)過ごす ＿＿＿＿＿＿＿＿

☐(2) boil 　（　　　　　　　　）　　☐(5) パン ＿＿＿＿＿＿＿＿

☐(3) brush 　（　　　　　　　　）

1 日本語に合うように，（　）内から適切なものを選び，記号を○で囲みなさい。

テストによく出る!

take off ～

(4)offには「～から離れて」という意味がある。
take off the jacket
「ジャケットをぬぐ」

☐(1) 私の父は毎朝，新聞を読みます。

My father （　ア takes　イ reads) a newspaper every morning.

☐(2) ジェーンは放課後にイヌと遊ぶのが好きです。

Jane likes to （　ア walk with her dog　イ play with her dog) after school.

☐(3) 私の祖母は花だんの花に水やりをします。

My grandmother （　ア waters the flowers　イ takes water) in the garden.

☐(4) 日本ではふつう，ここでくつをぬぎます。

In Japan, people usually （　ア turn on their shoes here
イ take off their shoes here).

2 例にならい，「～は…しているところです」という意味の文を完成させなさい。

⚠ミスに注意

(2)「歯をみがく」というときはtooth「歯」の複数形teethを使うよ。

例　my father　(1) my mother　(2) my sister　(3) I

例 **My father is washing his face.**

☐(1) My mother is ＿＿＿＿＿＿＿ water.

☐(2) My sister is ＿＿＿＿＿＿＿ her ＿＿＿＿＿＿＿.

☐(3) ＿＿＿＿＿＿＿＿＿＿＿＿＿＿＿＿＿＿＿＿＿＿＿＿

3 日本語に合うように，（　）内の語句を並べかえなさい。

注目!

turn on [off] ～

(1)turn onやturn offは「スイッチを入れる・切る」もの全般に使えるよ。

☐(1) エアコンを消していただけませんか。

(air conditioner / off / you / turn / could / the)?

＿＿＿＿＿＿＿＿＿＿＿＿＿＿＿＿＿＿＿＿＿＿＿＿？

☐(2) パンをトーストして朝食を食べましょう。

(the bread / have / let's / toast / and) breakfast.

＿＿＿＿＿＿＿＿＿＿＿＿＿＿＿＿＿＿＿ breakfast.

☐(3) 私の部屋には花びんがあります。

(a / my / is / room / in / there / vase).

＿＿＿＿＿＿＿＿＿＿＿＿＿＿＿＿＿＿＿＿＿.

Steps 1　ディベートをしよう

> **教科書の重要ポイント** ディベートで使われる表現　　教科書p.18

[ディベートの流れ]
① 一方の立場の主張を述べる。
② その根拠を述べる。
③ 結論を述べる。
↓話者が変わる
④ もう一方の立場の意見を述べる。

ナルホド!

①では，主張をわかりやすく伝えることが大切である。
Bringing your own bags is better for the environment than using plastic bags.

　　　　双方を比較してわかりやすく伝える

〔自分のかばんを持っていくことはビニール袋を使うより環境によいです。〕

②では，because「(なぜなら)〜なので」などを使って根拠を述べる。
... because the information is checked many times.

〔その情報は何度も確かめられるので，…〕

③では，②の根拠から導かれる結論をso「ですから」などを使って述べる。
So newspapers are better ways to get information.

　前に述べたことをまとめて結論づけるときに使う表現

〔ですから，新聞は情報を得るためのよりよい方法なのです。〕

④では，相手の主張を尊重しつつ，however「しかし」などを使って別の意見を述べる。
I understand your point. 〔あなたの主張を理解しています。〕

　「相手の主張を理解している」という表現

However, recycling costs much money.

　前に述べたことと反対のことを述べるときの表現

〔しかし，再生利用することはたくさんのお金がかかります。〕

Words & Phrases　次の日本語は英語に，英語は日本語にしなさい。

☐(1) writing　　（　　　　　　　）　　☐(3) ジャーナリスト _____

☐(2) trust　　　（　　　　　　　）　　☐(4) 発行[出版]する _____

1 日本語に合うように，（　）内から適切なものを選び，記号を○で囲みなさい。

□(1) 家で映画を見るよりも，映画館で映画を見るほうがよいです。

Watching movies at the movie theater is（ ア good
イ better ）than watching movies at home.

□(2) 何を読むべきか選べるので，私はしばしばインターネットの情報を利用します。

I often use the information from the internet（ ア because
I can choose　イ so I can choose ）what to read.

□(3) ですから，映画館で映画を見るのはわくわくします。

（ ア However, it is exciting to watch　イ So it is exciting to
watch ）movies at the movie theater.

2 日本語に合うように，＿＿に適切な語を書きなさい。

□(1) この雑誌では，すべてが科学者によって書かれています。

In this magazine, everything ＿＿＿＿＿＿ ＿＿＿＿＿＿
by scientists.

□(2) くつろぐことができるので，私は家で映画を見るのが好きです。

I like to watch movies at home ＿＿＿＿＿＿ ＿＿＿＿＿＿
＿＿＿＿＿＿ relax.

□(3) あなたの主張は理解しています。

I ＿＿＿＿＿＿ your ＿＿＿＿＿＿.

3 日本語に合うように，（　）内の語句を並べかえなさい。

□(1) しかし，先生が間違っていることもあります。

(can / wrong / however / be / teachers / ,) .

＿＿＿＿＿＿＿＿＿＿＿＿＿＿＿＿＿＿＿＿＿＿＿＿ .

□(2) 新聞はあなたに地元の情報を与えてくれるので，役に立ちます。

Newspapers are useful (give / information / you / local /
they / because).

Newspapers are useful ＿＿＿＿＿＿＿＿＿＿＿＿＿＿＿＿

＿＿＿＿＿＿＿＿＿＿＿＿＿＿＿＿＿＿＿＿＿＿＿＿ .

□(3) ですから，映画館は映画を見るのにいい場所です。

(the movie theater / is / to / watch / a movie /
a good place / so).

＿＿＿＿＿＿＿＿＿＿＿＿＿＿＿＿＿＿＿＿＿＿＿＿ .

❶ （　）に入る適切な語句を選び，記号を○で囲みなさい。

☐(1) I am glad (　　) I can see you again.

　　ア this　　イ that　　ウ then　　エ so

☐(2) It is fun for him (　　) go fishing.

　　ア in　　イ that　　ウ for　　エ to

☐(3) They asked me to (　　) here.

　　ア come　　イ came　　ウ coming　　エ will come

❷ 日本語に合うように，＿＿に適切な語を書きなさい。

☐(1) 私の母は私に花に水をやるように言いました。

　　My mother ＿＿＿＿＿＿ me to ＿＿＿＿＿＿ the flowers.

☐(2) 私たちは彼らがくつをぬいだので驚いています。

　　We're surprised ＿＿＿＿＿＿ they ＿＿＿＿＿＿ ＿＿＿＿＿＿ their shoes.

☐(3) 彼女にとって新しいことを学ぶのは難しくありません。

　　It's not difficult ＿＿＿＿＿＿ ＿＿＿＿＿＿ ＿＿＿＿＿＿

　　learn new things.

語順を間違えないように気をつけよう。

❸ 日本語に合うように，（　）内の語句を並べかえなさい。

☐(1) 私は，自分の答えが間違っているのではないかと心配しています。

　　(my answer / afraid / wrong / that / is / I'm).

　　_____.

☐(2) 彼に待つように頼んでいただけませんか。

　　(him / wait / ask / you / could / to)?

　　_____?

☐(3) マットにとってバスケットボールをするのはたやすいですか。

　　(easy / for / basketball / Matt / is / to / it / play)?

　　_____?

❹ 次の英文を，（　）内の指示に従って書きかえなさい。

☐(1) I want to turn off the light.　（「彼女に明かりを消してもらいたい」という文に）

_____

☐(2) I am glad because she called me.　（thatを使ってほぼ同じ意味の文に）

_____

ヒント　❸ (3)be動詞の疑問文を作る。

16

定期テスト 予報
●〈to＋動詞の原形〉を用いた表現が問われるでしょう。
⇒〈ask [tell / want] ～ to ...〉と〈It is ～ (for＋人) to ....〉の形と意味を確認しておきましょう。
●〈主語＋be動詞＋形容詞＋(that＋)主語＋動詞 ～.〉という文の構造を確認しておきましょう。

5 読む 次の対話文を読んで，あとの問いに答えなさい。

Bill : Cherry blossoms are so beautiful.

Mao : Yes. Oh, ①it's (　　) noon. Let's eat lunch.

Bill : ②（そのことばをずっと待っていたよ。）

Mao : Here is your *bento*.

Bill : Thanks. Did you make it?

Mao : No. ③I asked my mother to make *bentos* for us.

Bill : Wow! It's so cute and colorful!

Mao : This is a *kyara-ben*, or a character *bento*. It's popular in Japan.

□(1) 下線部①が「もう少しで正午です」という意味になるように，（　）に入る適切な語を書きなさい。

□(2) 下線部②の（　）内の日本語を6語の英語にしなさい。

□(3) 下線部③の英文の日本語訳を完成させなさい。

私は，（　　　　　　　　　　　　　　　　　　　）。

6 話す 次の英文を読んで，あとの問いに答えなさい。答え合わせのあと，発音アプリの指示に従って，問題文と解答を声に出して読みなさい。 アプリ

　　In Nara, "Deer Crossings" have been saving deer since 2016. They produce ultrasonic sound when railroads are busy. Deer dislike the sound and keep away from the railroads. Thanks to the crossings, deer are not hit by trains anymore.

(注)deer　シカ（複数形も同じ形）　　produce　生じさせる　　ultrasonic　超音波の
railroad 線路　　keep away from ～　～から離れる

□(1) How have "Deer Crossings" been saving deer?

　　—

□(2) When deer hear the ultrasonic sound, what do they do?

　　—

ヒント　　5 (2)現在完了進行形で表す。

❶ 下線部の発音が同じものには○を，そうでないものには×を，解答欄に書きなさい。　6点

(1) c<u>u</u>te
f<u>u</u>n　　（　　）

(2) l<u>i</u>ke
var<u>i</u>ety　　（　　）

(3) tr<u>a</u>vel
f<u>a</u>vorite　　（　　）

❷ 最も強く発音する部分の記号を解答欄に書きなさい。　6点

(1) col - or - ful
　ア　イ　ウ

(2) fan - tas - tic
　ア　イ　ウ

(3) de - vel - op
　ア　イ　ウ

❸ 日本語に合うように，＿＿＿に入る適切な語を書きなさい。　24点

(1) 私は，彼がテニスが得意なので驚いています。

I'm ＿＿＿＿ ＿＿＿＿ he is good at tennis.

よく出る (2) あの山を登るのはやさしいです。

It is easy ＿＿＿＿ ＿＿＿＿ that mountain.

(3) 私は，あなたにビルを助けてもらいたいです。

I want ＿＿＿＿ ＿＿＿＿ help Bill.

(4) 彼女にピアノをひいてくれるように頼んでいただけませんか。

Could you ＿＿＿＿ ＿＿＿＿ to play the piano?

❹ 日本語に合うように，（　）内の語を並べかえなさい。　14点

(1) あなたにとって歯をみがくのは大切です。

(your / you / is / brush / to / it / important / teeth / for).

差がつく (2) 私たちは，彼女の気分が悪くなるのではないかと心配しています。

(sick / she / that / we / will / afraid / get / are).

❺ 次の対話文を読んで，あとの問いに答えなさい。　26点

Paul : Hi, Hayato. Could you tell me about Japanese culture? ①<u>To know about different cultures is interesting for me.</u>

Hayato : Of course. I am sure that you know about Japanese comics, (②) I will tell you about Japanese New Year.

Paul : ③<u>(Sound) interesting.</u>

Hayato : We usually spend New Year with our family. Many people go to shrines and pray for a good year.

Paul : I see. Do you eat special food for New Year?

Hayato : Yes. Have you heard of *osechi*? ④<u>It is usually in the box and (of / a</u>

/ variety / has / food). It is delicious and also beautiful.

Paul :　Wow, I want to eat it someday.

Hayato :　Well, I can cook some of *osechi* for you. ⑤I want you to enjoy Japanese culture.

Paul :　That's great, Hayato.

(1) 下線部①をItから始まる文に書きかえなさい。

(2) (②)に入る適切な語を選び，記号を書きなさい。

　　ア however　　イ so　　ウ because

(3) 下線部③の( )内の語を適切な形に直して書きなさい。

(4) 下線部④の( )内の語を正しく並べかえなさい。

(5) 下線部⑤を日本語にしなさい。

点UP **❻** **書く✎** 次のようなとき英語で何と言うか，( )内の指示に従って書きなさい。表 24点

(1) 「あなたがもどってきてうれしい」と相手がしたことでうれしかったことを表現するとき。

(glad，thatを使って)

(2) 「私は泳ぐのが楽しい」と自分の好きなことを表すとき。(It is ～ to ....の形を使って)

(3) 「早く起きるように」と母親が自分に言ったことを表すとき。(toldを使って)

❶	(1)		(2)		(3)		❷	(1)		(2)		(3)	
		2点		2点		2点			2点		2点		2点

❸	(1)					(2)			
				6点					6点
	(3)					(4)			
				6点					6点

❹	(1)		• 7点
	(2)		• 7点

❺	(1)			7点
	(2)		(3)	
		4点		4点
	(4)			4点
	(5)			7点

❻	(1)	表 8点
	(2)	表 8点
	(3)	表 8点

▶ 表 の印がない問題は全て 技 の観点です。

19

PROGRAM 2
Good Night. Sleep Tight. 1

教科書の重要ポイント 「だれが～か」が動詞のあとにくる文 教科書 pp.20～22・27

主語　　　　　　動詞　　　　　〈疑問詞＋主語＋動詞〉

I don't know who that boy is. 〔私はあの少年がだれか知りません。〕

「あの少年がだれか」

・動詞のあとに〈疑問詞＋主語＋動詞〉を置いて，「だれが〔何を，いつ，どこで，どのように〕～か…」などの文を作ることができる。

What will he do next? 〔彼は次に何をするつもりですか。〕

疑問詞のあとはふつうの文の語順にする

I don't know **what he will do next.** 〔私は彼が次に何をするつもりか知りません。〕

〈疑問詞＋主語＋動詞〉

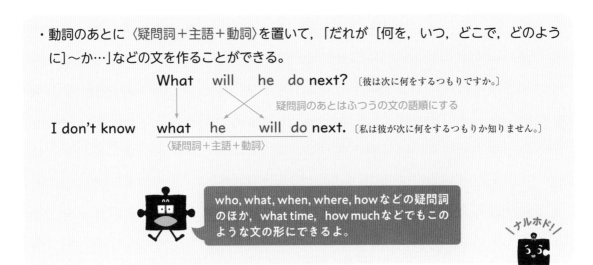

who, what, when, where, how などの疑問詞のほか，what time, how much などでもこのような文の形にできるよ。

ナルホド！

主語　　　　　動詞

Who can answer the question? 〔だれがその質問に答えられますか。〕

語順は変わらない

We know who can answer the question. 〔私たちはだれがその質問に答えられるか知っています。〕

〈疑問詞＋動詞〉

ナルホド！

・ただし，疑問詞が主語の場合は，〈疑問詞＋動詞〉の語順。

Words & Phrases 次の日本語は英語に，英語は日本語にしなさい。

□(1) affect （　　　　　　　）　　□(4) holdの過去分詞形＿＿＿＿＿＿＿＿＿

□(2) tonight （　　　　　　　）　　□(5) 失う，なくす ＿＿＿＿＿＿＿＿＿

□(3) have no idea （　　　　　　　）　　□(6) 不足 ＿＿＿＿＿＿＿＿＿

1 日本語に合うように，（ ）内から適切なものを選び，記号を○で囲みなさい。

⚠ ミスに注意

(4)「だれがあなたに話しかけたか」は疑問詞が主語になっているよ。

☐(1) 私はあなたの先生がだれか知っています。

I know (ア who イ that) your teacher is.

☐(2) 彼がいつ始めるのか私たちは知りません。

We don't know when (ア will he イ he will) start.

☐(3) 彼女が授業で何と言ったか理解していますか。

Do you understand (ア what she said イ what did she say) in class?

☐(4) 私はレストランでだれがあなたに話しかけたか覚えています。

I remember (ア who you talked イ who talked to you) in the restaurant.

PROGRAM 2 ~ Power-Up 1

2 日本語に合うように，＿＿＿＿に適切な語を書きなさい。

テストによく出る!

疑問詞のあとは〈主語＋動詞〉

「いつ～か」「何を～か」「どうやって～か」などがknow などの動詞のあとにくるとき，疑問詞のあとは〈主語＋動詞〉の語順になる。

☐(1) 彼女がいつここに滞在したか覚えていますか。

Do you remember ＿＿＿＿＿＿ ＿＿＿＿＿＿ stayed here?

☐(2) 私は，妹が昨日何を買ったか知っています。

I know ＿＿＿＿＿＿ my sister ＿＿＿＿＿＿ yesterday.

☐(3) 私たちは，だれがこのケーキを作ったのか知りません。

We don't know ＿＿＿＿＿＿ ＿＿＿＿＿＿ this cake.

☐(4) 私は，彼がどうやって学校に来るか知っています。

I know ＿＿＿＿＿＿ ＿＿＿＿＿＿ ＿＿＿＿＿＿ to school.

☐(5) 私は，先週あなたが彼女とどこで会ったか知りません。

I don't know ＿＿＿＿＿＿ ＿＿＿＿＿＿ ＿＿＿＿＿＿ her last week.

3 日本語に合うように，（ ）内の語を並べかえなさい。

注目!

動詞の形

(1)〈疑問詞＋主語＋動詞〉の中の動詞は，主語や時に合わせて，過去形にしたり，-(e)sをつけたりする。

☐(1) 私は彼が朝食に何を食べたか知りません。

(don't / for / ate / what / I / he / breakfast / know).

＿＿＿＿＿＿＿＿＿＿＿＿＿＿＿＿＿＿＿＿＿.

☐(2) 彼は失敗を補う必要があります。

(to / up / for / he / make / needs) his failure.

＿＿＿＿＿＿＿＿＿＿＿＿＿＿＿＿ his failure.

☐(3) あなたは毎日，どれくらいの時間英語を勉強しますか。

(English / you / long / study / how / do) every day?

＿＿＿＿＿＿＿＿＿＿＿＿＿＿＿＿ every day?

PROGRAM 2
Good Night. Sleep Tight. ②

| 教科書の重要ポイント | 「だれが〜か」が〈動詞＋人など〉のあとにくる文 | 教科書 pp.20〜21・23・27 |

動詞　人　〈疑問詞＋主語＋動詞〉

Please　tell　*me*　who　that boy is. 〔あの少年がだれか私に教えてください。〕

「あの少年がだれか」

→ tellは〈tell＋人＋物事〉の形で「(人)に(物事)を教える」という意味を表す

・〈動詞＋人など〉のあとに〈疑問詞＋主語＋動詞〉を置いて，「だれが [何を，いつ，どこで，どのように]〜か (人など)に…」などの文を作ることができる。

Where　do　you live? 〔あなたはどこに住んでいますか。〕

疑問詞のあとはふつうの文の語順にする→doはとる

Can you tell *her*　where　you live?

〈動詞＋人〉　〈疑問詞＋主語＋動詞〉　〔あなたがどこに住んでいるか彼女に教えてくれませんか。〕

〈疑問詞＋主語＋動詞〉の中の動詞の形に注意しよう。主語や時に合わせて，過去形になったり-e(s)がついたりするよ。
Please tell me where he lives.
〔彼がどこに住んでいるか私に教えてください。〕

Please tell *me* who can answer the question.

〈疑問詞＋動詞〉　〔だれがその質問に答えられるか私に教えてください。〕

・この形の文でも，疑問詞が主語の場合は〈疑問詞＋動詞〉の語順。

| Words & Phrases | 次の日本語は英語に，英語は日本語にしなさい。 |

☐(1) concentrate　(　　　　　　　)　　☐(4) エネルギー　＿＿＿＿＿＿

☐(2) be full of 〜　(　　　　　　　)　　☐(5) (時間の)分　＿＿＿＿＿＿

☐(3) body　(　　　　　　　)　　☐(6) たとえ〜ではあっても

＿＿＿＿＿＿＿ 〜

1 日本語に合うように，（　）内から適切なものを選び，記号を〇で囲みなさい。

□(1) あなたがいつ家を出発するか私に教えてください。
Please tell me（ ア that　イ when ）you will leave home.

□(2) 私は，彼が次に何をすべきかを彼に教えました。
I told（ ア him what　イ what to him ）he should do next.

□(3) だれが彼に電話をかけたか私に教えて。
Tell me（ ア who called him　イ who did he call ）.

□(4) この箱をどのように開けられるかを私に示していただけませんか。
Could you show（ ア me how can I open　イ me how I can open ）this box?

テストによく出る!

〈動詞＋人＋物事〉
tell は〈tell＋人＋物事〉の語順で「(人)に(物事)を教える」という意味。このように，〈人＋物事〉を目的語にとる動詞には show や teach などがある。

2 日本語に合うように，＿＿＿に適切な語を書きなさい。

□(1) どのようにあなたがそれを料理するか私に教えてくれませんか。
Can you teach ＿＿＿＿＿＿ ＿＿＿＿＿＿ you cook it?

□(2) ジムは東京で彼が何をしたか私に教えてくれません。
Jim doesn't tell me ＿＿＿＿＿＿ ＿＿＿＿＿＿ did in Tokyo.

□(3) ジェーンは彼女がどこの出身か私に教えてくれました。
Jane told me ＿＿＿＿＿＿ ＿＿＿＿＿＿ is ＿＿＿＿＿＿.

□(4) 彼が何を好きか私に教えてください。
Please tell me ＿＿＿＿＿＿ ＿＿＿＿＿＿ ＿＿＿＿＿＿.

□(5) 私はあなたにこのコンピュータをどのように使うか示しましょう。
I'll show ＿＿＿＿＿＿ ＿＿＿＿＿＿ you ＿＿＿＿＿＿ this computer.

⚠ミスに注意

(4)〈疑問詞＋主語＋動詞〉の動詞の形に注意。主語は3人称単数で，現在の文だよ。

3 日本語に合うように，（　）内の語句を並べかえなさい。

□(1) あなたが昨日何を買ったのか私に教えて。
(what / me / yesterday / you / bought / tell).

_____.

□(2) テレビを見る前に宿題を終えるべきです。
(watching / your homework / should / TV / before / you / finish).

_____.

□(3) たとえ雪が降っていても彼は出かけました。
(snowy / though / it / even / out / was / went / he).

_____.

注目!

(2)watching と before に注目。ここでは before は前置詞として使う。

PROGRAM 2 ~ Power-Up 1

ぴたトレ **1**
要点チェック

PROGRAM 2
Good Night. Sleep Tight. ③

時間 **15分**

解答 p.5

〈新出語・熟語 別冊p.7〉

| 教科書の重要ポイント | 〈主語＋動詞[tellなど]＋人など＋that ～.〉の文 | 教科書 pp.20～21・24・27 |

動詞 人 〈that＋主語＋動詞 ～〉

I'll show _you_ (that) this is not true. 〔これが真実ではないということをあなたに示しましょう。〕

「これが真実ではないということ」

→ showは〈show＋人＋物事〉の形で「(人)に(物事)を示す」という意味を表す

・tellやshowなどの動詞は，〈人など〉のあとに〈that＋主語＋動詞 ～〉を置いて，「(人など)に～ということを言う[示す]」という文を作ることができる。このthatは「～ということ」の意味の接続詞で省略できる。

He will come to the party. 〔彼はパーティーに来るでしょう。〕

tellの過去形 ───── thatの前の動詞toldに合わせてwillを過去形にする

My brother told _me_ (that) he would come to the party.

〈動詞＋人〉〈that＋主語＋動詞 ～〉「～ということ」

〔私の兄[弟]はパーティーに来るだろうと私に言いました。〕

 willの過去形はwouldだよ。

 ナルホド！

| Words & Phrases | 次の日本語は英語に，英語は日本語にしなさい。 |

☐(1) screen （　　　　　　　）　　☐(6) 昼寝，うたた寝 ＿＿＿＿＿＿＿

☐(2) habit （　　　　　　　）　　☐(7) 結果 ＿＿＿＿＿＿＿

☐(3) improve （　　　　　　　）　　☐(8) 標識，表示 ＿＿＿＿＿＿＿

☐(4) walker （　　　　　　　）　　☐(9) 光っている ＿＿＿＿＿＿＿

☐(5) daytime （　　　　　　　）　　☐(10) 眠りに落ちる ＿＿＿＿＿＿＿

1 日本語に合うように，（ ）内から適切なものを選び，記号を○で囲みなさい。

〈tell＋人＋ that ～〉

〈tell＋人＋ that ～〉の形で「(人)に～ということを言う[教える]」という意味。that のあとは〈主語＋動詞〉が続く。

☐(1) 父は私に時間は大切だと言います。

My father tells me （ ア that　イ what ） time is important.

☐(2) 彼は私にそのレストランへ行くだろうと言いました。

He told （ ア me that　イ that me ） he would go to the restaurant.

☐(3) ケンは彼が間違っていないことをあなたに示すでしょう。

Ken will show you （ ア that not wrong　イ that he is not wrong ）.

☐(4) 私たちは再び彼女を訪ねるだろうと彼女に伝えてください。

Please tell （ ア her when we visit her again　イ her that we will visit her again ）.

2 例にならい，「彼[彼女]は私に～と言います」という意味の文を完成させなさい。

接続詞that

that「～ということ」はI think (that) ～.やI know (that) ～.の形でも使われる。

I think (that) your idea is great.「あなたの考えはすばらしいと思います。」

例	(1)	(2)	(3)
The library has many books.	He likes to play the piano.	The book is interesting.	He has a new racket.

例 **She tells me that the library has many books.**

☐(1) He tells me ＿＿＿＿＿＿ he ＿＿＿＿＿＿ to play the piano.

☐(2) She ＿＿＿＿＿＿＿ that ＿＿＿＿＿＿＿ interesting.

☐(3) He ＿＿＿＿＿＿＿＿＿＿＿＿＿＿＿＿＿＿＿＿.

3 日本語に合うように，（ ）内の語句を並べかえなさい。

(1)〈tell ＋人＋(that ＋)主語＋動詞〉の形の文だよ。ここでは that は省略されているよ。

☐(1) その映画は私たちに人生はすばらしいと教えてくれます。

(tells / life / us / the movie / is / wonderful).

＿＿＿＿＿＿＿＿＿＿＿＿＿＿＿＿＿＿＿＿＿.

☐(2) 私たちは彼がその試合に勝つと信じています。

(believe / he / the game / win / we / will).

＿＿＿＿＿＿＿＿＿＿＿＿＿＿＿＿＿＿＿＿＿.

☐(3) それはどのようなものでしたか。

(it / like / what / was)?

＿＿＿＿＿＿＿＿＿＿＿＿＿＿＿＿＿＿＿＿?

> 教科書の
> 重要ポイント

電車の乗りかえに関する表現

教科書 p.28

Could you ～? 「～していただけませんか」とていねいな依頼を表す

Could you tell me how to get to Tokyo Station? 〔東京駅への行き方を教えていただけませんか。〕

how to get to ～「～への行き方」

・目的地までの行き方は Could you tell me how to get to ～? とたずねる。

Go to Ueno and change trains there. 〔上野へ行き, そこで電車を乗りかえてください。〕

「電車を乗りかえる」

・「電車 [列車]を乗りかえる」は change trains と表す。

> 乗りかえるときは, 乗っている電車と乗りかえる電車
> の2台の電車なので trains と複数形にするよ。

このlineは「(鉄道の)～線」

Which line should I take from Ueno? 〔上野からどの線に乗ればいいですか。〕

〈Which＋名詞〉「どの～」　　　このtakeは「(電車などに)乗る」

・どの路線に乗ればよいかたずねるときは Which line ～? を使って表す。

このtakeは「(時間が)かかる」

It'll take about 15 minutes from here. 〔ここから約15分かかります。〕

時間を表す語句

・ある場所までの所要時間を答えるときは〈It'll [It will] take＋時間 ～.〉と言う。

> 「(時間が)かかる」と言うときは it を主語にするよ。

> Words & Phrases　次の日本語は英語に, 英語は日本語にしなさい。

□(1) traveler 　　（　　　　　　　　　　）　　□(2) 電車を乗りかえる ＿＿＿＿＿ ＿＿＿＿＿

1 日本語に合うように，（　）内から適切なものを選び，記号を○で囲みなさい。

☐(1) 約3時間かかります。

It will （ ア have　イ take ） about three hours.

☐(2) 海岸駅で電車を乗りかえてください。

Please （ ア change train　イ change trains ） at Kaigan Station.

☐(3) 公園駅からどの線に乗ればいいですか。

（ ア Which line should I take　イ Which should I take line ） from Koen Station?

2 例にならい，「～への行き方を教えていただけませんか」という意味の文を完成させなさい。

the stadium ｜ Higashi Park ｜ ABC Bank ｜ the zoo

例 **Could you tell me how to get to the stadium?**

☐(1) Could you tell me ＿＿＿＿＿ ＿＿＿＿＿ get to Higashi Park?

☐(2) ＿＿＿＿＿＿＿ me ＿＿＿＿＿＿＿ get to ABC Bank?

☐(3) ＿＿＿＿＿＿＿＿＿＿＿＿＿＿＿＿＿＿

3 日本語に合うように，（　）内の語句を並べかえなさい。

☐(1) この駅から約50分かかります。

(from / fifty / about / will / take / it / this station / minutes).

＿＿＿＿＿＿＿＿＿＿＿＿＿＿＿＿＿＿＿.

☐(2) 私たちは今，羽田空港にいます。

(are / Haneda Airport / we / at) now.

＿＿＿＿＿＿＿＿＿＿＿＿＿＿＿＿＿ now.

☐(3) 東京駅で乗りかえて中央線に乗ってください。

(Tokyo Station / the Chuo Line / and / change / take / trains / at).

＿＿＿＿＿＿＿＿＿＿＿＿＿＿＿＿＿＿.

27

1 （　）に入る適切な語を選び，記号を〇で囲みなさい。

□(1) I don't know （　　） you ate for lunch.

　　ア do　イ what　ウ who　エ did

□(2) Tell me （　　） she went to the concert.

　　ア when　イ what　ウ who　エ but

□(3) My father told me （　　） he would wash his car.

　　ア which　イ what　ウ that　エ who

英文の後半の意味を理解することが重要だよ。

2 日本語に合うように，＿＿＿に適切な語を書きなさい。

□(1) 彼は彼女がどこに住んでいるか知っています。

　　He knows ＿＿＿＿＿＿＿＿ she ＿＿＿＿＿＿＿＿.

□(2) 私はよく彼らに，毎日練習することが重要だと言います。

　　I often tell them ＿＿＿＿＿＿＿ practicing every day ＿＿＿＿＿＿＿ ＿＿＿＿＿＿＿.

□(3) あなたが何時に出発するつもりか私に教えていただけませんか。

　　Could you tell me ＿＿＿＿＿＿＿ ＿＿＿＿＿＿＿ ＿＿＿＿＿＿＿ going to leave?

3 日本語に合うように，（　）内の語句を並べかえなさい。

□(1) あなたは彼が何をさがしていたか知っていますか。

　　(he / what / know / looking / was / you / for / do)?

　　＿＿＿＿＿＿＿＿＿＿＿＿＿＿＿＿＿＿＿＿＿＿＿＿＿＿＿＿？

□(2) 私はこの手紙がいつ私に送られてきたか覚えていません。

　　(don't / this / I / was / when / sent / remember / letter / to me).

　　＿＿＿＿＿＿＿＿＿＿＿＿＿＿＿＿＿＿＿＿＿＿＿＿＿＿＿＿．

□(3) ミキは私に，彼らは中央駅で電車を乗りかえるだろうと言いました。

　　(they / Miki / Chuo Station / change / told / at / me / trains / would).

　　＿＿＿＿＿＿＿＿＿＿＿＿＿＿＿＿＿＿＿＿＿＿＿＿＿＿＿＿．

4 次の英文を，（　）内の語句で始まる文に書きかえなさい。

□(1) When will she play tennis? (I don't know)

　　＿＿＿＿＿＿＿＿＿＿＿＿＿＿＿＿＿＿＿＿＿＿＿＿＿＿＿＿．

□(2) Who came to the party? (Please tell me)

　　＿＿＿＿＿＿＿＿＿＿＿＿＿＿＿＿＿＿＿＿＿＿＿＿＿＿＿＿．

ヒント　**3** (1)「さがしていた」は過去進行形で表す。　(2)「手紙が送られてきた」は受け身の形で表す。

5 読む 次の英文を読んで，あとの問いに答えなさい。

　Do you use your smartphones for a long time before ①(go) to bed? If you look at the bright screen at night, your brain will believe it is daytime. As a result, ②you cannot (　　)(　　) easily. To get a good sleep, you should change this habit.

　③People have started to see (good / our / improves / work / how / sleep). Some companies have introduced a short nap time early in the afternoon. ④The results tell us that people can work better after a nap.　But you shouldn't sleep too long!

☐(1) 下線部①の（　）内の語を適切な形に直して書きなさい。

☐(2) 下線部②が「あなたはたやすく眠りに落ちることができません」という意味になるように，
（　）に入る適切な語を書きなさい。

☐(3) 下線部③が「よい睡眠がどのように私たちの仕事を向上させるのかわかり始めました」という意味になるように，（　）内の語を並べかえなさい。

People have started to see _____.

☐(4) 下線部④の英文の日本語訳を完成させなさい。

その結果は私たちに（　　　　　　　　　　　　　　　　　　　　　　　　）
ということを教えてくれます。

6 話す 次の英文を読んで，あとの問いに答えなさい。答え合わせのあと，発音アプリの指示に従って，問題文と解答を声に出して読みなさい。 アプリ

Sora :　My uncle uses an assistance dog. Sometimes he is not allowed to enter a shop or a restaurant with his dog. Assistance dogs are not pets, but partners for people with disabilities. They never make trouble because they are well trained. I want more people to know about assistance dogs.

(注)assistance dog　補助犬　　partner　パートナー　　disability　身体障がい

☐(1) Who uses an assistance dog?

　　—

☐(2) What are assistance dogs for people with disabilities?

　　—

ヒント　**5**(1)前のbeforeは前置詞。

29

ぴたトレ
3
確認テスト

PROGRAM 2 ～
Power-Up 1

時間
30分
／100点

合格
70点

解答
p.7

教科書 pp.19 ～ 28

❶ 下線部の発音が同じものには○を，そうでないものには×を，解答欄に書きなさい。 6点

(1) l<u>a</u>ck (2) h<u>ea</u>lth (3) l<u>o</u>se
　　h<u>a</u>bit （　） 　　 l<u>ea</u>st （　） 　　 b<u>o</u>dy （　）

❷ 最も強く発音する部分の記号を解答欄に書きなさい。 6点

(1) en - er - gy (2) con - cen - trate (3) af - fect
　　 ア　イ　ウ 　　 ア　 イ　 ウ 　　 ア　イ

❸ 日本語に合うように，（　）内の語を並べかえなさい。 21点

よく出る (1) 私に彼がいつロンドンに行くのか教えてください。
　（ to / me / when / please / London / go / will / tell / he ）.
(2) 私は彼らが何の科目を勉強しているか知りません。
　（ studying / are / don't / what / they / I / know / subject ）.
(3) 彼女はその博物館がとても人気があることをあなたに示すでしょう。
　（ show / will / is / you / popular / the / she / very / museum ）.

❹ 各組の文がほぼ同じ意味になるように，＿＿に入る適切な語を書きなさい。 14点

(1) ⎡ I know how I can get to the stadium.
　　⎣ I know ＿＿＿ ＿＿＿ get to the stadium.
(2) ⎡ Where is his house? Could you tell me?
　　⎣ Could you tell ＿＿＿ ＿＿＿ his house is?

❺ 次の対話文を読んで，あとの問いに答えなさい。 29点

Ben : Have you ①(see) Keita?
Ryo : Yes, he was here about 15 minutes ago. ②<u>He told me (he / back / come /</u>
　　　 <u>that / soon / would)</u>.
Ben : How long should I wait here?
Ryo : I don't know. Why are you ③(look) for him?
Ben : Well, we have a plan to go to the bookstore after school today. We want to
　　　 buy some books in English. But I can't go today （ ④ ） I have to take a
　　　 special math class with Ms. Smith.
Ryo : I see. When he comes back, ⑤<u>I will （　） （　） （　） （　） can't go</u>

成績評価の観点　技…言語や文化についての知識・技能　表…外国語表現の能力

<u>to the bookstore with him today.</u>

Ben : Really? That's great. Thank you, Ryo. I will email him, too. Oh, I have to go now. See you tomorrow.

Ryo : See you.

(1) 下線部①，③の（　）内の語を適切な形に直して書きなさい。

(2) 下線部②の（　）内の語を正しく並べかえなさい。

(3) （　④　）に入る適切な語を選び，記号を書きなさい。

　　ア that　　イ because　　ウ however

差がつく (4) 下線部⑤が「あなたが今日は彼と本屋に行けないと彼に伝えておきます」という意味になるように，（　）に入る適切な語を書きなさい。

点UP ❻ 書く✐ **次のようなとき英語で何と言うか，（　）内の指示に従って書きなさい。** 表24点

(1) 「どんな動物が好きなのか知りたい」と相手に言うとき。（8語で）

(2) 「どこで電車を乗りかえたらよいか」たずねるとき。（5語で）

(3) 所要時間をたずねられて「ここからおよそ10分かかるでしょう」と答えるとき。（7語で）

❶	(1)		(2)		(3)		❷	(1)		(2)		(3)	
		2点		2点		2点				2点		2点	2点

❸	(1)	• 7点
	(2)	• 7点
	(3)	• 7点

❹	(1)		(2)	
		7点		7点

❺	(1)	①		③		
			5点		5点	
	(2)					7点
	(3)	5点	(4)			7点

❻	(1)	表 8点
	(2)	表 8点
	(3)	表 8点

▶ 表 の印がない問題は全て 技 の観点です。

31

ぴたトレ
1
要点チェック

PROGRAM 3
A Hot Sport Today [1]

時間 **15**分
解答 p.8

〈新出語・熟語 別冊p.7〉

教科書の
重要ポイント 「〜を…と呼ぶ[名づける]」の文   教科書 pp.30 〜 32・37

目的語（人など）補語（名前）

We call *the dog* Pochi. 〔私たちはそのイヌをポチと呼びます。〕
「呼ぶ」　「そのイヌを」　「ポチと」

- 〈call＋〜（人など）＋…（名前）〉で「〜を…と呼ぶ」。
- 「そのイヌ」＝「ポチ」という関係。

目的語（人など）　補語（名前）

We named *the cat* Tama. 〔私たちはそのネコをタマと名づけました。〕
「名づける」「そのネコを」　「タマと」

- 〈name＋〜（人など）＋…（名前）〉で「〜を…と名づける」。
- 「そのネコ」＝「タマ」という関係。

この形の文にできる動詞はcall（呼ぶ）や
name（名づける）など決まった動詞だよ。

Words & Phrases 　次の日本語は英語に，英語は日本語にしなさい。

☐(1) half-time 　（　　　　　　　　）　　☐(3) 生まれる　　be _____

☐(2) not only 〜 but also …
　　　　　　　　（　　　　　　　　）

1 日本語に合うように，（　）内から適切なものを選び，記号を○で囲みなさい。

☐(1) 私は私の妹をメイと呼びます。

I（ ア tell　イ call ）my sister May.

☐(2) 私の母はその鳥をキュウと名づけました。

My mother named（ ア Kyu the bird　イ the bird Kyu ）.

☐(3) 私をトワと呼んでください。

Please（ ア call me Towa　イ call Towa me ）.

☐(4) 彼女は彼女のネコをシロと名づけました。

She（ ア called her cat　イ named her cat ）Shiro.

☐(5) あなたはその電車を新幹線と呼びますか。

（ ア Do you take the train　イ Do you call the train ）Shinkansen?

2 例にならい，「私たちは～を…と呼びます」という意味の文を完成させなさい。

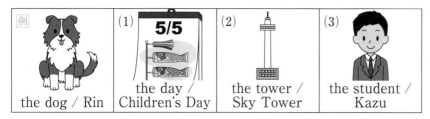

例	(1)	(2)	(3)
the dog / Rin	the day / Children's Day	the tower / Sky Tower	the student / Kazu

例 **We call the dog Rin.**

☐(1) We ＿＿＿＿＿＿ the ＿＿＿＿＿＿ Children's Day.

☐(2) We call ＿＿＿＿＿＿＿＿＿＿＿＿＿＿ .

☐(3) ＿＿＿＿＿＿＿＿＿＿＿＿＿＿＿＿＿

3 日本語に合うように，（　）内の語句を並べかえなさい。

☐(1) 彼はその新しいチームをチームMと名づけました。

(team / named / new / Team M / he / the).

＿＿＿＿＿＿＿＿＿＿＿＿＿＿＿＿＿ .

☐(2) 彼女はTシャツだけでなくかばんも買いました。

(also / a T-shirt / only / she / not / bought / but) a bag.

＿＿＿＿＿＿＿＿＿＿＿＿＿＿＿ a bag.

☐(3) その有名な作家はニューヨークで生まれました。

(famous / born / New York / was / in / writer / the).

＿＿＿＿＿＿＿＿＿＿＿＿＿＿＿＿ .

ぴたトレ
1
要点チェック

PROGRAM 3
A Hot Sport Today ②

時間
15分

解答
p.9

〈新出語・熟語 別冊p.7〉

教科書の重要ポイント 「～を…(の状態)にする」を表す文 教科書 pp.30 ～ 31・33・37

目的語　補語

Miki's letters always **make** *me* **happy.** 〔ミキの手紙はいつも私を幸せにします。〕

「～にする」　人　形容詞

・〈make＋～(人など)＋…(形容詞)〉で「～を…(の状態)にする」を表す。
・「私」＝「幸せな」という関係になっている。

目的語　補語

You have to **keep** *your room* **clean.**

「～にしておく」　もの　形容詞

〔あなたはあなたの部屋をきれいにしておかなければなりません。〕

・〈keep＋～(人など)＋…(形容詞)〉で「～を…(の状態)にしておく」を表す。
・「あなたの部屋」＝「きれいに」という関係になっている。

目的語　補語

Don't **leave** *the door* **open.** 〔ドアを開けたままにしてはいけません。〕

「～のままにしておく」　もの　形容詞

・〈leave＋～(人など)＋…(形容詞)〉で「～を…のままにしておく」を表す。
・「ドア」＝「開いている」という関係になっている。

Words & Phrases 次の日本語は英語に，英語は日本語にしなさい。

□(1) indoor 　(　　　　　)

□(2) outdoor 　(　　　　　)

□(3) wake up 　(　　　　　)

□(4) drawの過去形 ＿＿＿＿＿＿

□(5) 作り出す，生み出す ＿＿＿＿＿＿

□(6) 報告(書)，レポート ＿＿＿＿＿＿

1 日本語に合うように，（ ）内から適切なものを選び，記号を○で囲みなさい。

〈動詞＋～（人など）
＋…（形容詞）〉

make ～ …
＝「～を…にする」
keep ～ …
＝「～を…にしておく」
leave ～ …
＝「～を…のままにしておく」

□(1) そのスピーチは私を眠くしました。

That speech made (ア I イ me) sleepy.

□(2) 画面を明るいままにしてください。

Please (ア keep イ kept) the screen bright.

□(3) 彼らは部屋を汚いままにしました。

They (ア made the room イ left the room) dirty.

□(4) その映画は彼らをわくわくさせました。

The movie (ア made them excited イ made excited them).

□(5) 一日じゅう働くことは私を疲れさせます。

(ア Working all day makes me イ I work all day and make) tired.

2 日本語に合うように，＿＿＿に適切な語を書きなさい。

makeの過去形はmade,
keepの過去形はkept,
leaveの過去形はleftだよ。

□(1) 私はこの部屋をきれいにしておきたいです。

I want to ＿＿＿＿＿＿ this room ＿＿＿＿＿＿.

□(2) 彼女の話は彼を悲しくしました。

Her story ＿＿＿＿＿＿ ＿＿＿＿＿＿ sad.

□(3) このジャケットはあなたを暖かくしておいてくれます。

This jacket ＿＿＿＿＿＿ you ＿＿＿＿＿＿.

□(4) 彼と話すと私は幸せになります。

Talking with him makes ＿＿＿＿＿＿ ＿＿＿＿＿＿.

□(5) 彼を怒らせたままにしておかないでください。

Please don't ＿＿＿＿＿＿ him ＿＿＿＿＿＿.

3 日本語に合うように，（ ）内の語句を並べかえなさい。

makeの意味
うしろにどのような語句が続くかによってmakeの意味を判断する。
〈make＋人＋形容詞〉
＝「（人）を…（の状態）にする」
〈make＋人＋もの〉
＝「（人）に（もの）を作る」

□(1) 雨がそのバスを遅れさせました。

(the bus / made / the rain / late).

＿＿＿＿＿＿＿＿＿＿＿＿＿＿＿＿＿.

□(2) マイクは情報を得るためにインターネットを使います。

(information / get / the internet / to / uses / Mike).

＿＿＿＿＿＿＿＿＿＿＿＿＿＿＿＿＿.

□(3) 彼は2つ目の言語として英語を話します。

(second / English / a / speaks / he / as / language).

＿＿＿＿＿＿＿＿＿＿＿＿＿＿＿＿＿.

ぴたトレ 1
要点チェック

PROGRAM 3
A Hot Sport Today ③

時間 **15分**　解答 p.9

〈新出語・熟語 別冊p.7〉

| 教科書の重要ポイント | 〈主語＋動詞＋目的語＋動詞の原形〉の文 | 教科書 pp.30～31・34・37 |

このletは過去形　letの活用はlet-let-let

Shinji <u>**let**</u> *me* **use** his computer. 〔シンジは私が彼のコンピュータを使うのを許しました。〕
　　　　「許す」　人　動詞の原形

Let *me* **know** your phone number. 〔私にあなたの電話番号を知らせてください。〕

- 〈let＋〜（人など）＋動詞の原形〉で「〜が…するのを許す，〜に…させてやる」を表す。
- このletは「〜させてやる」という許可の意味合いがある。
- 「人など」と「動詞の原形」は主語と述語の関係になっている。

　　Shinji let me use his computer.　　　Let me know your number.
　　　　　「私が使う」　　　　　　　　　　　　　　「私が知っている」

My mother <u>**made**</u> *me* **drink** milk. 〔母は私に牛乳を飲ませました。〕
　　　　　　「〜させる」　人　動詞の原形　　※「私が飲む」の関係

My brother always **makes** *people* **laugh.** 〔兄はいつも人々を笑わせます。〕

- 〈make＋〜（人など）＋動詞の原形〉で「〜に…させる」を表す。

I <u>**helped**</u> *my father* **wash** the dishes. 〔私は父が皿を洗うのを手伝いました。〕
　　「手伝う」　　人　　　　動詞の原形　　※「父が洗う」の関係

We will **help** *you* **clean** the room. 〔私たちはあなたが部屋を掃除するのを手伝います。〕

- 〈help＋〜（人など）＋動詞の原形〉で「〜が…するのを手伝う」を表す。

Words & Phrases 次の日本語は英語に，英語は日本語にしなさい。

☐(1) luck　　　（　　　　　　　）　　☐(4) トーナメント　＿＿＿＿＿＿＿＿＿

☐(2) final　　　（　　　　　　　）　　☐(5) 休息，休養　＿＿＿＿＿＿＿＿＿

☐(3) Wish me luck. （　　　　　　　）　　☐(6) （菓子などを）焼く＿＿＿＿＿＿＿

1 日本語に合うように，（ ）内から適切なものを選び，記号を○で囲みなさい。

☐(1) 私はユミが宿題をするのを手伝いました。

I helped Yumi （ ア do　イ does ） her homework.

☐(2) ブラウン先生は私に質問させてくれました。

Ms. Brown （ ア let me　イ helped me ） ask questions.

☐(3) ポールはいつも彼の妹を笑わせます。

Paul always makes （ ア smile his sister　イ his sister smile ）.

☐(4) 私は彼がかぎをさがすのを手伝うつもりです。

I'll （ ア look for his key　イ help him look for his key ）.

☐(5) 何があなたをここに来させたのですか。

What （ ア did you come　イ made you come ） here?

テストによく出る!

〈動詞＋（人など）
＋動詞の原形〉

let ～ …
＝「～が…するのを許可
する」「～に…させてや
る」

make ～ …
＝「～に…させる」

help ～ …
＝「～が…するのを手伝
う」

2 日本語に合うように，＿＿＿に適切な語を書きなさい。

☐(1) 私にその箱を開けさせてください。

＿＿＿＿＿＿＿ me ＿＿＿＿＿＿＿ the box.

☐(2) 彼はあなたが本を運ぶのを手伝うでしょう。

He will help ＿＿＿＿＿＿＿ ＿＿＿＿＿＿＿ the books.

☐(3) 母はときどき私に夕食を作らせます。

My mother sometimes ＿＿＿＿＿＿＿ ＿＿＿＿＿＿＿ cook dinner.

☐(4) 彼にそのコンサートへ行かせてあげてください。

＿＿＿＿＿＿＿ ＿＿＿＿＿＿＿ go to the concert.

☐(5) 何があなたの気持ちを変えさせたのですか。

＿＿＿＿＿＿＿ ＿＿＿＿＿＿＿ you change your mind?

注目!

let と make

let は「（したいことを）さ
せてやる」という許可の
意味合いが，make には
「（したくないことでも）
させる」という強制の意
味合いがある。

3 日本語に合うように，（ ）内の語句を並べかえなさい。

☐(1) 彼の話はみんなを泣かせました。

(cry / made / his / everyone / story).

＿＿＿＿＿＿＿＿＿＿＿＿＿＿＿＿＿＿＿＿＿＿.

☐(2) 彼は私が看護師であることを知りませんでした。

(was / I / know / he / didn't / a nurse).

＿＿＿＿＿＿＿＿＿＿＿＿＿＿＿＿＿＿＿＿＿＿.

☐(3) 私のスピーチを聞いてくれてありがとう。

(speech / for / to / thanks / my / listening).

＿＿＿＿＿＿＿＿＿＿＿＿＿＿＿＿＿＿＿＿＿＿.

⚠ミスに注意

let の活用は let-let-let。
主語が I, you, 複数のと
きは現在形か過去形か区
別がつかないので，文脈
で判断しよう。

ぴたトレ
1
要点チェック

Steps 2 メモのとり方を学ぼう

時間
15分

解答
p.9

〈新出語・熟語 別冊p.7〉

| 教科書の重要ポイント | メモのとり方 | 教科書p.38 |

When「いつ」

Let me tell you about the school festival <u>on October 20</u>.

日付

〔10日20日の学校祭についてあなたたちに話させてください。〕

You have to choose the leader <u>in the next meeting</u>.

「次の集まりで」=時を表す語句

〔あなたたちは次の集まりでリーダーを選ばなければなりません。〕

Where「どこで」

We are planning to go <u>to the City Museum</u>. 〔私たちは市立博物館に行く予定です。〕

場所

What「何を」

Let me tell you about <u>the field trip to the fire station</u>.

内容　　〔消防署への遠足についてあなたたちに話させてください。〕

about「〜について」のうしろには話す内容がくる

スピーチや話のメモを取るときは、「いつ・どこで・何を」などに注意しながら聞く。

・When「いつ」…時を表す表現

〈at＋時刻〉, 〈on＋日付〉, 〈in＋月〉, next 〜「次の〜」, this 〜「この〜」など。

・Where「どこで」…場所を表す表現

〈to＋場所〉「〜へ」, 〈at [in] ＋場所〉「〜で [に]」など。

・What「何を」…「何について話すのか (about)」,「何をしなければならないのか (have to)」,「何ができるのか (can)」など。

Why「なぜ」, How「どのように」, Who「だれが」などをメモする場合もあるよ。

ナルホド!

Words & Phrases 次の日本語は英語に, 英語は日本語にしなさい。

☐(1) painting　（　　　　　　　）　☐(3) ソフトボール _____

☐(2) hand in 〜　（　　　　　　　）　☐(4) 間近に, 近づいて

just _____ the _____

1 日本語に合うように，（ ）内から適切なものを選び，記号を○で囲みなさい。

☐(1) 私たちは来週，警察署を訪問する予定です。

We will visit the police station (ア next イ last) week.

☐(2) 私たちは今日の午後，コンピュータ室で会議をします。

We are going to have a meeting (ア on イ in) the computer room this afternoon.

☐(3) 私は家族について話すつもりです。

I'm going to (ア talk to イ talk about) my family.

☐(4) あなたたちは明日，宿題を提出しなければなりません。

You have to (ア do your homework イ hand in your homework) tomorrow.

⚠️ミスに注意

(1)this や last がついた時を表す語句には in や on などの前置詞はつかない。
this afternoon
「今日の午後」
last week
「先週」

2 例にならい，「～についてあなたたちに話させてください」という意味の文を完成させなさい。

例 my school life	(1) my dog	(2) the test	(3) the game

例 **Let me tell you about my school life.**

☐(1) _____ me me tell you _____ my dog.

☐(2) _____ tell you _____ .

☐(3) _____

テストによく出る!

Let me tell
you about ~

・〈Let me＋動詞の原形～.〉＝「私に～させてください」
・〈tell＋人＋about ～〉＝「（人）に～について話す」

3 日本語に合うように，（ ）内の語句を並べかえなさい。

☐(1) 彼は東京に滞在する計画です。

(planning / in / to / is / Tokyo / stay / he).

_____

☐(2) 競技会が近づいています。

(the contest / the / is / corner / around / just).

_____

☐(3) ご存じのように，パーティーは7時に始まる予定です。

(will / know / the party / at / as / seven / start / you / ,).

_____

注目!

(3)「ご存じのように」と似た表現に you know「ご存じのとおり」がある。

Our Project 7
記者会見を開こう

教科書の重要ポイント　**記者会見で使われる表現**　　教科書 pp.39〜43

導入 (あいさつ, 自己紹介など)

Japanese people call me Smith-san.〔日本人は私をスミスさんと呼びます。〕

呼び名の紹介　〈call＋人＋名前〉「(人)を〜と呼ぶ」

展開 (スピーチの目的, 背景など)

Today, I'm happy to tell you that I will start a new research.

スピーチの目的　〈tell＋人＋that 〜〉「(人)に〜ということを伝える」

〔本日, 新しい研究を始めることをみなさんに話せて幸せです。〕

まとめ (終わりのあいさつ)

Please let me know if you would like to try the machine.

聞き手への呼びかけ　let me know「私に知らせる」　　　〔機械を試したい場合は私にお知らせください。〕

・スピーチは「導入→展開→まとめ」の流れで話すとわかりやすい。

・スピーチ後の質問は具体的にするとよい。

How long did it take to invent it?〔それを発明するのにどのくらいかかりましたか。〕

期間をたずねる疑問文

What was the most interesting thing while you were in France?

最上級を使って具体的な答えを導く　　〔フランスにいた間, 最もおもしろかったことは何ですか。〕

スピーチでは声の大きさやスピードにも気をつけよう。

ナルホド!

Words & Phrases　**次の日本語は英語に, 英語は日本語にしなさい。**

□(1) speaker　（　　　　　）　　□(5) 島　_____

□(2) wind　（　　　　　）　　□(6) 真ん中　_____

□(3) ocean　（　　　　　）　　□(7) 生き延びる　_____

□(4) dress up　（　　　　　）　　□(8) 船, ボート　_____

1 日本語に合うように，（　）内から適切なものを選び，記号を○で囲みなさい。

☐(1) みんな私をタカさんと呼びます。

　　Everyone （ ア calls　イ makes ） me Taka-san.

☐(2) 家族の支えのおかげで引っ越すことを決心できました。

　　Family support made （ ア me decided　イ me decide ） to move.

☐(3) 私は新しいレストランを東京に開きます。

　　（ ア I'll open　イ I have opened ） a new restaurant in Tokyo.

☐(4) 私の新しい会社を支えてくれるようあなたにお願いしたいです。

　　I want （ ア you to ask to support for　イ to ask you to support ） my new company.

2 例にならい，「私は～と伝えられるのがうれしいです」という意味の文を完成させなさい。

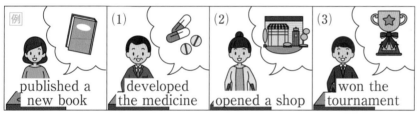

例　**I'm excited to tell you that I published a new book.**

☐(1) I'm excited to ＿＿＿＿＿＿＿＿ you ＿＿＿＿＿＿＿＿ I developed the medicine.

☐(2) I'm excited to tell you ＿＿＿＿＿＿＿＿＿＿＿＿＿＿ .

☐(3) ＿＿＿＿＿＿＿＿＿＿＿＿＿＿＿＿＿＿＿＿＿＿＿＿＿＿

3 日本語に合うように，（　）内の語句を並べかえなさい。

☐(1) 彼らは私に楽観的になる方法を教えてくれました。

　　(to / taught / positive / how / they / me / be).

　　＿＿＿＿＿＿＿＿＿＿＿＿＿＿＿＿＿＿＿＿＿＿＿＿＿＿ .

☐(2) 多くの人々が彼を助けたので彼は幸運でした。

　　(many people / lucky / that / helped / was / him / he).

　　＿＿＿＿＿＿＿＿＿＿＿＿＿＿＿＿＿＿＿＿＿＿＿＿＿＿ .

☐(3) あなたが興味があるなら私にお知らせください。

　　(are / me / know / interested / if / you / let / please).

　　＿＿＿＿＿＿＿＿＿＿＿＿＿＿＿＿＿＿＿＿＿＿＿＿＿＿ .

1 ( )に入る適切な語句を選び，記号を〇で囲みなさい。

文がどんな形になっているか考えよう。

☐(1) His father let him ( ) TV last night.

ア watches　　イ watched　　ウ watch　　エ watching

☐(2) My grandmother always ( ) her garden beautiful.

ア keeps　　イ to keep　　ウ keeping　　エ keep

☐(3) Visiting the zoo made the girl ( ).

ア go　　イ again　　ウ animals　　エ happy

2 日本語に合うように，＿＿＿に適切な語を書きなさい。

☐(1) みんなは彼女をハナと呼びますか。

Does everybody ＿＿＿＿＿＿ ＿＿＿＿＿＿ Hana?

☐(2) 私の妹は私がケーキを焼くのを手伝いました。

My sister helped ＿＿＿＿＿＿ ＿＿＿＿＿＿ a cake.

☐(3) 彼は彼らを一日じゅう働かせました。

He ＿＿＿＿＿＿ ＿＿＿＿＿＿ ＿＿＿＿＿＿ all day.

3 日本語に合うように，( )内の語句を並べかえなさい。

☐(1) ドアを開けたままにしていただけませんか。

(open / could / the door / you / leave)?

＿＿＿＿＿＿＿＿＿＿＿＿＿＿＿＿＿＿＿＿＿＿＿＿＿＿＿＿＿＿＿＿＿＿ ?

☐(2) あなたにいくつか質問をさせてください。

(some / ask / me / you / let / questions).

＿＿＿＿＿＿＿＿＿＿＿＿＿＿＿＿＿＿＿＿＿＿＿＿＿＿＿＿＿＿＿＿＿＿ .

☐(3) 私のおばは私を早く寝かせました。

(to / early / aunt / go / my / me / bed / made).

＿＿＿＿＿＿＿＿＿＿＿＿＿＿＿＿＿＿＿＿＿＿＿＿＿＿＿＿＿＿＿＿＿＿ .

4 次の英文を，( )内の指示に従って書きかえなさい。

☐(1) I looked for my key. They helped me. （Theyで始めて，ほぼ同じ意味の文を7語で）

＿＿＿＿＿＿＿＿＿＿＿＿＿＿＿＿＿＿＿＿＿＿＿＿＿＿＿＿＿＿＿＿＿＿

☐(2) This book made the writer popular. （下線部をたずねる文に）

＿＿＿＿＿＿＿＿＿＿＿＿＿＿＿＿＿＿＿＿＿＿＿＿＿＿＿＿＿＿＿＿＿＿

ヒント　**2** (3)「～に…させる」は〈主語＋make＋～（人など）＋動詞の原形〉で表す。
　　　　3 (2)命令文で「～させてください」という文を作る。

42

定期テスト
予報

●〈主語＋call［name］＋～（人など）＋名前〉の形や意味が問われるでしょう。
●〈主語＋動詞＋～（人など）＋…（形容詞）〉の形で使う動詞と意味を確認しておきましょう。
●〈主語＋動詞＋人など＋動詞の原形〉の形で使う動詞とその使い方が問われるでしょう。

5 読む 次の英文を読んで，あとの問いに答えなさい。

Basketball was ①(invent) by a P.E. teacher in Massachusetts in 1891. During the cold winters, the students couldn't enjoy sports outside. He created a new indoor sport for them. They used peach baskets as goals, ②so (basketball / they / the sport / named).

③( )( ), a Japanese student played in the first basketball game. The student also drew a picture of this game. The P.E. teacher used ④it in the report to introduce basketball. ⑤This report made the sport famous in the U.S.

□(1) 下線部①の（ ）内の語を適切な形に直して書きなさい。

□(2) 下線部②が意味の通る英文になるように，（ ）内の語句を並べかえなさい。

so _____ .

□(3) 下線部③が「実際は」という意味になるように，（ ）に入る適切な語を書きなさい。

□(4) 下線部④が指すものを，本文中から５語で抜き出して書きなさい。

□(5) 下線部⑤の英文の日本語訳を完成させなさい。

この報告書が（   ）。

6 話す 次の英文を読んで，あとの問いに答えなさい。答え合わせのあと，発音アプリの指示に従って，問題文と解答を声に出して読みなさい。 アプリ

In Japan, it is difficult to find halal food. So Muslims in Japan don't eat halal food? Yes, they do. Halal marks help us. If a food product has a halal mark on it, I know it is a halal food. I'm happy to see food products with halal marks are increasing in Japan.

(注)halal food　ハラール・フード（イスラム教徒が食べてよいとされる食品）
Muslim　イスラム教徒　　mark　マーク　　food product　食料品

□(1) Do Muslims in Japan eat halal food?

—

□(2) What helps Muslims find halal food?

—

ヒント　**5** (5)〈make＋もの＋形容詞〉の形の文。

43

ぴたトレ
3
確認テスト

PROGRAM 3 ～
Our Project 7

時間 30分　／100点　合格70点　解答 p.11

教科書 pp.29 ～ 43

❶ 下線部の発音が同じものには○を，そうでないものには×を，解答欄に書きなさい。 6点

(1) introd<u>u</u>ce　　　　　(2) oc<u>ea</u>n　　　　　　　(3) f<u>i</u>nal
　　st<u>u</u>dent　（　）　　　　cr<u>ea</u>te　（　）　　　　m<u>i</u>ddle　（　）

❷ 最も強く発音する部分の記号を解答欄に書きなさい。 6点

(1) tour - na - ment　　　(2) es - pe - cial - ly　　　(3) in - ter - view -er
　ア　イ　ウ　　　　　　ア　イ　ウ　エ　　　　ア　イ　ウ　エ

❸ 日本語に合うように，（　）内の語を並べかえなさい。 12点

(1) 私の兄は私が彼の青いシャツを着るのを許してくれました。

(blue / my / wear / let / me / shirt / brother / his).

(2) バスケットボールの試合を見ることは私をわくわくさせます。

(excited / games / me / makes / basketball / watching).

❹ 日本語に合うように，＿＿に入る適切な語を書きなさい。 28点

よく出る (1) この花を何と呼びますか。

＿＿＿＿ do you ＿＿＿＿ this flower?

(2) 彼女は息子がケーキを食べることを許しません。

She ＿＿＿＿ ＿＿＿＿ her son eat a cake.

(3) このイヌをポンちゃんと名づけてもいいですか。

May ＿＿＿＿ ＿＿＿＿ this dog Pon-chan?

(4) あなたの先生はあなたにたくさん宿題をさせますか。

Does your teacher make ＿＿＿＿ ＿＿＿＿ a lot of homework?

❺ 次の対話文を読んで，あとの問いに答えなさい。 24点

David :　Good morning, May.　How are you today?

　May :　Oh, good morning, David.　I am OK, but I'm tired.

David :　It's still morning.　①<u>What made you tired?</u>

　May :　My mother made me clean my room.

David :　②(leave / dirty / it / you / did)?

　May :　Well, yes.　I put many things on the floor and didn't clean them for a
　　　　week.　I was planning to clean last night, but I was very sleepy and
　　　　I couldn't.　So I got up early this morning and cleaned my room.　It took
　　　　more than one hour.

David : Wow! (③) don't you clean it every day?

May : I know that is a good idea, but it is difficult for me to do that every day.

David : Well, cleaning makes me feel good. ④I sometimes (　　) (　　) (　　) (　　) his room. You can enjoy your time more in your room after cleaning it.

May : You are right.

(1) 下線部①を日本語にしなさい。

(2) 下線部②の（　）内の語を正しく並べかえなさい。

(3) （　③　）に入る適切な語を選び，記号を書きなさい。

　　ア How　　イ What　　ウ Why

(4) 下線部④が「私はときどき弟が部屋を掃除するのを手伝います」という意味になるように，（　）に入る適切な語を書きなさい。

⑥ 書く♪ 次のようなとき英語で何と言うか，（　）内の指示に従って書きなさい。 表 24点

(1) 「会合を始めさせてください」と集まっている人に伝えるとき。（letを使って5語で）

(2) 「父は私に毎日勉強させました」と自分のことを説明するとき。

（My fatherから始めて7語で）

(3) 相手に「あなたの赤ちゃんをカオリ(Kaori)と名づけましたか」とたずねるとき。（6語で）

❶	(1)		(2)		(3)		❷	(1)		(2)		(3)	
		2点		2点		2点			2点		2点		2点

❸	(1)	• 6点
	(2)	• 6点

❹	(1)	7点	(2)	7点
	(3)	7点	(4)	7点

❺	(1)	8点
	(2)	? 6点 (3) 3点
	(4)	7点

❻	(1)	表 8点
	(2)	表 8点
	(3)	表 8点

▶ 表 の印がない問題は全て 技 の観点です。

ぴたトレ
1
要点チェック

Reading 1　Faithful Elephants 1

時間 **10**分

解答 p.12

〈新出語・熟語 別冊p.8〉

教科書の重要ポイント 「〜に…するように命令する」を表す文 教科書 pp.44〜45

Mr. Brown <u>ordered</u> *the students* <u>to help him.</u>

「命令する」　　　　目的語　　　　〈to＋動詞の原形〉

〔ブラウン先生は生徒たちに彼を手伝うように命令しました。〕

・〈order＋〜（目的語）＋to＋動詞の原形〉で「〜に…するように命令する」を表す。
・〈動詞＋〜（目的語）＋to＋動詞の原形〉の形をとる動詞
　　〈ask 〜 to ...〉「〜に…するように頼む」
　　〈tell 〜 to ...〉「〜に…するように言う」
　　〈want 〜 to ...〉「〜に…してほしいと思う」

to ...の動作を行うのは目的語の〈〜〉だよ。

＼ナルホド！／

Words & Phrases 次の日本語は英語に，英語は日本語にしなさい。

☐(1) visitor （　　　　　　　） ☐(3) badの比較級 ＿＿＿＿＿＿＿＿＿＿

☐(2) harm （　　　　　　　） ☐(4) 殺す ＿＿＿＿＿＿＿＿＿＿

1 日本語に合うように，＿＿＿に適切な語を書きなさい。

☐(1) 彼は私に立ち上がるように命令しました。
　　 He ordered me ＿＿＿＿＿＿＿ ＿＿＿＿＿＿＿ up.

☐(2) 私は彼女にこの本を読んでほしいと思います。
　　 I want ＿＿＿＿＿＿＿ ＿＿＿＿＿＿＿ read this book.

2 日本語に合うように，（　）内の語句を並べかえなさい。

☐(1) その警察官は彼に車を止めるよう命令しました。
　　 (the car / ordered / stop / the police officer / him / to).
　　 ＿＿＿＿＿＿＿＿＿＿＿＿＿＿＿＿＿＿＿＿＿＿＿＿＿＿＿.

☐(2) 痛みが悪化しています。
　　 (worse / is / pain / the / getting).
　　 ＿＿＿＿＿＿＿＿＿＿＿＿＿＿＿＿＿＿＿＿＿＿＿＿＿＿＿.

注目！

〈get＋形容詞〉
(2)〈get＋形容詞〉で「〜（の状態）になる」を表す。進行形の形にしたり，形容詞を比較級にしたりすると「ますますその状態になっていく」という意味になる。

Reading 1　Faithful Elephants ②

> 教科書の重要ポイント 〈so ～ that ...〉と〈too ～ for — to ...〉　教科書 p.46

Tom is so <u>busy</u> that <u>he can't eat lunch</u>. 〔トムはあまりに忙しいので，昼食を食べられません。〕
　　　　　　形容詞　　　　　　〈主語＋動詞〉

The suitcase is too <u>heavy</u> for me to carry. 〔私にはそのスーツケースはあまりにも重すぎて運べません。〕
　　　　　　　　　形容詞　　　　〈to＋動詞の原形〉

・〈so＋形容詞＋that ...〉＝「あまりに～なので…」
・〈too＋形容詞＋<u>for —</u> to＋動詞の原形 ...〉＝「—にはあまりにも～すぎて…できない」
　　　　　　　　　└ 〈to＋動詞の原形〉の動作をする人を表している

\ナルホド!/

・〈too ～ for — to ...〉の文は〈so ～ that＋主語＋can't ...〉の文に書きかえることができる。

　This bag is too expensive for her to buy. 〔このかばんはあまりにも高すぎて彼女には買えません。〕
　＝This bag is so expensive that she can't buy it.

\ナルホド!/

> Words & Phrases 次の日本語は英語に，英語は日本語にしなさい。

☐(1) injection　（　　　　　　　）　　☐(3) かわいそうな　_____

☐(2) clever　　（　　　　　　　）　　☐(4) 皮ふ　　　　　_____

---

1 日本語に合うように，____ に適切な語を書きなさい。

☐(1) 私にはあまりにも暑すぎて，走ることができません。
　　It's _____ hot for me to _____.

☐(2) 彼はあまりに親切なのでいつもほかの人を助けています。
　　He is _____ kind _____ he always
　　helps other people.

2 次の英文を〈so ～ that ...〉を使った文に書きかえなさい。

☐(1) This pencil is too short for me to use.
　　_____.

☐(2) The question is too difficult for her to solve.
　　_____.

> テストによく出る!
> so ～ that ...
> このthatは接続詞なので，うしろにはく主語＋動詞〉が続く。

> ⚠️ミス に注意
> so ～ that ... の文では use や solve のあとに this pencil や the question を指す it が必要だよ。

ぴたトレ
1
要点チェック

Reading 1　Faithful Elephants ③

時間 **10**分

解答 p.12

〈新出語・熟語 別冊p.8〉

教科書の
重要ポイント　**不定詞の３つの用法**　　　教科書p.47

① **I like to play basketball.** 〔私はバスケットボールをすることが好きです。〕
　　　　「すること」

② **I went to the zoo to see elephants.** 〔私はゾウを見るために動物園へ行きました。〕
　　「行った」◀────────「見るために」（目的）

③ **I want something to drink.** 〔私は何か飲むものがほしいです。〕
　　代名詞└──────「飲むための」

> 不定詞〈to＋動詞の原形〉には３つの用法がある。
> ①名詞的用法「～すること」：名詞の働きをする。
> ②副詞的用法「～するために」「～して」：動作の目的や感情の原因を表す。
> ③形容詞的用法「～する（ための）…」：前にある名詞や代名詞を説明する。

ナルホド!

Words & Phrases　次の日本語は英語に，英語は日本語にしなさい。

□(1) trunk 　　　（　　　　　　　）　　□(3) standの過去形 _____

□(2) cage 　　　（　　　　　　　）　　□(4) （持ち）上げる _____

1 日本語に合うように，____ に適切な語を書きなさい。

□(1) 私はあなたに見せる写真を何枚か持っています。

　　I have some _____ _____ show you.

□(2) 毎日勉強することは重要です。

　　_____ _____ every day is important.

2 日本語に合うように，（　）内の語句を並べかえなさい。

□(1) 私は彼らを助けるために何かしたいです。

　　(them / something / help / want / do / to / to / I).

　　_____ .

□(2) この歌は多くの人々に歌われるでしょう。

　　(will / this song / sung / many / be / people / by).

　　_____ .

注目!
〈助動詞＋受け身〉の形
(2)「～されるでしょう」は
〈will be ＋ 過去分詞〉
で表す。

Reading 1　Faithful Elephants ④

教科書の重要ポイント	no longer ～ / continue ～ing	pp.48～49

This computer is <u>no longer</u> used.〔このコンピュータはもはや使われていません。〕
「もはや～しない」

- ・no longer ～＝「もはや～しない［ではない］」
- ・no longerは一般動詞の直前，またはbe動詞や助動詞の直後に置かれる。

He <u>continues reading</u> books all day.〔彼は一日じゅう本を読み続けます。〕
〈continue＋動詞の-ing形〉

- ・continue ～ing＝「～し続ける」
- ・continueは目的語に動名詞だけでなく，〈to＋動詞の原形〉もとれる。
  continue to ～＝「～し続ける」

Words & Phrases　次の日本語は英語に，英語は日本語にしなさい。

□(1) a few 　（　　　　　　　　）　　□(3) 弱い，衰弱した ＿＿＿＿＿＿＿＿＿

□(2) examine 　（　　　　　　　　）　　□(4) 胃，おなか ＿＿＿＿＿＿＿＿＿

1 日本語に合うように，＿＿に適切な語を書きなさい。

□(1) 彼女は3時間ピアノを練習し続けました。

She ＿＿＿＿＿＿＿＿ ＿＿＿＿＿＿＿＿ the piano for three hours.

□(2) 私はもはや彼を信じることができません。

I can ＿＿＿＿＿＿＿＿ ＿＿＿＿＿＿＿＿ believe him.

2 日本語に合うように，（　）内の語を並べかえなさい。

□(1) 彼女はもはや私たちと働いていません。

(works / longer / us / she / no / with).

＿＿＿＿＿＿＿＿＿＿＿＿＿＿＿＿＿＿＿＿＿＿＿＿＿.

□(2) 彼らは雨の中，走り続けました。

(in / running / continued / they / rain / the).

＿＿＿＿＿＿＿＿＿＿＿＿＿＿＿＿＿＿＿＿＿＿＿＿＿.

注目！
no longer ～
no longerは「もはや～しない」と否定の意味が入っているので，don'tやcan'tなどといっしょには使用しない。

1 ( )に入る適切な語句を選び，記号を〇で囲みなさい。

☐(1) It's ( ) cold for me to go fishing.

ア so　イ to　ウ too　エ no

☐(2) My mother told me ( ) a bath.

ア takes　イ to take　ウ taking　エ take

☐(3) I ( ) no longer wait for him.

ア so　イ don't　ウ can't　エ can

意味を考えて答えよう。

2 日本語に合うように， ＿＿＿に適切な語を書きなさい。

☐(1) 何か飲むものはいかがですか。

Would you like something ＿＿＿＿＿＿ ＿＿＿＿＿＿ ?

☐(2) 私の妹はジェーンと2時間話し続けました。

My sister ＿＿＿＿＿＿ ＿＿＿＿＿＿ with Jane for two hours.

☐(3) 彼女はあまりに幸せだったのでもう少しで泣くところでした。

She was so ＿＿＿＿＿＿ ＿＿＿＿＿＿ she almost cried.

3 日本語に合うように，( )内の語句を並べかえなさい。

☐(1) 彼女はもはやその話題に興味がありません。

(she / the topic / longer / is / interested / no / in).

＿＿＿＿＿＿＿＿＿＿＿＿＿＿＿＿＿＿＿＿＿＿ .

☐(2) 明日は今日より暖かくなるでしょう。

(than / warmer / will / tomorrow / today / get / it).

＿＿＿＿＿＿＿＿＿＿＿＿＿＿＿＿＿＿＿＿＿＿ .

☐(3) スミス先生は生徒に英語で話すよう命令しました。

(the students / English / to / ordered / speak / Ms. Smith / in).

＿＿＿＿＿＿＿＿＿＿＿＿＿＿＿＿＿＿＿＿＿＿ .

4 次の英文を，( )内の指示に従って書きかえなさい。

☐(1) It's too hot for us to play soccer in the park. (〈so ～ that ...〉を使ってほぼ同じ意味の文に)

＿＿＿＿＿＿＿＿＿＿＿＿＿＿＿＿＿＿＿＿＿＿＿＿＿＿＿＿＿

☐(2) My sister went to London. (「音楽を勉強するために」という意味を加えた文に)

＿＿＿＿＿＿＿＿＿＿＿＿＿＿＿＿＿＿＿＿＿＿＿＿＿＿＿＿＿

ヒント **3**(2)比較級を使う文。「今日より」はthan today。

4(1)thatの後ろは〈主語＋動詞〉が続くことに注意。

定期テスト
予報

●〈to＋動詞の原形〉を使った文の意味や用法が問われるでしょう。
⇒不定詞の3つの用法を確認しておきましょう。
⇒〈動詞＋～（目的語）＋to ...〉〈too ～ for — to ...〉などの形と意味を確認しておきましょう。

⑤ 読む 次の英文を読んで、あとの問いに答えなさい。

Soon, it was time to kill the three elephants. The zookeepers did not want to kill them, but they had to follow ①the order. They started with John.

John loved potatoes, so they gave him poisoned potatoes together with good ②ones. But John was so clever that he ate only the good potatoes. Then ③they ( ) ( ) give him an injection. ④But John's skin was too hard for the needles to go through.

Finally, they decided to stop giving him any food. Poor John died in seventeen days.

Then the time came for Tonky and Wanly. They always looked at people with loving eyes. They were sweet and gentle-hearted.

⑤However, the elephant keepers (them / to / to / eat / giving / anything / had / stop). When a keeper walked by their cage, they ⑥(stand) up and raised their trunks in the air. They did their tricks because they were ⑦(hope) to get food and water.

Yukio Tsuchiya (Translated by Tomoko Tsuchiya Dykes): *FAITHFUL ELEPHANTS A True Story of Animals, People and War*
Houghton Mifflin Company

☐(1) 下線部①のthe orderの内容を日本語で説明しなさい。
（   ）

☐(2) 下線部②が指すものを、本文中から1語で抜き出して書きなさい。　＿＿＿＿＿＿＿＿

☐(3) 下線部③が「彼らは彼に注射しようとしました」という意味になるように、（ ）に入る適切な語を書きなさい。

＿＿＿＿＿＿＿＿＿　＿＿＿＿＿＿＿＿＿

☐(4) 下線部④の英文の日本語訳を完成させなさい。
しかし、ジョンの皮ふは（   ）。

☐(5) 下線部⑤が「しかし、ゾウの飼育員たちは彼らに何か食べるものを与えることをやめなくてはなりませんでした」という意味になるように、（ ）内の語を並べかえなさい。
However, the elephant keepers ＿＿＿＿＿＿＿＿＿＿＿＿＿＿＿＿＿＿＿＿＿＿＿＿＿
＿＿＿＿＿＿＿＿＿＿＿＿＿＿＿＿＿＿＿＿＿＿＿＿＿.

☐(6) 下線部⑥、⑦の（ ）内の語を適切な形に直して書きなさい。
⑥＿＿＿＿＿＿＿　⑦＿＿＿＿＿＿＿

☐(7) 本文の内容に合っていれば○を、異なっていれば×を書きなさい。
ア John died because he ate poisoned potatoes.　　　　　　　（　　）
イ Tonky and Wanly lived longer than John.　　　　　　　（　　）

ヒント
⑤(4)too ～ for — to ...「—にはあまりにも～すぎて…できない」の形の文。
(5)「～しなくてはならない」はhave to ～、「～することをやめる」はstop ～ing。

51

ぴたトレ
1
要点チェック

Power-Up 2
不良品を交換しよう

時間
15分

解答
p.13

〈新出語・熟語 別冊p.8〉

教科書の重要ポイント　品物を交換・返品するときの表現　　教科書p.50

① I **bought** this **clock** here **yesterday**.　〔私は昨日，ここでこの時計を買いました。〕
　　buyの過去形　　　「何を」　　　　　　　「いつ」

② It doesn't **work**.　〔それは動きません。〕
　　　　　　　「作動する，機能する」

　 It was **damaged**.　〔それに傷がありました。〕
　　受け身〈be動詞＋過去分詞〉

③ Can I **exchange** this bag **for** a new one?　〔このかばんを新しいものに交換できますか。〕
　　　　　exchange 〜 for ...「〜を…に交換する」

　 I'd like to **return** this cup.　〔私はこのカップを返品したいです。〕
　　　　　「返す，返品する」

不良品を交換したり，返品したりする必要があるときは，購入した日，交換[返品]したい理由などを店員に説明する。
①購入内容：「何を」「いつ」買ったのかを説明する。
②理由：商品がどのような状態なのかを説明する。
③希望：交換[返品]したい希望を申し出る。

I'd like to 〜.「〜したいです」はI want to 〜より，ていねいな言い方だよ。

ナルホド!

店員がよく使う表現

May I help you?　〔いらっしゃいませ。〕

May I look at the receipt, please?　〔領収書を見てもよろしいですか。〕
　　May I 〜, please?と最後にpleaseをつけるとていねいな言い方になる

Just a minute, please.　〔少々お待ちください。〕
　　「1分」という意味もあるが「少しの間」という意味もある

ナルホド!

Words & Phrases　次の日本語は英語に，英語は日本語にしなさい。

□(1) lens　　　（　　　　　　　　　）　　　□(4) 領収書　　_____

□(2) salesclerk　（　　　　　　　　　）　　　□(5) しみ，よごれ　_____

□(3) sleeve　　（　　　　　　　　　）　　　□(6) 傷つける　　_____

1 日本語に合うように，（　）内から適切なものを選び，記号を○で囲みなさい。

テストによく出る!

店で使われる
決まり文句

May I help you?
「いらっしゃいませ。」
→Can I help you?とも言う。
Just a minute, please.
「少々お待ちください。」

□(1) そのいすに傷がありました。

　　The chair was (ア damage イ damaged).

□(2) そのカメラを見てもよろしいですか。

　　(ア May I イ Can you) look at the camera?

□(3) (ものを渡しながら)はい，どうぞ。

　　Here (ア are you イ you are).

□(4) いらっしゃいませ。

　　(ア May I help イ Do I help) you?

□(5) この腕時計を新しいものに交換したいのです。

　　(ア I like to exchange イ I'd like to exchange) this watch for a new one.

2 例にならい，「～できますか」という意味の文を完成させなさい。

注目!

前の名詞の
くり返しをさけるone

oneは前に出た名詞をくり返すかわりに使う。名詞が複数形のときは，複数形のonesを使う。

I like big dogs, but you like small ones.
「私は大きなイヌが好きだが，あなたは小さいのが好きです。」

例 return the bag　(1) return the shoes　(2) exchange the cup for a new one　(3) exchange the book for a new one

　例 **Can I return the bag?**

□(1) Can I ＿＿＿＿＿＿ the ＿＿＿＿＿＿?

□(2) ＿＿＿＿＿＿ exchange ＿＿＿＿＿＿ for a new one?

□(3) ＿＿＿＿＿＿＿＿＿＿＿＿＿＿＿＿＿＿＿

3 日本語に合うように，（　）内の語句を並べかえなさい。

⚠ミスに注意

exchange ～ for ... は「～を…に交換する」という意味。「～」と「...」の順に気をつけよう。

□(1) そのTシャツを大きいものに交換させてください。

　　(a / me / the T-shirt / exchange / bigger one / let / for).

　　＿＿＿＿＿＿＿＿＿＿＿＿＿＿＿＿＿＿＿.

□(2) 少々お待ちください。

　　(minute / please / a / just / ,).

　　＿＿＿＿＿＿＿＿＿＿＿＿＿＿＿＿＿＿＿.

□(3) このスマートフォンは動きません。

　　(doesn't / this / work / smartphone).

　　＿＿＿＿＿＿＿＿＿＿＿＿＿＿＿＿＿＿＿.

ぴたトレ
1
要点チェック

PROGRAM 4
Sign Languages, Not Just
Gestures! 1

時間 **15分**

解答 p.14

〈新出語・熟語 別冊p.9〉

教科書の
重要ポイント 「～している…」を表す現在分詞 教科書 pp.52 ～ 54・59

→ 現在分詞(動詞の-ing形)「～している」

That boy is my brother. He is sitting on the chair.

〔あの少年は私の兄[弟]です。彼はいすに座っています。〕

That boy sitting on the chair is my brother. 〔いすに座っているあの少年は私の兄[弟]です。〕

名詞 〈現在分詞 ～〉「～している」が名詞に説明を加える

・「～している…」と名詞に説明を加えるときは現在分詞で始まる語句を名詞のあとに置く。
・〈名詞＋現在分詞 ～〉が主語：動詞は主語の「名詞」に合わせる。

   The girl   is Junko. 〔その少女はジュンコです。〕
   主語(名詞)   動詞

   The girl playing the guitar is Junko. 〔ギターをひいているその少女はジュンコです。〕
   主語(名詞)   〈現在分詞 ～〉が主語の名詞に説明を加える

・〈名詞＋現在分詞 ～〉が目的語

Look at the boys. 〔その少年たちを見てください。〕
      目的語(名詞)

Look at *the boys* dancing on the stage.〔舞台で踊っているその少年たちを見てください。〕
      目的語(名詞)   〈現在分詞 ～〉が目的語の名詞に説明を加える

現在分詞の「～している」という意味が,
名詞につけ加えられるんだね。

ナルホド!

Words & Phrases 次の日本語は英語に，英語は日本語にしなさい。

□(1) realize　　（　　　　　　　）　　□(3) ベンチ　　_____

□(2) photo　　（　　　　　　　）　　□(4) 情報[気持ち]を伝え合う

_____

54

1 日本語に合うように，（　）内から適切なものを選び，記号を○で囲みなさい。

テストによく出る!

〈名詞＋現在分詞 ～〉
名詞のあとに続く〈現在分詞 ～〉は「～している」の意味で名詞を説明する。

□(1) 窓のそばに立っている男性は私の先生です。

The man (ア stands　イ standing) by the window is my teacher.

□(2) ジェーンといっしょに走っているイヌはスポティです。

The dog running with Jane (ア are　イ is) Spotty.

□(3) 箱を運んでいる少女を手伝っていただけませんか。

Could you help (　ア the girl carrying the box　イ the carrying the box girl)?

□(4) 私は，テニスをしているあの少年を知っています。

I know (ア that the boy is playing tennis　イ that boy playing tennis).

2 例にならい，「～している生徒は…です」という意味の文を完成させなさい。

⚠ミスに注意

動詞の -ing 形には「～している」という現在分詞の意味と，「～すること」という動名詞の意味があることに注意。

| 例 Mike / read a book | (1) Paul / eat an apple | (2) Mary / talk with Mr. Mori | (3) Sally / take pictures |

例 **The student reading a book is Mike.**

□(1) The student ＿＿＿＿＿＿ an apple ＿＿＿＿＿＿ Paul.

□(2) The student ＿＿＿＿＿＿＿＿＿＿＿ is ＿＿＿＿＿＿.

□(3) ＿＿＿＿＿＿＿＿＿＿＿＿＿＿＿＿＿＿＿＿

3 日本語に合うように，（　）内の語句を並べかえなさい。

注目!

must の意味
(2) must には「～しなければならない」と「～にちがいない」という2つの意味がある。

□(1) 車を洗っている男性を見てください。

(the man / the car / at / washing / look) .

＿＿＿＿＿＿＿＿＿＿＿＿＿＿＿＿＿＿＿＿＿ .

□(2) 海で泳ぐのは楽しいにちがいありません。

(the ocean / must / to / in / it / be / fun / swim) .

＿＿＿＿＿＿＿＿＿＿＿＿＿＿＿＿＿＿＿＿＿ .

□(3) ブラウン先生はたくさんのことを私たちに教えます。

Mr. Brown (lot / teaches / things / us / a / of) .

Mr. Brown ＿＿＿＿＿＿＿＿＿＿＿＿＿＿＿＿＿ .

PROGRAM 4 ～ Steps 3

55

ぴたトレ
1
要点チェック

PROGRAM 4
Sign Languages, Not Just
Gestures! 2

時間 **15分**
解答 p.14

〈新出語・熟語 別冊p.9〉

教科書の
重要ポイント   「〜される［された］…」を表す過去分詞   教科書 pp.52 〜 53・55・59

過去分詞「〜された」

I have read a book. It was written by Shiga Naoya.

〔私は本を読んだことがあります。それは志賀直哉によって書かれました。〕

I have read *a book* written by Shiga Naoya.

名詞 〈過去分詞 〜〉「〜された」が名詞に説明を加える

〔私は志賀直哉によって書かれた本を読んだことがあります。〕

・「〜される［された］…」と名詞に説明を加えるときは過去分詞で始まる語句を名詞のあとに
置く。

This is the computer. 〔これはコンピュータです。〕

名詞 どんなコンピュータか説明を加える

This is *the computer* broken by Taro. 〔これはタロウによって壊されたコンピュータです。〕

名詞 〈過去分詞 〜〉が名詞に説明を加える

This is *a cherry tree* sent from Japan. 〔これは日本から送られた桜の木です。〕

名詞 〈過去分詞 〜〉

I have *a camera* made in Germany. 〔私はドイツで作られたカメラを持っています。〕

名詞 〈過去分詞 〜〉

名詞に「〜された」という受け身の意味で説明を加えるよ。

ナルホド!

Words & Phrases 次の日本語は英語に，英語は日本語にしなさい。

□(1) official (   )

□(2) widely (   )

□(3) 使用者 _____

□(4) 表現 _____

1 日本語に合うように，（ ）内から適切なものを選び，記号を○で囲みなさい。

□(1) 私は10年前にとられたこれらの写真が好きです。

I like these photos (ア taking イ taken) 10 years ago.

□(2) 母によって昨日，焼かれたケーキはおいしかったです。

The cake (ア baked by イ baking by) my mother yesterday was good.

□(3) 1865年に建てられたその寺は美しいです。

The temple (ア build in 1865 イ built in 1865) is beautiful.

□(4) マリと呼ばれる少女を知っていますか。

Do you know (ア Mari called the girl イ the girl called Mari)?

テストによく出る!

〈名詞＋過去分詞 ～〉

名詞のあとに続く〈過去分詞 ～〉は「～される［された］」の意味で名詞を説明する。

2 例にならい，「これは―によって～される［された］…です」という意味の文を完成させなさい。

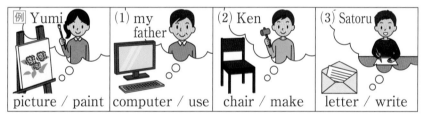

| 例 Yumi | (1) my father | (2) Ken | (3) Satoru |
| picture / paint | computer / use | chair / make | letter / write |

例 **This is a picture painted by Yumi.**

□(1) This is a computer ＿＿＿＿＿ ＿＿＿＿＿ my father.

□(2) This is ＿＿＿＿＿＿＿＿＿＿ by Ken.

□(3) ＿＿＿＿＿＿＿＿＿＿＿＿

⚠ミスに注意

・現在分詞
　→「～している」（進行形の意味）
・過去分詞
　→「～される［された］」（受け身の意味）

3 日本語に合うように，（ ）内の語句を並べかえなさい。

□(1) この部屋から見られる山は御嶽山です。

(the mountain / Mt. Ontake / room / seen / this / from / is).

＿＿＿＿＿＿＿＿＿＿＿＿＿＿＿＿＿＿.

□(2) およそ50万人の人々が毎年その行事に参加します。

(join / half / the event / people / a million / about) every year.

＿＿＿＿＿＿＿＿＿＿＿＿＿＿ every year.

□(3) あなたはその国を訪ねたいと思いますか。

(you / the country / to / would / visit / like)?

＿＿＿＿＿＿＿＿＿＿＿＿＿＿＿＿?

注目!

過去分詞のいろいろな用法

・受け身
〈be動詞＋過去分詞〉
・現在完了形
〈have［has］＋過去分詞〉
・後置修飾
〈名詞＋過去分詞＋語句〉

ぴたトレ 1
要点チェック

PROGRAM 4
Sign Languages, Not Just Gestures! ③

時間 **15**分
解答 p.15

〈新出語・熟語 別冊p.9〉

教科書の重要ポイント	いろいろな表現（復習）	教科書 p.56

howは手段や方法をたずねる疑問詞

How do you say "hana" in English? 〔英語で「花」はどう言いますか。〕
「〜はどう言いますか」

How do you say "arigato" in Spanish? 〔スペイン語で「ありがとう」はどう言いますか。〕
〈in＋言語〉「〜語で」

・「〜はどう言いますか」とたずねるときはHow do you say 〜？を使う。

 言い方がわからないときに使える便利な表現だね。 ナルホド！

likeは「〜のような」を表す前置詞

It's like riding a roller coaster. 〔それはジェットコースターに乗っているようです。〕
〈前置詞＋動詞の-ing形〉

be good at 〜で「〜が得意である」

He is good at playing soccer. 〔彼はサッカーをするのが得意です。〕
〈前置詞＋動詞の-ing形〉

・前置詞のあとに動作を表すことばを置くときは動名詞（動詞の-ing形）を使う。

ナルホド！

You are from Canada, right? 〔あなたはカナダ出身ですよね。〕
文の最後に置く

・文の最後に〜，right?をつけて，「〜ですよね」と自分の発言を確認したり，同意を求めたりすることができる。

 時制に関係なく，文の最後につけることができるよ。 ナルホド！

Words & Phrases 次の日本語は英語に，英語は日本語にしなさい。

☐(1) lower （　　　　　　　　）　☐(3) まゆ，まゆ毛 ＿＿＿＿＿＿＿＿＿

☐(2) facial （　　　　　　　　）　☐(4) つづる，書く ＿＿＿＿＿＿＿＿＿

1 日本語に合うように，（　）内から適切なものを選び，記号を○で囲みなさい。

〈前置詞＋動名詞〉
・without ～ing
　「～しないで」
・by ～ing
　「～することによって」
・after ～ing
　「～したあとで」
・before ～ing
　「～する前に」

□(1) 中国語で「こんにちは」はどう言いますか。

（ ア What　イ How ）do you say "Hello" in Chinese?

□(2) 彼は彼らに話しかけないで去りました。

He left without （ ア talking to　イ talked to ）them.

□(3) この歌はとても人気がありますよね。

This song is very popular, （ ア please　イ right ）?

□(4) 私は看護師であることを誇りに思います。

I'm （ ア a proud of a nurse　イ proud of being a nurse ）.

□(5) サクラは言語を学ぶことに興味があります。

Sakura is （ ア interested in learning languages

イ interesting to learn languages ）.

2 例にならい，「～語で…はどう言いますか」という意味の文を完成させなさい。

⚠ **ミスに注意**

手段や方法をたずねる疑問文を作るときはHowを使うよ。
How do you go to school?「どうやって学校へ行きますか。」

例 Good morning.	(1) See you.	(2) Tadaima.	(3) Thank you.
Chinese	Spanish	English	Japanese

例 **How do you say "Good morning" in Chinese?**

□(1) ＿＿＿＿＿＿＿＿ do you say "See you" in ＿＿＿＿＿＿＿?

□(2) ＿＿＿＿＿＿＿＿＿＿＿＿＿＿＿ "Tadaima" in ＿＿＿＿＿＿＿?

□(3) ＿＿＿＿＿＿＿＿＿＿＿＿＿＿＿＿＿＿＿＿＿＿＿＿＿＿＿＿＿

3 日本語に合うように，（　）内の語句を並べかえなさい。

前置詞 like
(1)前置詞のlikeは「～のような」という意味を表し，次のような表現でもよく使われる。
・look like ～
　「～のように見える」

□(1) それはもうひとつの世界に住むかのようです。

（ in / like / is / world / it / living / another ）.

＿＿＿＿＿＿＿＿＿＿＿＿＿＿＿＿＿＿＿＿＿＿＿＿＿＿.

□(2) これはあなただけの問題ではありません。

（ just / this / your / is / problem / not ）.

＿＿＿＿＿＿＿＿＿＿＿＿＿＿＿＿＿＿＿＿＿＿＿＿＿＿.

□(3) まず，このかぎで箱を開けてください。

（ key / the box / first / with / open / this / , ）.

＿＿＿＿＿＿＿＿＿＿＿＿＿＿＿＿＿＿＿＿＿＿＿＿＿＿.

Power-Up 3
ホームページで学校を紹介しよう

時 間 **15分**

解答 p.15

〈新出語・熟語 別冊p.9〉

| 教科書の重要ポイント | **haveを含む表現** | 教科書 pp.60 ～ 61 |

We have a swimming competition in August. 〔8月に水泳大会があります。〕
「～があります」

・動詞 have には「～がある」という意味がある。

I have been a starting player twice. 〔私は2回先発選手になったことがあります。〕
〈have＋過去分詞〉   「2回」

Have you ever written a letter in English? 〔今までに英語で手紙を書いたことがありますか。〕
〈Have＋主語＋ever＋過去分詞 ～?〉「今までに～したことがありますか」

・現在完了形〈have [has]＋過去分詞〉で「(今までに)～したことがある [ない]」と，現在までに経験したことの回数や頻度などを表す。

現在完了の経験用法では，
before「以前に」，ever「今までに」，never「一度も～ない」，
once「一度，かつて」，twice「2回」，～ times「～回」などがよく使われるよ。

You don't have to call him tonight. 〔あなたは今夜，彼に電話をかける必要はありません。〕
〈don't have to＋動詞の原形〉

・〈don't [doesn't] have to＋動詞の原形〉＝「～する必要はない」

must not ～「～してはいけない」と区別して覚えよう！

Words & Phrases 次の日本語は英語に，英語は日本語にしなさい。

☐(1) beginner （   ）   ☐(4) 活動 _____

☐(2) election （   ）   ☐(5) 展示 _____

☐(3) several （   ）   ☐(6) (相手を)負かす _____

1 日本語に合うように，（　）内から適切なものを選び，記号を○で囲みなさい。

□(1) 私は以前にバイオリンを演奏したことがあります。

I（ア play　イ have played ）the violin before.

□(2) 私たちは今日，サッカーを練習する必要はありません。

We（ア don't have to　イ must not ）practice soccer today.

□(3) 9月に修学旅行があります。

（ア We have　イ We are ）our school trip in September.

□(4) 今までにその行事に参加したことがありますか。

（ ア Did you ever join　イ Have you ever joined ）the event?

□(5) 廊下で走ってはいけません。

（ ア You don't have to run　イ You must not run ）in the hallway.

「～がある」
「～がある」にはThere is
～.を使った言い方もある。
We have a famous
temple in our town.
＝There is a famous
temple in our town.
「私たちの町には有名な
寺があります。」

2 日本語に合うように，＿＿に適切な語を書きなさい。

□(1) 今までにこのマンガを読んだことがありますか。

＿＿＿＿＿＿ you ＿＿＿＿＿＿ read this comic?

□(2) あなたは今日夕食を作る必要はありません。

You ＿＿＿＿＿＿ ＿＿＿＿＿＿ ＿＿＿＿＿＿ cook dinner today.

□(3) 毎年，10月に遠足があります。

Every year, we ＿＿＿＿＿＿ an outing in ＿＿＿＿＿＿.

□(4) ボブは競技会で優勝したことがあります。

Bob ＿＿＿＿＿＿ ＿＿＿＿＿＿ the ＿＿＿＿＿＿ in the contest.

テストによく出る!
現在完了形
現在完了形は〈have［has］
＋過去分詞〉の形で表し，
「完了」「経験」「継続」の
3つの意味に分けられる。

3 日本語に合うように，（　）内の語句を並べかえなさい。

□(1) あなたは私のことを心配する必要はありません。

(worry / to / me / have / about / don't / you).

＿＿＿＿＿＿＿＿＿＿＿＿＿＿＿＿＿＿＿.

□(2) その戦争は3年間続きました。

(three / the war / for / years / lasted).

＿＿＿＿＿＿＿＿＿＿＿＿＿＿＿＿＿＿＿.

□(3) ジェニーを含む私の友だちがパーティーに来る予定です。

(friends / including / come / Jenny / to / my / the party / will).

＿＿＿＿＿＿＿＿＿＿＿＿＿＿＿＿＿＿＿.

⚠ミスに注意
(2)lastには形容詞で「こ
の前の，最後の」，動
詞で「続く」という意
味があるので注意し
よう。

ぴたトレ
1
要点チェック

Steps 3
かんたんな表現で言いかえよう

時間 **15分**

解答 p.15

教科書の
重要ポイント | 言いかえるときの表現

教科書p.62

ある単語がわからないときは，その単語を別の語句で言いかえてみよう。

・伝えたいことやものの大まかな特徴を伝える。

It's a small white animal. 〔それは小さくて白い動物です。〕
　　　　大きさ　　色　　　　　→大きさや色などの特徴を伝える

特徴を伝える形容詞には，大きさ，形，色などがあるね。並べるときは，「大きさ→形→色」の順番になるよ。

We usually use it at school. 〔ふつうそれを学校で使います。〕
　　　　　　　　　場所　　　　→使う場所を伝える

It has big wings. 〔大きな翼があります。〕
　　　　特徴　　　　→外見の特徴を伝える

ナルホド！

・そのほかの細かい特徴をつけ加える。

It can run very fast. 〔それはとても速く走ることができます。〕
　「〜ができる」　　　　→できることを説明する〈can＋動詞の原形〉

I wash dishes with it. 〔私はそれを使って皿を洗います。〕
　　　　　　　　「〜で」　→手段を表すwith

It is used to catch fish. 〔それは魚をつかまえるために使われます。〕
　　　　　　「〜するために」　→目的を表す〈to＋動詞の原形〉

単語がわからなくても，その特徴などを別のことばで言いかえれば，会話を続けることができるよ。

ナルホド！

Words & Phrases | 次の日本語を英語にしなさい。

□(1) 種類 _____　　□(2) 灰色(の) _____

1 日本語に合うように，（　）内から適切なものを選び，記号を○で囲みなさい。

テストによく出る！

with の意味
・「〜といっしょに」
　→同伴を表す
・「〜を持っている」
　→所有を表す
・「〜を使って」
　→道具・手段を表す

□(1) それは高い茶色の塔です。

It's a （ ア tall brown　イ large black ） tower.

□(2) 私たちはそれに乗ることができます。

We （ ア may ride　イ can ride ） on it.

□(3) ほかの国へ行くとき，それが必要です。

When you go to another country, （ ア you need it　イ you want it ）.

□(4) それは長い口を持った動物で，水のある暑い場所に住んでいます。

It is （ ア an animal with a long mouth　イ a long animal of a mouth ） and lives in hot places with water.

2 日本語に合うように，＿＿に適切な語を書きなさい。

⚠ミスに注意

(4)「見られます」は，主語が they「それらは」なので，受け身の形で表すよ。

□(1) 私はスパゲッティを食べるためにそれを使います。

I use ＿＿＿＿＿＿ ＿＿＿＿＿＿ eat spaghetti.

□(2) 私たちはそれらを使って絵を描きます。

We paint pictures ＿＿＿＿＿＿ ＿＿＿＿＿＿.

□(3) それは小さな赤い野菜です。

It's a small ＿＿＿＿＿＿ ＿＿＿＿＿＿.

□(4) それらは夜に見られます。

They ＿＿＿＿＿＿ ＿＿＿＿＿＿ at night.

□(5) 公園ですわるとき，それを使います。

You use it ＿＿＿＿＿＿ ＿＿＿＿＿＿ ＿＿＿＿＿＿ down in the park.

3 日本語に合うように，（　）内の語句を並べかえなさい。

注目！

kind の意味
(2) kind には２つの意味がある。
・形容詞「親切な」
・名詞「種類」

□(1) それはかわいそうな少年についての物語です。

(a story / is / about / poor / it / boy / a).

＿＿＿＿＿＿＿＿＿＿＿＿＿＿＿＿＿＿＿＿＿＿.

□(2) どんな種類の食べ物が好きですか。

(food / you / what / of / do / kind / like)?

＿＿＿＿＿＿＿＿＿＿＿＿＿＿＿＿＿＿＿＿＿＿?

□(3) 彼女たちは台所でクッキーを焼いています。

(some cookies / the / are / kitchen / they / in / baking).

＿＿＿＿＿＿＿＿＿＿＿＿＿＿＿＿＿＿＿＿＿＿.

① ( )に入る適切な語句を選び，記号を〇で囲みなさい。

空所の前の名詞が「～される」のか「～している」のかを考えよう。

☐(1) The cat ( ) by Ellen is cute.

ア brings　イ was brought　ウ bringing　エ brought

☐(2) The girl ( ) a nice *kimono* will come soon.

ア wears　イ wearing　ウ worn　エ wear

☐(3) Do you know the boy ( ) to music?

ア listening　イ listened　ウ is listening　エ listens

② 日本語に合うように，＿＿＿に適切な語を書きなさい。

☐(1) ベッドで泣いている赤ちゃんは私のいとこです。

The ＿＿＿＿＿＿ ＿＿＿＿＿＿ on the bed is my cousin.

☐(2) あの家から救助された人々は病院にいます。

The people ＿＿＿＿＿＿ from that house ＿＿＿＿＿＿ in the hospital.

☐(3) あれは多くの旅行者によって訪問される博物館です。

That is the museum ＿＿＿＿＿＿ ＿＿＿＿＿＿ many tourists.

③ 日本語に合うように，（ ）内の語句を並べかえなさい。

☐(1) 私にはドイツに住んでいる兄がいます。

(Germany / a / have / living / in / I / brother).

＿＿＿＿＿＿＿＿＿＿＿＿＿＿＿＿＿＿＿＿＿＿＿＿＿＿＿ .

☐(2) これは私の父に使用される車です。

(car / by / is / my / a / this / used / father).

＿＿＿＿＿＿＿＿＿＿＿＿＿＿＿＿＿＿＿＿＿＿＿＿＿＿＿ .

☐(3) ドアのうしろに立っている少女は私の娘です。

(my daughter / behind / the girl / the door / standing / is).

＿＿＿＿＿＿＿＿＿＿＿＿＿＿＿＿＿＿＿＿＿＿＿＿＿＿＿ .

④ 次の英文を，ほぼ同じ意味の１文に書きかえなさい。

☐(1) I know that girl. She is sitting under the tree.

＿＿＿＿＿＿＿＿＿＿＿＿＿＿＿＿＿＿＿＿＿＿＿＿＿＿＿

☐(2) Do you use the machine? It was invented two years ago.

＿＿＿＿＿＿＿＿＿＿＿＿＿＿＿＿＿＿＿＿＿＿＿＿＿＿＿

ヒント　②(2)「あの家から救助された人々」が主語の文。
　　　　④(2) 2 文目の It は the machine を指している。

5 読む📖 次の英文を読んで，あとの問いに答えなさい。

　In fact, there are over 100 different sign languages in the world.　In some countries, sign language is used as an official language.
　①ASL is a sign language (　　) widely around the world.　According to a report, ②(are / a / ASL users / million / there / half / about) in the U.S.　ASL is also used in Canada and some parts of Asia and Africa.　If you know ASL, you can communicate with many people.　③Would you like to learn some ASL expressions?

☐(1) 下線部①が「ASLは世界じゅうで広く使われる手話です」という意味になるように，（　）に入る適切な語を書きなさい。

＿＿＿＿＿＿＿＿＿＿＿

☐(2) 下線部②が「アメリカ合衆国には約50万のASL使用者がいます」という意味になるように，（　）内の語句を並べかえなさい。

＿＿＿＿＿＿＿＿＿＿＿＿＿＿＿＿＿＿＿＿＿＿＿＿＿ in the U.S.

☐(3) 下線部③の英文の日本語訳を完成させなさい。
　いくつかのASLの表現を（　　　　　　　　　　　　　　　　　　　　　　　　　）。

6 話す🔊 次の英文を読んで，あとの問いに答えなさい。答え合わせのあと，発音アプリの指示に従って，問題文と解答を声に出して読みなさい。 アプリ

　Emiko was eight years old when the bomb hit Hiroshima.　As soon as she saw the flash of the bomb, her body was thrown to the ground.　She saw "hell" when she went outside.　Everything was destroyed and on fire.　People's skin was burned and hanging down like rags.　People died one after another.　She didn't know what to do.
　(注)flash せん光　thrown throw「投げる」の過去分詞　hell 地獄　destroy 破壊する　rag ぼろ切れ

☐(1) How old was Emiko when the bomb hit Hiroshima?
　―＿＿＿＿＿＿＿＿＿＿＿＿＿＿＿＿＿＿＿＿＿＿＿＿＿

☐(2) What did Emiko see when she went outside?
　―＿＿＿＿＿＿＿＿＿＿＿＿＿＿＿＿＿＿＿＿＿＿＿＿＿

PROGRAM 4 ～ Steps 3

ヒント　**5** (1)「使われる」は過去分詞を使って表せる。

ぴたトレ
3
確認テスト

PROGRAM 4
~ Steps 3

時間 30分 ／100点　合格 70点　解答 p.16

教科書 pp.51 ～ 62

❶ 下線部の発音が同じものには〇を，そうでないものには×を，解答欄に書きなさい。 6点

(1) s<u>i</u>gn
　　n<u>i</u>ght　　（　　）

(2) f<u>a</u>cial
　　l<u>a</u>nguage　　（　　）

(3) <u>ou</u>ting
　　<u>o</u>cean　　（　　）

❷ 最も強く発音する部分の記号を解答欄に書きなさい。 6点

(1) ex - pres - sion
　　ア　　イ　　ウ

(2) al - pha - bet
　　ア　　イ　　ウ

(3) e - lec - tion
　　ア　　イ　　ウ

❸ （　）内の語を適切な形に直して書きなさい。 24点

(1) That man (listen) to music is my uncle.

(2) What was in the box (open) by Paul?

(3) Look at the bridge (call) Kintaikyo.

(4) Have you ever eaten the lunch (deliver) from the restaurant?

(5) I know the woman (drink) coffee by the window.

(6) Is this the song (sing) by a popular singer?

❹ 各組の文がほぼ同じ意味になるように，＿＿に入る適切な語を書きなさい。 20点

(1) ⎡ That dog is Jane's. It is sleeping under the bench.
　　⎣ That ＿＿＿ ＿＿＿ under the bench is Jane's.

(2) ⎡ Let's help that woman. She is carrying a big bag.
　　⎣ Let's help that ＿＿＿ ＿＿＿ a big bag.

(3) ⎡ We enjoyed the event. It was held last week.
　　⎣ We enjoyed the event ＿＿＿ ＿＿＿ week.

(4) ⎡ I ate the bread. It was baked by my sister.
　　⎣ I ate the bread ＿＿＿ ＿＿＿ my sister.

❺ 次の対話文を読んで，あとの問いに答えなさい。 20点

Aya : Hi, Beth. What are you reading?

Beth : Hi, Aya. I am reading a book ①(write) in English. ②It's (a girl / traveling / the world / about / around).

Aya : That sounds interesting. Do you like to read books?

Beth : Yes, but it is difficult for me to find books in English.

Aya : I know a bookstore ③(sell) a lot of books in English. Have you ever

成績評価の観点　技 …言語や文化についての知識・技能　表 …外国語表現の能力

been to ABC Bookstore?

Beth : No, I haven't. Where is it?

Aya : It's near Chuo Station. Actually, I am going to go to the bookstore after school today. Would you like to come with me?

Beth : Oh, yes. Will we go there by train?

Aya : ④<u>My brother (   ) (   ) (   ) (   ) will come here by car.</u> He will take both of us to the bookstore.

Beth : That's very nice. Thank you, Aya.

⑴ 下線部①，③の（　）内の語を適切な形に直して書きなさい。

⑵ 下線部②の（　）内の語句を正しく並べかえなさい。

📛差がつく ⑶ 下線部④が「私たちの学校の近くで働いている兄が車でここまで来る予定です」という意味になるように，（　）に入る適切な語を書きなさい。

📛点UP **❻** 書く✏ **次のようなとき英語で何と言うか，（　）内の指示に従って書きなさい。** 表 24点

⑴ タクミ(Takumi)と話している男性を知っているかどうか相手にたずねるとき。（1文で）

⑵ あなたによって勧められた映画を楽しんだと伝えるとき。（enjoyを使って7語で）

⑶ あなたは今日は制服を着る必要はないと相手に伝えるとき。（haveを使って）

❶	(1)		(2) 2点		(3) 2点		❷	(1)		(2) 2点		(3) 2点	2点

❸	(1)		(2) 4点		(3) 4点
	(4)		(5) 4点		(6) 4点

❹	(1)		(2) 5点
	(3) 5点		(4) 5点

❺	(1) ①		③ 5点		5点
	(2)				5点
	(3)				5点

❻	(1)	表 8点
	(2)	表 8点
	(3)	表 8点

▶ 表 の印がない問題は全て 技 の観点です。

ぴたトレ
1
要点チェック

PROGRAM 5
The Story of Chocolate 1

時間 **15分**

解答 p.17

〈新出語・熟語 別冊p.10〉

教科書の
重要ポイント 「人」に説明を加える who

教科書 pp.64～66・71

a woman＝She

I met <u>a woman</u>. <u>She</u> can speak three languages.

主語

I met *a woman* <u>who</u> can speak three languages.

先行詞「人」　　　　　〈who＋動詞 ～〉

〔私は3つの言語を話せる女性に会いました。〕

- ・「人」を表す名詞のあとに〈who＋動詞 ～〉を続けて，「～する（人）」という意味を表す。
- ・このwhoを関係代名詞と言い，関係代名詞の前の名詞は先行詞とよばれる。
- ・whoは2つの文をつなぐ働きと，説明する文の中で主語の働きをしている。

 〈who＋動詞 ～〉は前の名詞（先行詞）を説明しているよ。

 ＼ナルホド！

The girl＝She

<u>The girl</u> is my sister. <u>She</u> has long hair.

主語

The girl who has long hair is my sister. 〔髪の長い少女は私の姉[妹]です。〕

先行詞「人」　　〈who＋動詞 ～〉

- ・whoのあとに続く動詞の形は先行詞に合わせる。

  The girl who has long hair is my sister.

  先行詞　　　　　　先行詞が3人称単数なので，has となる。

 The girl who has long hair「髪の長い少女」が文の主語，is が文の動詞だよ。

 ＼ナルホド！

Words & Phrases 次の日本語は英語に，英語は日本語にしなさい。

□(1) bean （　　　　　　　　）　　□(3) 高価な ＿＿＿＿＿＿＿＿＿＿

□(2) website （　　　　　　　　）　　□(4) 押しつぶす ＿＿＿＿＿＿＿＿＿＿

1 日本語に合うように，（ ）内から適切なものを選び，記号を○で囲みなさい。

テストによく出る!

関係代名詞who

関係代名詞のwhoは先行詞が「人」のときに使う。このwhoは説明する文の中で主語の働きをしているので，whoのうしろには助動詞や動詞が続く。

□(1) ジョンはサッカーをじょうずにする少年です。

John is a boy (ア what イ who) plays soccer well.

□(2) 私はその本を買った少女を知っています。

I know the girl (ア who buy イ who bought) the book.

□(3) 彼女にはバスで学校に来る友だちが何人かいます。

She has some friends (ア who comes イ who come) to school by bus.

□(4) あなたは歌っている男性を知っていますか。

Do you know (ア the man who is singing イ who the man singing)?

2 例にならい，「私には～する…がいます」という意味の文を完成させなさい。

⚠ミスに注意

whoに続く動詞の形は先行詞に合わせる。先行詞が3人称単数で現在の文なら，動詞には-sがつくよ。

例 a sister	(1) a cousin	(2) a friend	(3) an aunt

like to cook	live in Sydney	play the guitar	have two dogs

例 **I have a sister who likes to cook.**

□(1) I have a cousin _____ _____ in Sydney.

□(2) I have a friend _____.

□(3) _____

3 日本語に合うように，（ ）内の語句を並べかえなさい。

注目!

so ～ that ...

(3)「あまりに～なので…」はso ～ that ...の形で表す。thatは接続詞なのでうしろには〈主語＋動詞〉の形が続く。

□(1) スーザンは数学が好きな生徒です。

(math / Susan / a / likes / student / who / is).

_____.

□(2) 私たちは彼女をよい教師とみなしています。

(regard / we / good / her / a / as / teacher).

_____.

□(3) 空があまりに美しかったので私は写真をたくさんとりました。

(that / pictures / I / was / so / many / the sky / took / beautiful).

_____.

ぴたトレ
1
要点チェック

PROGRAM 5
The Story of Chocolate ②

時間
15分

解答
p.18

〈新出語・熟語 別冊p.10〉

教科書の
重要ポイント 「もの・事がら」に説明を加えるwhich 教科書 pp.64〜65・67・71

the train＝It

You can take <u>the train</u>. It leaves from Tokyo Station.

主語

You can take *the train* which leaves from Tokyo Station.

先行詞「もの」 〈which＋動詞 〜〉 〔あなたは東京駅から出発するその電車に乗ることができます。〕

・「もの」や「事がら」を表す名詞のあとに〈which＋動詞〜〉を続けて，「〜する(もの・事がら)」という意味を表す。

・このwhichも主語の働きをする関係代名詞。

〈which＋動詞 〜〉は前の名詞（先行詞）を説明しているよ。

The house＝It

<u>The house</u> is mine. It stands on the hill.

主語

The house which stands on the hill is mine. 〔丘の上に立っているその家は私のです。〕

先行詞「もの」 〈which＋動詞 〜〉

・whichのあとに続く動詞の形は先行詞に合わせる。

The house which stands on the hill is mine.

先行詞 先行詞が3人称単数なので，stands<u>となる。</u>

The house which stands on the hill「丘の上に立っているその家」が文の主語，isが文の動詞だよ。

Words & Phrases 次の日本語は英語に，英語は日本語にしなさい。

☐(1) throughout （　　　　　　　　）　　☐(4) 図 _____

☐(2) prefecture （　　　　　　　　）　　☐(5) 首 _____

☐(3) consume （　　　　　　　　）　　☐(6) 加える _____

1 日本語に合うように，（　）内から適切なものを選び，記号を〇で囲みなさい。

□(1) 私はチョコレートが上にのったパンケーキが好きです。

I like pancakes（ ア which イ who ）have chocolate on them.

□(2) これは今朝届いた手紙です。

This is the letter（ ア which arriving イ which arrived ）this morning.

□(3) テーブルの上にあるペンはユミのものです。

The pen（ ア is on the table which イ which is on the table ）is Yumi's.

□(4) 人口を示す図を見てください。

Look at the figure（ ア which the population shows イ which shows the population ）.

テストによく出る!

〈先行詞＋関係代名詞＋動詞 ～〉

関係代名詞が主語の働きをするとき（主格）は，あとに動詞が続く。

先行詞が「人」の場合はwho，「もの・事がら」の場合はwhichを使う。

2 例にならい，「私は～する…がほしいです」という意味の文を完成させなさい。

注目!

先行詞が動物のとき

先行詞が動物のときはwhichを使うことが多い。

例 a book	(1) a house	(2) a parrot	(3) a robot
have pictures	have a yard	speak English	clean my room

例 **I want a book which has pictures.**

□(1) I want a house _____ _____ a yard.

□(2) I want a _____ English.

□(3) _____

3 日本語に合うように，（　）内の語句を並べかえなさい。

□(1) あれはくつを売る店ですか。

(shoes / shop / that / is / which / sells / a)?

_____ ?

□(2) 町の至るところでウサギが見られます。

(rabbits / the town / can / throughout / you / see).

_____

□(3) これらのコンピュータは報告書を作成するために使われます。

(make / computers / to / reports / used / these / are).

_____

⚠ミスに注意

(1)「くつを売る店」は「店」が先行詞になるよ。関係代名詞を含む文ではまず，先行詞が何かを考えよう。

PROGRAM 5 ~ Word Web 2

PROGRAM 5
The Story of Chocolate ③

| 教科書の重要ポイント | 「人・もの・事がら」に説明を加えるthat | 教科書 pp.64 ～ 65・68・71 |

a house ＝ It

Bill lives in <u>a house</u>.　It has a large yard.

主語

Bill lives in *a house* <u>that</u> has a large yard.　〔ビルは大きな庭がある家に住んでいます。〕

先行詞「もの」　　　　　〈that＋動詞 ～〉

- 「人」や「もの・事がら」を表す名詞のあとに〈that＋動詞～〉を続けて，「～する(人・もの・事がら)」という意味を表す。
- このthatも主語の働きをする関係代名詞。

関係代名詞thatは先行詞が何でも使えるんだね。

ナルホド!

Look at *the girl and the dog* <u>that</u> are running over there.

先行詞「人＋もの」　　　　　　　〈that＋動詞 ～〉〔あそこを走っている少女とイヌを見てください。〕

- 先行詞が「人＋もの[動物]」のときはthatを使うことが多い。

先行詞がthe girl and the dogと複数なので関係代名詞thatのあとのbe動詞はareになっているよ。

ナルホド!

| Words & Phrases | 次の日本語は英語に，英語は日本語にしなさい。 |

☐(1) movement 　(　　　　　　　)　　☐(5) (事がらの)面 _____

☐(2) serve 　(　　　　　　　)　　☐(6) 印象，イメージ _____

☐(3) price 　(　　　　　　　)　　☐(7) 中古の _____

☐(4) unfairly 　(　　　　　　　)　　☐(8) 暗い，悪い _____

1 日本語に合うように，（　）内から適切なものを選び，記号を○で囲みなさい。

テストによく出る！

先行詞が「人＋動物」
(1)先行詞が「少年とイヌ」のように「人＋動物」の場合thatを使うことが多い。

☐(1) ケンはボールで遊んでいる少年とイヌを見ました。

Ken saw a boy and a dog that（ ア was　イ were ）playing with a ball.

☐(2) 私には外国に住んでいる友だちがいます。

I have a friend（ ア which　イ that ）lives in a foreign country.

☐(3) スーザンは青いシャツを着た少女をさがしています。

Suzan is looking for（ ア that girl wears　イ a girl that wears ）a blue shirt.

☐(4) 月曜日のあとに来る日は火曜日です。

The day（ ア that comes after Monday　イ that come next Monday ）is Tuesday.

2 例にならい，関係代名詞thatを使って，「これ[こちら]は～する…です」という意味の文を完成させなさい。

注目！

接続詞のthatと
関係代名詞のthat
接続詞that
→「～ということ」という意味であとに〈主語＋動詞〉が続く。
関係代名詞that
→〈that＋動詞 ～〉は前の名詞（先行詞）を説明する。

例 a factory	(1) a park	(2) a vet	(3) a bus
make cars	have a pond	help animals	go to the station

例 **This is a factory that makes cars.**

☐(1) This is a park ＿＿＿＿＿＿＿＿＿＿＿ ＿＿＿＿＿＿＿＿＿＿＿ a pond.

☐(2) This is a ＿＿＿＿＿＿＿＿＿＿＿＿＿＿＿＿＿＿＿＿＿＿＿＿ .

☐(3) ＿＿＿＿＿＿＿＿＿＿＿＿＿＿＿＿＿＿＿＿＿＿＿＿＿＿＿＿＿

3 日本語に合うように，（　）内の語句を並べかえなさい。

☐(1) これは人々を幸せにする物語です。

(people / is / that / this / makes / a story / happy).

＿＿＿＿＿＿＿＿＿＿＿＿＿＿＿＿＿＿＿＿＿＿＿＿＿＿＿＿＿

☐(2) 私はこの映画をあなたといっしょに見たいと思います。

(like / you / this movie / I'd / with / to / see).

＿＿＿＿＿＿＿＿＿＿＿＿＿＿＿＿＿＿＿＿＿＿＿＿＿＿＿＿＿

⚠️ミスに注意

(2)I'dはI wouldの短縮形だよ。

☐(3) 少年たちはそこに滞在せざるを得ませんでした。

(forced / the boys / to / stay / were / there).

＿＿＿＿＿＿＿＿＿＿＿＿＿＿＿＿＿＿＿＿＿＿＿＿＿＿＿＿＿

PROGRAM 5 ～ Word Web 2

ぴたトレ
1
要点チェック

Steps 4
わかりやすい文章を考えよう

時間 **15**分

解答 p.19

〈新出語・熟語 別冊p.10〉

| 教科書の 重要ポイント | いろいろなつなぎことば | 教科書 pp.72〜73 |

[手順を表す]

・<u>First</u>, we visited the art museum to see the pictures.

「はじめに」→ 何点か伝えたいことがあるときの導入　〔はじめに，私たちは絵を見るために美術館を訪れました。〕

・<u>Then</u>, add some sugar and an egg.　〔次に砂糖とたまごを加えてください。〕

「次に」→ 順を追って説明するときに使用する

[対比を表す]

・<u>On the other hand</u>, the internet is useful when you look for the information.

「一方で」→ 前に述べたこととは別の視点から述べる　〔一方で，情報をさがすときインターネットは役に立ちます。〕

[逆接を表す]

・<u>However</u>, it is sometimes difficult to find a good place.

「しかし」→ 前に述べたこととは逆のことを述べる　〔しかし，いい場所を見つけるのが難しいこともあります。〕

[因果関係を表す]

・<u>So</u> I always ask him to come to my house.

「そのため」→ 前に述べたことの結果を述べる　〔そのため，私はいつも彼に私の家に来るように頼みます。〕

[例示を表す]

・<u>For example</u>, the restaurant serves pizza, hamburgers, and salad.

「たとえば」→ 例を挙げるときに使う　〔たとえば，そのレストランはピザ，ハンバーガー，サラダを出します。〕

[言いかえを表す]

・<u>In other words</u>, you can enjoy hiking all the time.

「つまり」→ 前に述べたことをまとめて言いかえる　〔つまり，いつでもハイキングを楽しむことができます。〕

Words & Phrases 次の日本語は英語に，英語は日本語にしなさい。

□(1) electronic （　　　　　　　　　）　　□(3) 完全な，申し分ない _____

□(2) daily （　　　　　　　　　）　　□(4) 辞書，辞典 _____

1 **日本語に合うように，（　）内から適切なものを選び，記号を○で囲みなさい。**

☐(1) たとえば，そこでテニスができます。

（ ア For example　イ In this way ）, you can play tennis there.

☐(2) 一方で，歩きたくない人たちもいます。

（ ア First of all　イ On the other hand ）, some people don't want to walk.

☐(3) つまり，彼らはその会合に参加しなければなりません。

（ ア In other words　イ As you know ）, they must join the meeting.

☐(4) しかし，その機械を使うのはたやすいことではありません。

（ ア However　イ So ）, it is not easy to use the machine.

2 **日本語に合うように，＿＿＿に適切な語を書きなさい。**

☐(1) そのため，私たちはここにいなければなりません。

＿＿＿＿＿＿ we have ＿＿＿＿＿＿ stay here.

☐(2) はじめに，私の家族について話させてください。

＿＿＿＿＿＿, let me tell you about my family.

☐(3) あなたはそこですばらしいものを見つけるかもしれません。

You ＿＿＿＿＿＿ ＿＿＿＿＿＿ wonderful things there.

☐(4) 一方，ゾウはとても速く走ることができます。

＿＿＿＿＿＿ the ＿＿＿＿＿＿ ＿＿＿＿＿＿,

elephants can run very fast.

☐(5) 私はその問題に答えられないかもしれません。

I may fail ＿＿＿＿＿＿ ＿＿＿＿＿＿ the question.

3 **日本語に合うように，（　）内の語を並べかえなさい。**

☐(1) つまり，私は自分の考えを変えたのです。

(other / my / I / words / idea / changed / in / ,).

＿＿＿＿＿＿＿＿＿＿＿＿＿＿＿＿＿＿＿＿.

☐(2) これらの祭りは同時に開催される予定です。

(festivals / same / these / time / be / at / will / the / held).

＿＿＿＿＿＿＿＿＿＿＿＿＿＿＿＿＿＿＿＿.

☐(3) 映画を見ることはわくわくします。

(exciting / watching / is / movies).

＿＿＿＿＿＿＿＿＿＿＿＿＿＿＿＿＿＿＿＿.

Word Web 2　動詞の使い分け

| 教科書の重要ポイント | 似た意味を持つ動詞 | 教科書p.74 |

He is looking at the picture.〔彼はその絵を見ています。〕

I saw a dog running in the yard.〔私は庭を走っているイヌを見ました。〕

My father watches TV after dinner.〔私の父は夕食後にテレビを見ます。〕

- look → 動いていないものを意識して「見る」
- see → 目に入ってくるものを意識しないで「見る」
- watch → 動いているものを意識して「見る」

I can hear the voice of the children.〔私は子どもたちの声が聞こえます。〕

Do you like to listen to music?〔あなたは音楽を聞くのは好きですか。〕

- hear → 耳に入ってくる音を「聞く」
- listen → 積極的に「聞く」

[そのほかの動詞のイメージ]
- make / cook「作る」→ 熱を加えて作る場合にはcookを使う。
- start / begin「始める」→ startは静止・休止状態から「始める」のイメージ。「出発する」や「(機械)を起動する」の意味ではstartを使う。反意語はstart⇔stop, begin⇔end。
- speak / talk「話す」→ speakは「ことばを発する」, talkは「話し合う」の意味。
- say / tell → sayは「(ことばを)言う」, tellは「(内容を)伝える」。

| Words & Phrases | 次の日本語は英語に，英語は日本語にしなさい。 |

☐(1) butterfly　（　　　　　　　　　　）　　☐(2) 彼女自身を　＿＿＿＿＿＿＿＿

1 日本語に合うように，（ ）内から適切なものを選び，記号を○で囲みなさい。

□(1) あちらにある花屋が見えますか。

Can you (ア watch イ see) the flower shop over there?

□(2) 私はふつうバスケットボールの試合をテレビで見ます。

I usually (ア watch イ look) a basketball game on TV.

□(3) それを聞いて私はとてもわくわくしています。

I am excited to (ア listen to イ hear) that.

□(4) ジェニーと話している少女を知っていますか。

Do you know the girl (ア saying イ talking) with Jenny?

□(5) 午後3時に出発しましょう。

Let's (ア start イ begin) at 3:00 in the afternoon.

□(6) 彼女は「もどってくる予定です」と私に言いました。

She (ア told イ said) to me, "I'll come back."

2 日本語に合うように，＿＿＿に適切な語を書きなさい。

□(1) 彼女に駅への道を伝えていただけませんか。

Could you ＿＿＿＿＿＿＿ her the way to the station?

□(2) この図を見てください。

Please ＿＿＿＿＿＿＿ ＿＿＿＿＿＿＿ this figure.

□(3) 私は車の音を聞きました。

I ＿＿＿＿＿＿＿ the sound of a car.

□(4) 彼女は今，電話で話しています。

She ＿＿＿＿＿＿＿ ＿＿＿＿＿＿＿ on the phone now.

□(5) タナカさんは東京でレストランを始めました。

Ms. Tanaka ＿＿＿＿＿＿＿ a restaurant in Tokyo.

3 日本語に合うように，（ ）内の語句を並べかえなさい。

□(1) ブラウン先生は私たちにおもしろい話をしました。

(told / an / us / Ms. Brown / story / interesting).

＿＿＿＿＿＿＿＿＿＿＿＿＿＿＿＿＿＿＿＿＿＿＿＿.

□(2) 私は以前に，一度もこの動物を見たことがありません。

(never / I / seen / this / have / before / animal).

＿＿＿＿＿＿＿＿＿＿＿＿＿＿＿＿＿＿＿＿＿＿＿＿.

□(3) 彼女は自分自身に「心配するな」と言いました。

(said / to / herself / she), "Don't worry."

＿＿＿＿＿＿＿＿＿＿＿＿＿＿＿＿＿＿＿＿, "Don't worry."

1 （ ）に入る適切な語句を選び，記号を〇で囲みなさい。

☐(1) He is carrying a suitcase （　） full of his clothes.

　　ア who is　イ is　ウ which is　エ what is

☐(2) Kaito is a student （　） basketball very well.

　　ア plays　イ played　ウ which plays　エ who plays

☐(3) The girl and the bird （　） songs together are famous.

　　ア that sings　イ that sing　ウ which sing　エ who sings

2 日本語に合うように，＿＿＿に適切な語を書きなさい。

☐(1) 昨夜洗濯されたシャツは私のです。

　　The shirt ＿＿＿＿＿＿＿ ＿＿＿＿＿＿＿ washed last night is mine.

☐(2) プールのあるその公園に行ったことはありますか。

　　Have you been to the ＿＿＿＿＿＿＿ that ＿＿＿＿＿＿＿ a pool?

☐(3) 優勝した少年を知っていますか。

　　Do you know the ＿＿＿＿＿＿＿ ＿＿＿＿＿＿＿ ＿＿＿＿＿＿＿ the first prize?

3 日本語に合うように，（ ）内の語句を並べかえなさい。

☐(1) ここで冬にスキーをする人はたくさんいます。

　　(many / are / ski / winter / there / who / in / here / people).

　　＿＿＿＿＿＿＿＿＿＿＿＿＿＿＿＿＿＿＿＿＿＿＿＿＿＿＿＿＿＿＿．

☐(2) みんなを幸せにする音楽を演奏したいです。

　　(happy / music / want / which / makes / play / to / everyone / I).

　　＿＿＿＿＿＿＿＿＿＿＿＿＿＿＿＿＿＿＿＿＿＿＿＿＿＿＿＿＿＿＿．

☐(3) 彼らは1か月以上続いた休暇を楽しみました。

　　(the vacation / more / enjoyed / lasted / they / than / which / one month / for).

　　＿＿＿＿＿＿＿＿＿＿＿＿＿＿＿＿＿＿＿＿＿＿＿＿＿＿＿＿＿＿＿．

4 次の英文を，関係代名詞を使って1文に書きかえなさい。

☐(1) Do you know that man? He is standing by the big table.

　　＿＿＿＿＿＿＿＿＿＿＿＿＿＿＿＿＿＿＿＿＿＿＿＿＿＿＿＿＿＿＿

☐(2) I am looking for a key. It opens this door.

　　＿＿＿＿＿＿＿＿＿＿＿＿＿＿＿＿＿＿＿＿＿＿＿＿＿＿＿＿＿＿＿

ヒント　**3** ⑵「みんなを幸せにする音楽」は〈make＋人＋形容詞〉で表す。

　　　⑶the vacationが先行詞となる文を作る。「～の間続く」はlast for ～。

定期テスト
予報

●主格の関係代名詞who, which, thatを正しく使えるかが問われるでしょう。
⇒先行詞が「人」か「もの・事がら」かで、関係代名詞を使い分けることを確認しましょう。
⇒関係代名詞は2つの文をつなぐ働きと、あとに続く文の主語になる働きがあることを理解しましょう。

5 読む 次の英文を読んで、あとの問いに答えなさい。

　　How did chocolate become popular? Cacao beans were shipped to Europe (　①　) the Spanish in the 16th century. After that, Europeans ②(begin) to drink their chocolate with sugar.

　　The world's first solid chocolate was ③(make) in 1847. However, it was still bitter. ④Then a Swiss man and his friend (to / improve / taste / added / its / milk). This is called "milk chocolate" today.

　　Chocolate is enjoyed throughout the world now. Look at this figure. ⑤Let's find the countries which consume a lot of chocolate.

□(1) (　①　)に入る適切な語を書きなさい。

_____

□(2) 下線部②, ③の(　)内の語を適切な形に直して書きなさい。

②_____　③_____

□(3) 下線部④が意味の通る英文になるように、(　)内の語を並べかえなさい。

Then a Swiss man and his friend _____.

□(4) 下線部⑤の英文の日本語訳を完成させなさい。

(　　　　　　　　　　　　　　　　　　　　　)を見つけましょう。

6 話す 次の英文を読んで、あとの問いに答えなさい。答え合わせのあと、発音アプリの指示に従って、問題文と解答を声に出して読みなさい。 アプリ

　　These photos show the first humans to land on the moon. Three astronauts went to the moon on Apollo 11 in 1969. They wore special suits that protected them in space. You may know the famous words, "One small step for a man, one giant leap for mankind."

　　　　　　　(注)human 人間　　moon 月　　wore wearの過去形　　protect ～を保護する

□(1) In 1969, what happened?

　　— _____

□(2) What did the astronauts wear?

　　— _____

ヒント　**5** (1)受け身の文。「～によって」と動作する人を表す語を考える。

PROGRAM 5 ~ Word Web 2

ぴたトレ 3
確認テスト

PROGRAM 5
～ Word Web 2

時間 30分　　／100点　　合格 70点　　解答 p.20

教科書 pp.63 ～ 74

❶ 下線部の発音が同じものには○を，そうでないものには×を，解答欄に書きなさい。

6点

(1) m<u>a</u>le　　　　　　(2) m<u>o</u>vement　　　　　(3) f<u>i</u>gure
　　　v<u>a</u>luable　（　）　　　impr<u>o</u>ve　（　）　　　pr<u>i</u>ce　（　）

❷ 最も強く発音する部分の記号を解答欄に書きなさい。

6点

(1) im - age　　　　　　(2) pre - fec - ture　　　　(3) con - sume
　　ア　　イ　　　　　　　　ア　　イ　　ウ　　　　　　ア　　イ

❸ 日本語に合うように，（　）内の語句を並べかえなさい。

24点

(1) 夏は春のあとに来る季節です。

　　(spring / summer / after / the / which / season / comes / is).

(2) あなたには数学が得意なクラスメートはいますか。

　　(a classmate / you / do / good / who / math / have / at / is)?

よく出る (3) この本を書いた人は有名な役者です。

　　(that / actor / a / wrote / this / is / the person / famous / book).

(4) 私はイヌといっしょに歩いている少女を知っています。

　　(know / is / with / the girl / a dog / who / I / walking).

点UP ❹ 各組の文がほぼ同じ意味になるように，＿＿に入る適切な語を書きなさい。　18点

(1) ⎡ Do you know the girl with long hair?
　　⎣ Do you know the girl ＿＿＿ ＿＿＿ long hair?

(2) ⎡ My uncle took these pictures.
　　⎣ These are the pictures ＿＿＿ ＿＿＿ taken by my uncle.

(3) ⎡ A baby and a cat are sleeping on the sofa. They look happy.
　　⎣ A baby and a cat ＿＿＿ ＿＿＿ sleeping on the sofa look happy.

❺ 次のケイコのスピーチ原稿を読んで，あとの問いに答えなさい。

22点

　　Today, let me talk about my family. I have a father, a mother, a sister, and a dog. ①<u>We live in (near / the house / the Green Park / which / stands)</u>. My father is a doctor and my mother is a nurse. They work in the hospital which is in front of the station. My sister is a college student (②) studies history. She is always kind to me. We (③) our dog Dean. He is a small brown dog that likes

成績評価の観点　技…言語や文化についての知識・技能　表…外国語表現の能力

to play with a ball in the yard.　I often play with him after I get home.
④All of us like to watch movies (　　) (　　) (　　) (　　). We watch movies
every Saturday.　If you know any good movies, please let me know.

(1) 下線部①が「私たちはグリーンパークの近くに立っている家に住んでいます」という意味に
　　なるように，(　)内の語を正しく並べかえなさい。

(2) (②)に入る適切な語を書きなさい。

(3) (③)に入る適切な語を選び，記号を書きなさい。

　　ア make　　イ call　　ウ keep

差がつく (4) 下線部④が「私たちはみんな，私たちをわくわくさせる映画を見るのが好きです」という意
　　味になるように，(　)に入る適切な語を書きなさい。

6 書く✏ **次の日本語を(　)内の指示に従って，英語に直しなさい。** 表　　　　24点

(1) スミス先生(Mr. Smith)は自分を手伝ってくれる生徒が何人か必要です。(whoを使って)

(2) 英語はたくさんの国で使われている言語です。(thatを使って)

(3) 私たちはそれを規則とみなしています。(regard 〜 as ...を使って)

❶	(1)		(2)		(3)		❷	(1)		(2)		(3)	
		2点		2点		2点				2点		2点	2点

❸	(1)	・ 6点
	(2)	? 6点
	(3)	・ 6点
	(4)	・ 6点

❹	(1)	(2)
	6点	6点
	(3)	
	6点	

❺	(1)	7点
	(2) 4点	(3) 4点
	(4)	7点

❻	(1)	表 8点
	(2)	表 8点
	(3)	表 8点

▶ 表 の印がない問題は全て 技 の観点です。

ぴたトレ
1
要点チェック

PROGRAM 6
The Great Pacific Garbage Patch ①

時間 **15分**

解答 p.22

〈新出語・熟語 別冊p.11〉

教科書の重要ポイント 関係代名詞 which（目的格） 教科書 pp.76 ～ 78・83

the bag ＝ it

This is the bag.　I bought it yesterday.

目的語

This is *the bag* which I bought yesterday. 〔これは私が昨日買ったかばんです。〕

先行詞「もの」　〈which＋主語＋動詞 ...〉

・「もの・事がら」を表す名詞のあとに〈関係代名詞 which＋主語＋動詞 ...〉を続けて，「～が
…する（もの・事がら）」という意味を表す。

・このwhichは説明する文の中で目的語の働きをしている。（＝目的格の関係代名詞）

whichには目的語の働きがあるのでwhichのうし
ろの文には目的語は置かないよ。

ナルホド！

目的語は置かない

The cake which we ate last night was very big. 〔私たちが昨夜食べたケーキはとても大きかったです。〕

先行詞「もの」　〈which＋主語＋動詞 ...〉

・主格の関係代名詞と目的格の関係代名詞

主格 The house which stands on the hill is mine. 〔丘の上に立っているその家は私のです。〕

〈which＋動詞〉→ whichはstandsの主語の働き

目的格 The cake which we ate last night was very big.

〈which＋主語＋動詞〉→ whichはateの目的語の働き

ナルホド！

Words & Phrases 次の日本語は英語に，英語は日本語にしなさい。

□(1) tiny　（　　　　　　　）　　□(4) 研究者，調査員 _____

□(2) whole　（　　　　　　　）　　□(5) 浮く，浮かぶ _____

□(3) huge　（　　　　　　　）　　□(6) 船で行く,船旅をする

_____

1 日本語に合うように，（　）内から適切なものを選び，記号を○で囲みなさい。

テストによく出る！

〈先行詞 + which +
主語 + 動詞 ...〉
関係代名詞が目的語の働
きをするときは，あとに
〈主語 + 動詞〉の形が続く。

☐(1) トムが手に入れたプレゼントは腕時計です。

The present (ア which　イ what) Tom got is a watch.

☐(2) これはあなたのお父さんがあなたにあげたぼうしですか。

Is this the cap (ア who　イ which) your father gave to you?

☐(3) あれは彼女が昨日買った自転車です。

That is the bike (ア which she bought　イ which bought her) yesterday.

☐(4) あなたは私が勧めた映画を見ましたか。

Have you seen the movie (ア which was recommended
イ which I recommended)?

2 例にならい，「これは～が…した—です」という意味の文を完成させなさい。

⚠ミスに注意

目的格の関係代名詞
whichには目的語の働き
があるので，そのあとの
動詞は目的語を伴わない
ことに注意。

例 my mother	(1) Jack	(2) I	(3) Emma
the pizza / make	the book / read	the report / write	the picture / paint

例 **This is the pizza which my mother made.**

☐(1) This is the book ＿＿＿＿＿＿ Jack ＿＿＿＿＿.

☐(2) This is the report ＿＿＿＿＿＿＿＿＿＿＿＿.

☐(3) ＿＿＿＿＿＿＿＿＿＿＿＿＿＿＿＿＿＿.

3 日本語に合うように，（　）内の語句を並べかえなさい。

注目！

(2)「～倍（大きい）」のよう
に比較の程度を表す語
句を as ... as の前に
置く。

☐(1) 彼が使うコンピュータは高価です。

(he / the computer / expensive / uses / is / which).

＿＿＿＿＿＿＿＿＿＿＿＿＿＿＿＿＿＿＿.

☐(2) 彼の家は私の家より３倍大きいです。

(three / his / mine / as / as / house / times / is / big).

＿＿＿＿＿＿＿＿＿＿＿＿＿＿＿＿＿＿＿.

☐(3) この皿は木でできています。

(dish / wood / of / this / made / is).

＿＿＿＿＿＿＿＿＿＿＿＿＿＿＿＿＿＿＿.

PROGRAM 6 ～ Power-Up 4

ぴたトレ
1
要点チェック

PROGRAM 6
The Great Pacific Garbage Patch ②

時間 **15分**

解答 p.22

〈新出語・熟語 別冊p.11〉

教科書の
重要ポイント | **関係代名詞that（目的格）** | 教科書 pp.76 ～ 77・79・83

the dictionary ＝ it

This is <u>the dictionary</u>. I use <u>it</u> at home.

目的語

This is *the dictionary* that[which] I use at home. 〔これは私が家で使う辞書です。〕

先行詞「もの」　〈that[which]＋主語＋動詞 …〉

- 「人・もの・事がら」を表す名詞のあとに〈関係代名詞that＋主語＋動詞 …〉を続けて，
  「〜が…する（人・もの・事がら）」という意味を表す。
- このthatも目的語の働きをする関係代名詞。

関係代名詞thatは先行詞がなんでも
使うことができるよ。

ナルホド!

That is *the best book* that I have ever read. 〔あれは私がこれまでに読んだ最もよい本です。〕

〈最上級＋名詞〉　　　関係代名詞that

- 先行詞となる名詞に，最上級や序数，all，every，the onlyなどがつく場合，
  関係代名詞にはthatを使うことが多い。

ナルホド!

Words & Phrases 次の日本語は英語に，英語は日本語にしなさい。

☐(1) reduce （　　　　　　　）　☐(5) 投げる _____

☐(2) harmful （　　　　　　　）　☐(6) 水面，表面 _____

☐(3) human （　　　　　　　）　☐(7) 〜を含む _____

☐(4) escape （　　　　　　　）　☐(8) 太った _____

1 日本語に合うように，（ ）内から適切なものを選び，記号を○で囲みなさい。

テストによく出る！

関係代名詞that

先行詞に最上級，序数，all, every, the onlyなどがつくとき，関係代名詞はthatを使うことが多い。This is the only bag that I have.「これは私が持っている唯一のかばんです。」

□(1) 私はあなたのいとこがとった写真が好きです。

I like the picture (ア who イ that) your cousin took.

□(2) 彼女が好きな歌手が来月コンサートを開きます。

The singer (ア who likes イ that she likes) will have a concert next month.

□(3) これは私がこれまでに見た最もわくわくする試合です。

This is the most exciting match (ア that I have ever seen イ which I see).

2 例にならい，関係代名詞thatを使って，「これは[こちらは]～が昨年…した—です」という意味の文を完成させなさい。

⚠ミスに注意

目的格の関係代名詞thatは先行詞が「人」でも「もの・事がら」でも使えるよ。

例 Paul	(1) my father	(2) I	(3) Kate
the racket / buy	the house / build	the woman / meet	the temple / visit

例 **This is the racket that Paul bought last year.**

□(1) This is the house ＿＿＿＿＿＿ my father＿＿＿＿＿ last year.

□(2) This is the woman ＿＿＿＿＿＿＿＿＿＿＿＿＿＿ last year.

□(3) ＿＿＿＿＿＿＿＿＿＿＿＿＿＿＿＿＿＿＿ last year.

3 日本語に合うように，（ ）内の語句を並べかえなさい。

注目！
「～と言われている」
(2)「言われている」は受け身の形で表す。thatのあとは〈主語＋動詞〉の形。

□(1) 彼は母親が作ったシャツを着ています。

(he / the shirt / his mother / that / wearing / made / is).

＿＿＿＿＿＿＿＿＿＿＿＿＿＿＿＿＿＿＿＿＿＿＿＿＿＿.

□(2) イヌは賢いと言われています。

(dogs / that / is / are / it / clever / said).

＿＿＿＿＿＿＿＿＿＿＿＿＿＿＿＿＿＿＿＿＿＿＿＿＿＿.

□(3) 私たちはここにごみを捨てるべきではありません。

(shouldn't / garbage / away / we / here / throw).

＿＿＿＿＿＿＿＿＿＿＿＿＿＿＿＿＿＿＿＿＿＿＿＿＿＿.

PROGRAM 6 ～ Power-Up 4

ぴたトレ 1

要点チェック

PROGRAM 6
The Great Pacific Garbage Patch ③

時間 **15分**

解答 p.22

〈新出語・熟語 別冊p.11〉

教科書の重要ポイント 目的格の関係代名詞の省略 | 教科書 pp.76～77・80・83

The old man I helped yesterday was Miki's grandfather.

名詞 〈主語＋動詞 ...〉

〔私が昨日助けたお年寄りはミキの祖父でした。〕

- 目的格の関係代名詞は省略して〈名詞＋主語＋動詞 ...〉の形にすることができる。

The old man that I helped yesterday was Miki's grandfather.

目的格の関係代名詞thatを省略

The old man I helped yesterday was Miki's grandfather.

Show me *the camera* your father gave you.

名詞 〈主語＋動詞 ...〉〔あなたのお父さんがあなたにあげたカメラを見せてください。〕

- 目的格の関係代名詞whichも同じように省略できる。

Show me *the camera* which your father gave you.

目的格の関係代名詞whichを省略

Show me *the camera* your father gave you.

●関係代名詞の種類

先行詞	主格	目的格（※省略可）
人	who	(who)
もの・事がら	which	which
人・もの・事がら	that	that

Words & Phrases 次の日本語は英語に，英語は日本語にしなさい。

□(1) cleanup （　　　　　　　）　　□(4) 集める ＿＿＿＿＿＿＿＿

□(2) project （　　　　　　　）　　□(5) 傷つける ＿＿＿＿＿＿＿＿

□(3) trash （　　　　　　　）　　□(6) シチュー ＿＿＿＿＿＿＿＿

1 日本語に合うように，（　）内から適切なものを選び，記号を○で囲みなさい。

テストによく出る!

目的格の関係代名詞の省略

目的格の関係代名詞which[that]は省略できるので，〈名詞＋主語＋動詞...〉で「～が...する―」という意味を表す。

□(1) 彼が好きな歌手を知っていますか。

Do you know the singer (ア which he likes　イ he likes)?

□(2) あなたがほしがっていたかばんをあげましょう。

I will give you the bag (ア have wanted　イ you have wanted).

□(3) あなたが昨日公園で見た男性は私の兄でした。

The man (ア you saw in the park yesterday　イ that was seen yesterday) was my brother.

□(4) トムが話しかけている少年を見てください。

Look at (ア Tom and the boy talking　イ the boy Tom is talking to).

2 例にならい，「私は～が...する―が好きです」という意味の文を完成させなさい。

⚠ミスに注意

主格の関係代名詞は省略できないので注意。

| 例 my father | (1) you | (2) Mr. Mori | (3) he |
| the pictures / take | the cookies / bake | the oranges / grow | the songs / sing |

例 I like the pictures my father takes.

□(1) I like the ＿＿＿＿＿＿ you ＿＿＿＿＿＿.

□(2) I like the ＿＿＿＿＿＿＿＿＿＿＿＿.

□(3) ＿＿＿＿＿＿＿＿＿＿＿＿＿＿

3 日本語に合うように，（　）内の語を並べかえなさい。

注目!

〈前置詞＋動名詞〉

(3)前置詞のあとに動詞の意味が続くときは動名詞の形にする。

・without ～ing
「～しないで」

・by ～ing
「～することによって」
など

□(1) 彼はメイがデザインしたいすを使っています。

(May / chair / he / the / designed / uses).

＿＿＿＿＿＿＿＿＿＿＿＿＿＿＿.

□(2) 私の両親はそのことを聞いて喜んでいます。

(glad / that / my / are / hear / to / parents).

＿＿＿＿＿＿＿＿＿＿＿＿＿＿＿.

□(3) 彼女はさようならを言わずに家に帰りました。

(goodbye / she / home / without / went / saying).

＿＿＿＿＿＿＿＿＿＿＿＿＿＿＿.

PROGRAM 6 ~ Power-Up 4

Steps 5　ディスカッションをしよう

| 教科書の重要ポイント | ディスカッションで使う表現 | 教科書 p.84 |

[最初に意見を言うとき]

・I will bring a tent <u>because</u> it is the most important to sleep.

└── 自分の考えを伝える　「なぜなら」… 理由を述べる

〔眠るために最も重要なので私はテントを持っていきます。〕

ディスカッションでは，意見とともにその根拠を伝えることが大切だよ。

ナルホド!

[前の話者に賛成のとき]

・<u>I agree with you.</u>　　　　　　　〔私はあなたに賛成です。〕

└── 賛成の立場であることを伝える

・<u>I also think</u> it is necessary for us to eat.〔私たちには食べることが必要だとも思います。〕

「〜だとも思う」… 別の意見をつけ足す

 ナルホド!

[前の話者に反対のとき]

・<u>I'm not sure about</u> water.　　　〔水についてはわかりません。〕

「〜についてはわかりません」

・I think books are <u>better than</u> a knife.　〔私はナイフより本がいいと思います。〕

└── 比較して具体的に伝える

・I need to eat, <u>but</u> it is important for me to enjoy.

「しかし」… 相手の意見を尊重した上で，自分の意見を伝える

〔食べることは必要ですが，私にとっては楽しむことが大切です。〕

 ナルホド!

Words & Phrases 　次の日本語は英語に，英語は日本語にしなさい。

□(1) sunscreen　　（　　　　　　　）　　□(3) バケツ　_____

□(2) battery　　　（　　　　　　　）　　□(4) ラジオ　_____

1 日本語に合うように，（　）内から適切なものを選び，記号を○で囲みなさい。

□(1) ナイフは多くのものを切れるので役に立ちます。

A knife is useful （ ア because　イ if ） we can cut many things with it.

□(2) 私は楽器よりマンガのほうがいいと思います。

I think comics are （ ア more than　イ better than ） musical instruments.

□(3) 電池についてはわかりません。

（ ア I'm not sure　イ I don't think ） about batteries.

□(4) 音楽は好きですが，心地よいベッドが必要です。

I like music, （ ア but　イ so ） we need comfortable beds.

2 日本語に合うように，＿＿に適切な語を書きなさい。

□(1) 私たちは水なしでは生きられません。

We ＿＿＿＿＿＿ live ＿＿＿＿＿＿ water.

□(2) 私たちはビニール袋，古新聞，タオルなども必要です。

We also need plastic bags, old newspapers, towels and ＿＿＿＿＿＿ ＿＿＿＿＿＿.

□(3) スマートフォンは情報を集めるのに最も重要です。

A smartphone is the ＿＿＿＿＿＿ ＿＿＿＿＿＿ to collect information.

□(4) 何か飲むものを持っていくことが必要だとも思います。

I ＿＿＿＿＿＿ think ＿＿＿＿＿＿ ＿＿＿＿＿＿ necessary to bring something to drink.

3 日本語に合うように，（　）内の語句を並べかえなさい。

□(1) 私は明かりはおのよりいいと思います。

(think / than / a light / an ax / better / is / I).

＿＿＿＿＿＿＿＿＿＿＿＿＿＿＿＿＿＿＿＿.

□(2) 彼女は彼の意見に賛成しませんでした。

(idea / didn't / she / his / with / agree).

＿＿＿＿＿＿＿＿＿＿＿＿＿＿＿＿＿＿＿＿.

□(3) 私の父はいつでも忙しいです。

(all / father / busy / time / my / the / is).

＿＿＿＿＿＿＿＿＿＿＿＿＿＿＿＿＿＿＿＿.

Our Project 8
あなたの町を世界にPRしよう

| 教科書の重要ポイント | 名詞をうしろから説明する表現 | 教科書 pp.85〜89 |

The man who made that speech is the doctor of this hospital.

先行詞　〈関係代名詞who＋動詞 〜〉　　　〔そのスピーチをした男性はこの病院の医師です。〕

[主格の関係代名詞]

・〈関係代名詞＋動詞 〜〉が前の名詞［先行詞］に説明を加える。

・先行詞が「人」→ who[that]，「もの，事がら」→ which[that]を使う。

The fruit that the cake shop uses is grown in this town.

先行詞　〈関係代名詞that＋主語＋動詞 …〉

〔そのケーキ店が使っているくだものはこの町で育てられたものです。〕

[目的格の関係代名詞]

・〈関係代名詞＋主語＋動詞 …〉が前の名詞［先行詞］に説明を加える。

・先行詞が「人」→ that，「もの，事がら」→ which[that]を使う。

・目的格の関係代名詞は省略できる。

The fruit the cake shop uses is grown in this town.

名詞　〈主語＋動詞 …〉

He is *a photographer* taking a lot of pictures of this mountain.

名詞　〈現在分詞 〜〉　　　〔彼はこの山の写真をたくさんとっている写真家です。〕

This temple built in 1865 is popular among tourists.

名詞　〈過去分詞 〜〉　　　〔1865年に建てられたこの寺は観光客に人気です。〕

[分詞の後置修飾]

・現在分詞で始まる語句が「〜している［する］…」と前の名詞に説明を加える。

・過去分詞で始まる語句が「〜される［された］…」と前の名詞に説明を加える。

| Words & Phrases | 次の日本語は英語に，英語は日本語にしなさい。 |

□(1) excellent （　　　　　　）　　□(3) においがする ＿＿＿＿＿＿＿＿

□(2) explanation （　　　　　　）　　□(4) growの過去分詞形 ＿＿＿＿＿＿＿＿

1 日本語に合うように，（　）内から適切なものを選び，記号を○で囲みなさい。

テストによく出る！
名詞をうしろから説明する表現
名詞を説明する語句が名詞のうしろにくる。
・〈名詞＋関係代名詞 ～〉
・〈名詞＋現在分詞 ～〉
・〈名詞＋過去分詞 ～〉

☐(1) 私の友だちが好きなレストランはおいしい和食を出します。

The restaurant my friends like （ ア serve　イ serves ） good Japanese food.

☐(2) 私は彼らによって掃除された部屋に滞在しました。

I stayed in the room （ ア cleaned　イ cleaning ） by them.

☐(3) 彼は京都に行く電車に乗りました。

He took the train （ ア going to　イ gone to ） Kyoto.

☐(4) 彼女はこの競技場をデザインした女性です。

She is the woman （ ア which designed　イ who designed ） this stadium.

☐(5) 野菜から作られたそのスープを飲みましたか。

Have you had the soup （ ア making from　イ made from ） vegetables?

2 日本語に合うように，＿＿に適切な語を書きなさい。

⚠ミスに注意
(2)(3)文の主語はどこまでか考えよう。

☐(1) あなたはこの山に住んでいる動物を見ることができます。

You can see the animals ＿＿＿＿＿ in this ＿＿＿＿＿.

☐(2) ピアノをひいている生徒は私のクラスメートです。

The student ＿＿＿＿＿ the piano is my ＿＿＿＿＿.

☐(3) この部屋から見える海はとても美しいです。

The ocean ＿＿＿＿＿ from this room ＿＿＿＿＿ very beautiful.

☐(4) 私はその作家が書いた本を読んだことがあります。

I've read the book ＿＿＿＿＿ the writer ＿＿＿＿＿.

3 日本語に合うように，（　）内の語句を並べかえなさい。

注目！
〈動詞＋人＋動詞の原形〉
(2)〈help＋人＋動詞の原形〉「(人)が～するのを手伝う」
(3)〈let＋人＋動詞の原形〉「(人)に～させてやる」

☐(1) これは私の兄が使うコンピュータです。

(brother / the computer / is / my / uses / this).

＿＿＿＿＿＿＿＿＿＿＿＿＿＿＿＿＿＿＿＿

☐(2) 私の先生は私が問題を解決するのを手伝ってくれました。

(me / helped / solve / my teacher / the problem).

＿＿＿＿＿＿＿＿＿＿＿＿＿＿＿＿＿＿＿＿

☐(3) 日本の文化についてあなたに話させてください。

(Japanese / you / me / about / let / tell / culture).

＿＿＿＿＿＿＿＿＿＿＿＿＿＿＿＿＿＿＿＿

PROGRAM 6 ~ Power-Up 4

Power-Up 4
非常時のアナウンスを聞こう

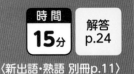

| 教科書の重要ポイント | 命令文／方角／国名とその形容詞形 | 教科書 p.90 |

Please use this room. 〔どうぞこの部屋を使ってください。〕

└── 命令文は主語youを省略して動詞で始める

Do not swim in the river. 〔川で泳いではいけません。〕

└── 否定の命令文

・命令文「～しなさい」は〈動詞の原形 ～.〉の形で表す。pleaseをつけるとていねい。

・否定の命令文「～してはいけません」は〈Don't＋動詞の原形 ～.〉で表す。短縮形を使わずにDo not ～.の形にすると，強い否定の命令文になる。

ナルホド！

Could you go out from the north exit? 〔北出口から出ていただけませんか。〕

［方角］

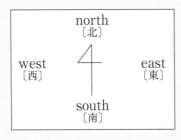

north
〔北〕

west
〔西〕

east
〔東〕

south
〔南〕

方角を表す単語はまとめて覚えてしまおう！

ナルホド！

I like the French restaurant near the park. 〔私は公園の近くのフランス料理店が好きです。〕

ナルホド！

［国名とその形容詞形］

名詞	形容詞	名詞	形容詞
Japan〔日本〕	Japanese〔日本の〕	Spain〔スペイン〕	Spanish〔スペインの〕
France〔フランス〕	French〔フランスの〕	China〔中国〕	Chinese〔中国の〕
Italy〔イタリア〕	Italian〔イタリアの〕	Finland〔フィンランド〕	Finnish〔フィンランドの〕

Words & Phrases 次の日本語は英語に，英語は日本語にしなさい。

☐(1) exit （　　　　　　　　）　　☐(3) 西(の)　＿＿＿＿＿＿＿＿＿

☐(2) drill （　　　　　　　　）　　☐(4) 東(の)　＿＿＿＿＿＿＿＿＿

1 日本語に合うように，（　）内から適切なものを選び，記号を○で囲みなさい。

☐(1) イタリアの文化について私に教えていただけませんか。

Could you tell me about (ア Italy イ Italian) culture?

☐(2) この部屋では日本語を話してはいけません。

(ア Do not イ Not) speak Japanese in this room.

☐(3) 私はこの市の東地区を訪れたいです。

I want to visit the (ア east イ west) area of this city.

☐(4) 9時に始まる予定の会合に来てください。

(ア Please come イ Please you come) to the meeting which will start at 9:00.

2 日本語に合うように，＿＿＿＿に適切な語を書きなさい。

☐(1) 試験を受けるときは辞書を使ってはいけません。

＿＿＿＿＿＿ not use dictionaries ＿＿＿＿＿＿ you take the exams.

☐(2) この駅には北出口と南出口があります。

We have the ＿＿＿＿＿＿ exit and the ＿＿＿＿＿＿ exit in this station.

☐(3) 彼によって描かれたこの絵を見てください。

＿＿＿＿＿＿ ＿＿＿＿＿＿ at this picture painted by him.

☐(4) あなたはこれまでにスペイン料理を食べたことがありますか。

＿＿＿＿＿＿ you ever eaten ＿＿＿＿＿＿ food?

☐(5) 中国料理店で出火しました。

A fire ＿＿＿＿＿＿ in the ＿＿＿＿＿＿ restaurant.

3 日本語に合うように，（　）内の語句を並べかえなさい。

☐(1) 私はたいてい西エレベーターを使います。

(usually / the / use / elevator / I / west).

＿＿＿＿＿＿＿＿＿＿＿＿＿＿＿＿＿＿＿＿＿＿＿＿＿.

☐(2) 郵便局の隣に韓国料理店があります。

(Korean / the post office / a / is / to / there / next / restaurant).

＿＿＿＿＿＿＿＿＿＿＿＿＿＿＿＿＿＿＿＿＿＿＿＿＿.

☐(3) もしあなたが家にいるなら，その試合をテレビで見て。

(home / if / on TV / at / are / watch / the match / you / ,).

＿＿＿＿＿＿＿＿＿＿＿＿＿＿＿＿＿＿＿＿＿＿＿＿＿.

テストによく出る！

please

命令文でていねいに言うときはpleaseを文の最初か最後に置く。文の最後に置くときは，pleaseの前にカンマ(,)をつける。

⚠ミスに注意

(5)「出火する」は「火事が始まる」と考えよう。

PROGRAM 6～Power-Up 4

注目！

国名の形容詞形

Japanese や French などの国名の形容詞形には「～の」という意味のほかに，「～語」という名詞の意味もある。

Japanese「日本語」

French「フランス語」

など

1 ( )に入る適切な語句を選び，記号を○で囲みなさい。

☐(1) The pen ( ) Mr. Kato uses is expensive.

ア who　イ what　ウ that　エ how

☐(2) The chair ( ) he is sitting on was made in the U.S.

ア who　イ which　ウ what　エ when

☐(3) Do you know the boy ( ) helped?

ア what I　イ who will　ウ which was　エ that I

> 先行詞をよく確認
> して答えよう。

2 日本語に合うように，＿＿に適切な語を書きなさい。

☐(1) あなたはポールが昨日開いたパーティーに行きましたか。

Did you go to the ＿＿＿＿＿ Paul ＿＿＿＿＿ yesterday?

☐(2) 彼があなたが話していた少年ですか。

Is he the ＿＿＿＿＿ ＿＿＿＿＿ talked about?

☐(3) 数学は彼が教えられる唯一の科目です。

Math is the only subject ＿＿＿＿＿ ＿＿＿＿＿ ＿＿＿＿＿ teach.

3 日本語に合うように，( )内の語句を並べかえなさい。

☐(1) 私は彼らがあの店で売っていたコンピュータを買いました。

(that / a computer / at / I / they / that / bought / sold / shop).

＿＿＿＿＿＿＿＿＿＿＿＿＿＿＿＿＿＿＿＿＿＿＿＿＿.

☐(2) 彼女は彼が話した話を聞いて驚きました。

(she / he / which / surprised / the story / to / told / was / hear).

＿＿＿＿＿＿＿＿＿＿＿＿＿＿＿＿＿＿＿＿＿＿＿＿＿.

☐(3) 私は，スーザンが待っている少女を知っています。

(know / waiting / Susan / the girl / for / I / that / is).

＿＿＿＿＿＿＿＿＿＿＿＿＿＿＿＿＿＿＿＿＿＿＿＿＿.

4 次の日本語を( )内の語を使って，英語に直しなさい。

☐(1) これは彼が昨日読んだ本です。(which)

＿＿＿＿＿＿＿＿＿＿＿＿＿＿＿＿＿＿＿＿＿＿＿＿＿

☐(2) この前の月曜日にあなたが公園で見た少女は私の妹です。(that)

＿＿＿＿＿＿＿＿＿＿＿＿＿＿＿＿＿＿＿＿＿＿＿＿＿

ヒント

2 (3)先行詞に the only がついているので，関係代名詞は that を使う。

3 (2) be surprised to ～で「～して驚く」という意味を表す。

5 読む📖 **次の英文を読んで，あとの問いに答えなさい。**

The garbage patches are harmful to sea animals. They often get ①(catch) in fishing nets on the surface and cannot escape. They also eat small plastic pieces by mistake ②(これらの破片は彼らの食べ物のように見えるので). ③The plastics that humans throw away kill many sea animals every year.

It is ④(say) that the Great Pacific Garbage Patch contains about 80,000 tons of garbage. Some researchers say that there will be more garbage (⑤) fish by 2050.

☐(1) 下線部①，④の（　）内の語を適切な形に直して書きなさい。

①＿＿＿＿＿＿　　④＿＿＿＿＿＿

☐(2) 下線部②の（　）内の日本語を英語にしなさい。

＿＿＿＿＿＿＿＿＿＿＿＿＿＿＿＿＿＿＿＿＿＿＿＿＿＿＿＿＿＿

☐(3) 下線部③の英文の日本語訳を完成させなさい。

毎年，（　　　　　　　　　　　　　　　　　　　　　　）。

☐(4) (⑤)に入る適切な語を書きなさい。

＿＿＿＿＿＿＿＿

6 話す🔊 **次の英文を読んで，あとの問いに答えなさい。答え合わせのあと，発音アプリの指示に従って，問題文と解答を声に出して読みなさい。** [アプリ]

One day, Kase Saburo visited a center to teach origami to Vietnamese children. When he first came into the room, the children were afraid of him and kept silent.

Kase soon took out origami paper and folded a lot of origami. The children were surprised and very pleased. He began to teach them how to fold origami.

At the end of the class, the children made paper planes and flew them together. Kase hoped they could live in peace.

(注)Vietnamese ベトナムの　　pleased 喜んで

☐(1) How were the children when Kase started folding a lot of origami?

— ＿＿＿＿＿＿＿＿＿＿＿＿＿＿＿＿＿＿＿＿＿＿＿＿＿＿＿＿＿

☐(2) What did the children make at the end of the class?

— ＿＿＿＿＿＿＿＿＿＿＿＿＿＿＿＿＿＿＿＿＿＿＿＿＿＿＿＿＿

ヒント　**5** (2)「～のように見える」はlook like ～で表す。

ぴたトレ
3
確認テスト

PROGRAM 6
〜 Power-Up 4

時間30分　／100点　合格70点　解答p.25

教科書 pp.75 〜 90

① 下線部の発音が同じものには〇を，そうでないものには×を，解答欄に書きなさい。 6点

(1) s<u>ou</u>th
am<u>ou</u>nt　（　　）

(2) esc<u>a</u>pe
gl<u>a</u>d　（　　）

(3) m<u>ar</u>k
h<u>ur</u>t　（　　）

② 最も強く発音する部分の記号を解答欄に書きなさい。 6点

(1) re - search- er
ア　イ　ウ

(2) harm - ful
ア　イ

(3) col - lect
ア　イ

③ 日本語に合うように，＿＿＿に入る適切な語を書きなさい。 20点

(1) 私がいっしょにサッカーをする学生が何人かいます。

There are some students ＿＿＿＿ ＿＿＿＿ soccer with.

(2) ロンドンは私が訪れた中で最もよい都市の1つです。

London is one of the best cities ＿＿＿＿ ＿＿＿＿ have ever visited.

(3) 先月日本に来た中国の男の子は私たちのチームに加わる予定です。

The Chinese boy ＿＿＿＿ ＿＿＿＿ to Japan last month will join our team.

(4) ハヤトが働いている店にこれまでに行ったことがありますか。

Have you ever been to the shop ＿＿＿＿ Hayato ＿＿＿＿ for?

④ 次の英文を，関係代名詞thatを使って1文に書きかえなさい。 18点

(1) This is the train. I want to take it.

(2) I know the woman. Jack is looking for her.

(3) The lunch was delicious. I ate it at the restaurant.

⑤ グリーン先生(Mr. Green)が話をしています。これを読んで，あとの問いに答えなさい。 26点

　　Do you like to collect something? Some people like to collect things. For example, they collect cards, comic books, stationeries, and clothes. I like to collect watches.

　　Now I have three watches. One of them is the watch that my grandfather gave me as a birthday present. On my birthday, he took me to the department store and bought it for me. ①He (the / I / choose / let / one / me / liked). ②Another one is the black watch. My father used it when he was young. It is an old watch which he bought about 30 years ago. It is still working, and I want to continue to use it. ③Another one is the watch (　　) (　　) (　　). I found the watch when I

成績評価の観点　技…言語や文化についての知識・技能　表…外国語表現の能力

traveled to Germany last summer. It has a blue belt and is very cool.

　　Next week, I have a plan to buy another watch. The watch is ④(sell) in the shop that was opened a month ago. It has a black belt and was made in Italy. I can't wait to buy a nice new watch.

(1) 下線部①が「彼は私が好きなものを私に選ばせてくれました」という意味になるように，(　　) 内の語を正しく並べかえなさい。

(2) 下線部②を関係代名詞thatを使って，1文に書きかえなさい。

(3) 下線部③が「もう1つは私が買った腕時計です」という意味になるように，(　　)に入る適切な語を書きなさい。

(4) 下線部④の(　)内の語を適切な形に直して書きなさい。

6 書く✍ **次のようなとき英語で何と言うか，(　)内の指示に従って書きなさい。**表 24点

(1) 「あなたが話しかけた少女は私の友だちです」と説明するとき。(thatを使って9語で)

(2) 「昨晩読んだ本がおもしろかった」と感想を伝えるとき。

　　(whichとinterestingを使って9語で)

(3) 「これはマイク(Mike)が作ったカップです」と説明するとき。(thatを使って7語で)

❶	(1)		(2)		(3)		❷	(1)		(2)		(3)	
		2点		2点		2点			2点		2点		2点

❸	(1)		(2)	
		5点		5点
	(3)		(4)	
		5点		5点

❹	(1)	
		6点
	(2)	
		6点
	(3)	
		6点

❺	(1)			
		7点		
	(2)			
		7点		
	(3)		(4)	
		7点		5点

❻	(1)	表 8点
	(2)	表 8点
	(3)	表 8点

▶ 表 の印がない問題は全て 技 の観点です。

ぴたトレ
1
要点チェック

PROGRAM 7
Is AI a Friend or an Enemy? 1

時間 **15**分　解答 p.26

〈新出語・熟語 別冊p.12〉

教科書の
重要ポイント　「もし(人)が～だったら」と仮定した言い方　教科書 pp.92 ～ 94・99

If I were a dog, I would sleep all day. 〔もし私がイヌだったら，一日中眠るでしょう。〕

〈would＋動詞の原形〉

主語はIでもwereを使う

[仮定法過去：be動詞の場合]

・現在の事実とは異なる仮定を表して「もし(人)が～だったら，…するでしょう」

→〈If＋主語＋be動詞の過去形 ～, 主語＋would [could]＋動詞の原形 ....〉

・現在のことを表すが，〈if ～〉の中のbe動詞はふつう過去形のwereを使う。

・助動詞wouldやcouldのうしろには動詞の原形を置く。

実際は「私はイヌで
はない」よ。

ナルホド!

If Ami were here, she would help me. 〔もしアミがここにいたら，彼女は私を助けるでしょう。〕

would「～でしょう」／could「～できるでしょう」

主語が3人称単数でもwereを使う

実際は「アミはここにいない」よ。

ナルホド!

Words & Phrases　次の日本語は英語に，英語は日本語にしなさい。

☐(1) shape　　　（　　　　　　　）

☐(2) inside　　　（　　　　　　　）

☐(3) map　　　（　　　　　　　）

☐(4) cleaner　　（　　　　　　　）

☐(5) 提案する,すすめる _____

☐(6) 深い _____

☐(7) オンラインの _____

☐(8) ～をさがす _____ _____ ～

1 日本語に合うように，（ ）内から適切なものを選び，記号を○で囲みなさい。

テストによく出る！
be動詞の形
仮定法過去では〈if～〉の中のbe動詞は主語が何であってもwereを使う。

□(1) もし私の父がここにいたら，その問題を解決するでしょう。

If my father （ ア is　イ were ） here, he would solve the problem.

□(2) もし私があなたなら，助けを求めるでしょう。

If （ ア I am　イ I were ） you, I would ask for help.

□(3) もしポールが東京にいたら，この祭りに参加するでしょう。

If Paul were in Tokyo, （ ア he would join　イ he will join ） this festival.

□(4) もし私の母が中学生だったら，このゲームを楽しめるでしょう。

If my mother were a junior high school student, （ ア she can enjoy this game　イ she could enjoy this game ）.

2 例にならい，「もし私が～だったら，…するでしょう」という意味の文を完成させなさい。

⚠ミスに注意
現在の事実とは異なる仮定を表すときは仮定法。助動詞はwillではなく，wouldを使うよ。

例	(1)	(2)	(3)
a cat / climb the shelf	a bird / fly in the sky	a doctor / save people	a dolphin / swim in the ocean

例 **If I were a cat, I would climb the shelf.**

□(1) If I _____ a bird, I _____ fly in the sky.

□(2) _____ a doctor, _____ people.

□(3) _____

3 日本語に合うように，（ ）内の語句を並べかえなさい。

注目！
「～に…させる」
(3)〈make＋人＋動詞の原形 ～〉で「(人)に～させる」という意味を表す。

□(1) もし彼が日本にいたら，私は彼に会えるでしょう。

(he / in / if / were / Japan), I could see him.

_____, I could see him.

□(2) 私は次に何をするべきか決められません。

(do / decide / to / I / what / next / cannot).

_____.

□(3) 私の兄は昨日，私に部屋の掃除をさせました。

(clean / me / made / my brother / room / the) yesterday.

_____ yesterday.

PROGRAM 7
Is AI a Friend or an Enemy? 2

時間 **15分**　解答 p.26

〈新出語・熟語 別冊p.12〉

教科書の重要ポイント　「もし(人)が〜したら」と仮定した言い方　教科書 pp.92 〜 93・95・99

If I <u>knew</u> Taro's phone number, I <u>could call</u> him.

過去形　　　　　　　　　　　　　　　〈could＋動詞の原形〉

〔もし私がタロウの電話番号を知っていたら，私は彼に電話できるでしょう。〕

[仮定法過去：一般動詞の場合]
・現在の事実とは異なる仮定を表して「もし(人)が〜したら，…するでしょう」
　→〈If＋主語＋一般動詞の過去形 〜, 主語＋would [could]＋動詞の原形 ....〉
・現在のことを表すが，〈if 〜〉の中の動詞は過去形を使う。
・助動詞wouldやcouldのうしろには動詞の原形を置く。

 実際は「私はタロウの電話番号を知らない」よ。

 ナルホド!

If we <u>had</u> a lot of money, we <u>could buy</u> the car.

過去形　　　　　　　　　　　　　　　〈could＋動詞の原形〉

〔もし私たちがたくさんのお金を持っていたら，その車を買えるでしょう。〕

 実際は「私たちはたくさんのお金を持っていない」よ。

 ナルホド!

Words & Phrases　次の日本語は英語に，英語は日本語にしなさい。

☐(1) quickly　（　　　　　　　　）　　☐(6) 切符，券　＿＿＿＿＿＿＿＿＿＿

☐(2) imagine　（　　　　　　　　）　　☐(7) 選択肢　＿＿＿＿＿＿＿＿＿＿

☐(3) ability　（　　　　　　　　）　　☐(8) 処理する, 整理する＿＿＿＿＿＿＿＿＿＿

☐(4) select　（　　　　　　　　）　　☐(9) 機会，チャンス＿＿＿＿＿＿＿＿＿＿

☐(5) expert　（　　　　　　　　）　　☐(10) 休憩する　＿＿＿＿＿ a ＿＿＿＿＿

1 日本語に合うように，（ ）内から適切なものを選び，記号を○で囲みなさい。

テストによく出る！

**仮定法のifと
条件を表すif**

仮定法のifの文では過去形やwould[could]が，条件を表すifの文では現在形やwillが使われることが多い。仮定法の文か，条件を表す文かを見極める手がかりにしよう。

☐(1) もし私にもっと時間があれば，あなたといっしょに夕食を食べるでしょう。

If I (ア have イ had) more time, I would have dinner with you.

☐(2) もし私が祖母の家の近くに住んでいたら，彼女に毎日会えるでしょう。

If I lived near my grandmother's house, I (ア can meet イ could meet) her every day.

☐(3) もしユミが動物が好きなら，その本を買うでしょう。

If (ア Yumi liked animals イ Yumi likes animals), she would buy the book.

☐(4) もし彼がその知らせを知っていたら，彼は悲しく感じるでしょう。

If he knew the news, (ア he will feel sad イ he would feel sad).

2 日本語に合うように，＿＿＿に適切な語を書きなさい。

注目！

〈if 〜〉の位置

〈if 〜〉は文の前半にも，後半にも置くことができる。

☐(1) もし私がカメラを持っていたら，あなたに貸せるでしょう。

If I had a camera, I ＿＿＿＿＿＿ ＿＿＿＿＿＿ it to you.

☐(2) もし私が百万ドルを手に入れたら，世界じゅうを旅行するでしょう。

I would travel around the world ＿＿＿＿＿＿ I ＿＿＿＿＿＿ a million dollars.

☐(3) もし彼が事実を知っていたら，あなたにそれを伝えるでしょう。

If he knew the fact, he ＿＿＿＿＿＿ ＿＿＿＿＿＿ it to you.

☐(4) もしあなたがその音を聞いたら，あなたは驚くでしょう。

＿＿＿＿＿＿ ＿＿＿＿＿＿ ＿＿＿＿＿＿ the sound, you would be surprised.

3 日本語に合うように，（ ）内の語句を並べかえなさい。

⚠ミスに注意

(3)「〜された…」は〈名詞＋過去分詞〜〉の語順になるよ。

☐(1) もしあなたがかぎを持っていたら，そのドアを開けられるでしょう。

(the door / had / you / you / the key / open / could / if / ,).

＿＿＿＿＿＿＿＿＿＿＿＿＿＿＿＿＿＿＿＿＿＿＿ .

☐(2) 彼は今朝からずっとその手紙を待っています。

(has / the letter / since / waiting / he / been / for) this morning.

＿＿＿＿＿＿＿＿＿＿＿＿＿＿＿＿＿ this morning.

☐(3) 私は日本で作られたかばんを買いました。

(a bag / Japan / I / made / bought / in).

＿＿＿＿＿＿＿＿＿＿＿＿＿＿＿＿＿＿＿＿＿＿＿ .

ぴたトレ
1
要点チェック

PROGRAM 7
Is AI a Friend or an Enemy? ③

時間 **15分**

解答 p.27

〈新出語・熟語 別冊p.12〉

教科書の重要ポイント 「～ならいいのに」と願望を表す言い方 教科書 pp.92～93・96・99

I wish I <u>could play</u> the guitar. 〔ギターをひくことができればいいのに。〕

〈could＋動詞の原形〉

- 現在の事実と違う願望を表して「～ならいいのに」→〈I wish＋主語＋（助）動詞の過去形〉
- wishは実現する可能性の低い願望を表すときに使う。
- I wishのうしろに続く文の動詞は，be動詞の過去形，一般動詞の過去形，および助動詞の過去形を使って表す。 would, could

実際は「ギターをひくことができない」よ。

ナルホド！

I wish Doraemon <u>were</u> at home. 〔ドラえもんが家にいたらいいのに。〕

— be動詞の過去形は主語が何でもwereを使う

I wish I <u>knew</u> the answer. 〔答えを知っていたらいいのに。〕

一般動詞の過去形

実際は「答えを知らない」よ。

ナルホド！

Words & Phrases 次の日本語は英語に，英語は日本語にしなさい。

☐(1) cancer （　　　　　）　　☐(6) 病気 ＿＿＿＿＿＿＿

☐(2) correctly （　　　　　）　　☐(7) 便利な ＿＿＿＿＿＿＿

☐(3) unbelievable （　　　　　）　　☐(8) 手術 ＿＿＿＿＿＿＿

☐(4) feeling （　　　　　）　　☐(9) 患者 ＿＿＿＿＿＿＿

☐(5) heater （　　　　　）　　☐(10) これからは ＿＿＿ ＿＿＿ ＿＿＿

1 日本語に合うように，（　）内から適切なものを選び，記号を○で囲みなさい。

テストによく出る!
I wishの文
I wishのうしろの文の助動詞や動詞は過去形にする。

□(1) テニスが得意ならいいのに。

I wish I（ ア am　イ were ）good at playing tennis.

□(2) 学校の近くに住んでいたらいいのに。

I wish（ ア I will live　イ I lived ）near the school.

□(3) ナンシーが私たちのチームの一員ならいいのに。

I wish（ ア Nancy were a member　イ Nancy will be a member ）of our team.

□(4) 彼女がパーティーに来られたらいいのに。

I wish（ ア she could come to the party　イ she comes to the party ）.

2 例にならい，「私が〜ならいいのに」という意味の文を完成させなさい。

⚠ミスに注意
(3)I wishのあとに続く文では，be動詞はふつうwereを使うよ。

| 例 你好 can speak Chinese | (1) can play the violin | (2) have a brother | (3) be a bird |

例 **I wish I could speak Chinese.**

□(1) I wish I ＿＿＿＿＿＿ ＿＿＿＿＿＿ the violin.

□(2) I ＿＿＿＿＿＿ I ＿＿＿＿＿＿＿＿＿＿＿＿＿.

□(3) ＿＿＿＿＿＿＿＿＿＿＿＿＿＿＿＿＿＿＿＿＿

3 日本語に合うように，（　）内の語句を並べかえなさい。

注目!
mayの意味
(3)助動詞のmayには「〜してもよい」という意味のほかに「〜かもしれない」という意味がある。

□(1) そのコンサートの券が買えたらいいのに。

(wish / buy / the / could / I / ticket / I / for) the concert.

＿＿＿＿＿＿＿＿＿＿＿＿＿＿＿＿＿＿ the concert.

□(2) 私の母は父よりも早口で話します。

(speaks / my mother / than / quickly / more) my father.

＿＿＿＿＿＿＿＿＿＿＿＿＿＿＿＿＿ my father.

□(3) 彼らは機会を失うかもしれません。

(lose / their / they / chance / may).

＿＿＿＿＿＿＿＿＿＿＿＿＿＿＿＿＿＿＿＿.

❶ （ ）に入る適切な語句を選び，記号を○で囲みなさい。

> 文全体の意味を考えよう。

□(1) If I (　　) near the sea, I would often swim.

　　ア live　　イ lives　　ウ lived　　エ living

□(2) If it were sunny, we (　　) play soccer in the park.

　　ア can　　イ could　　ウ will　　エ may

□(3) I wish I (　　) more time to read books.

　　ア will have　　イ have　　ウ had　　エ has

❷ 日本語に合うように，＿＿＿に適切な語を書きなさい。

□(1) マイクが日本にいたらいいのに。

　　I ＿＿＿＿＿＿＿ Mike ＿＿＿＿＿＿＿ in Japan.

□(2) もし父が私にお金をくれたら，この自転車が買えるでしょう。

　　I could buy this bike ＿＿＿＿＿＿＿ my father ＿＿＿＿＿＿＿ me some money.

□(3) もし私がその答えを知っていたら，あなたに教えるでしょう。

　　If I ＿＿＿＿＿＿＿ the answer, I ＿＿＿＿＿＿＿ tell it to you.

❸ 日本語に合うように，（ ）内の語を並べかえなさい。

□(1) もし私がもっと背が高かったら，バレーボールをするでしょう。

　　(volleyball / if / I / I / taller / were / would / play / ,).

　　＿＿＿＿＿＿＿＿＿＿＿＿＿＿＿＿＿＿＿＿＿＿＿＿＿＿＿＿＿．

□(2) その歌が歌えたらいいのに。

　　(song / I / sing / wish / I / could / the).

　　＿＿＿＿＿＿＿＿＿＿＿＿＿＿＿＿＿＿＿＿＿＿＿＿＿＿＿＿＿．

□(3) もし彼女が2本ペンを持っていたら，1本貸せるでしょう。

　　(two / lend / if / she / she / could / one / had / pens / ,).

　　＿＿＿＿＿＿＿＿＿＿＿＿＿＿＿＿＿＿＿＿＿＿＿＿＿＿＿＿＿．

❹ 次の英文を，Ifで始まる仮定法過去の文に書きかえなさい。

□(1) I don't have a textbook, so I can't study.

　　＿＿＿＿＿＿＿＿＿＿＿＿＿＿＿＿＿＿＿＿＿＿＿＿＿＿＿＿＿

□(2) I'm not free, so I can't go there with you.

　　＿＿＿＿＿＿＿＿＿＿＿＿＿＿＿＿＿＿＿＿＿＿＿＿＿＿＿＿＿

ヒント ❷(1)「日本にいたらいいのに」はbe動詞を使う。
❹(1)「もし～を持っていたら，…できるでしょう」という文に書きかえる。

5 読む 次の対話文を読んで，あとの問いに答えなさい。

Daniel: What are you searching for, Mom?

Helen : I want to buy a new vacuum cleaner but ①cannot decide (　　) one to buy.

Daniel : ②(もし私があなただったら), I would buy a robot vacuum cleaner.

Helen : That sounds good.

Daniel : By the way, ③how can it clean rooms of different shapes?

Helen : It has AI inside, so it remembers the maps of the rooms.

Daniel : Wow! AI is amazing!

Helen : Yes.

□(1) 下線部①が「どの掃除機を買ったらよいか決められません」という意味になるように，（　）に入る適切な語を書きなさい。

_____

□(2) 下線部②の（　）内の日本語を英語にしなさい。

_____

□(3) 下線部③の英文の日本語訳を完成させなさい。

（　　　　　　　　　　　　　　　　　　　　　　　　　　）を掃除できるのでしょうか。

6 話す 次の英文を読んで，あとの問いに答えなさい。答え合わせのあと，発音アプリの指示に従って，問題文と解答を声に出して読みなさい。アプリ

　Have you ever eaten soup curry? It was created as a local food of Sapporo. Later, it became famous across Japan and overseas. Many visitors visit Sapporo and enjoy soup curry. I also like soup curry very much. I wish I could eat it every day.

(注)curry カレー

□(1) Where was soup curry created?

　—_____

□(2) What do many visitors do when they visit Sapporo?

　—_____

PROGRAM 7

ヒント　**5** (1)空所のあとのoneは掃除機のことを指している。「どの~」を表す疑問詞を考える。

❶ 下線部の発音が同じものには〇を，そうでないものには×を，解答欄に書きなさい。 6点

(1) in<u>si</u>de
  on<u>li</u>ne （　　）

(2) p<u>a</u>tient
  v<u>a</u>cuum （　　）

(3) pr<u>o</u>cess
  s<u>o</u>mething （　　）

❷ 最も強く発音する部分の記号を解答欄に書きなさい。 6点

(1) mu - si - cal
 ア イ ウ

(2) i - mag - ine
 ア イ ウ

(3) con - ven - ient
 ア イ ウ

❸ 日本語に合うように，＿＿＿に入る適切な語を書きなさい。 20点

よく出る (1) もしあなたが東京に滞在していたら，私はあなたに会いに行くでしょう。

 If ＿＿＿＿ ＿＿＿＿ in Tokyo, I would come to see you.

(2) 新しいスマートフォンを持っていたらいいのに。

 I ＿＿＿＿ I ＿＿＿＿ a new smartphone.

(3) もし風が強くなかったら，彼らは窓を開けることができるでしょう。

 If it were not windy, they ＿＿＿＿ ＿＿＿＿ the window.

(4) もしこの町に大きな公園があったら，私は友だちとサッカーをするでしょう。

 If ＿＿＿＿ ＿＿＿＿ a big park in this town, I would play soccer with my friends.

❹ 日本語に合うように，（　）内の語を並べかえなさい。 14点

(1) もし私が疲れていたら，休憩するでしょう。

 (would / were / a / I / I / tired / have / if / break / ,).

(2) あなたが私といっしょにいられたらいいのに。

 (you / wish / with / could / I / me / be).

❺ 美術館でルーシーとマイが会話をしています。これを読んで，あとの問いに答えなさい。 30点

Lucy : This is my first time to come to this art museum.

Mai : Me, too! Oh, ①<u>look at that picture of the mountains (snow / that / covered / with / are)</u>. It's very beautiful.

Lucy : Yes, I like that picture. I wish Becky ②<u>(is)</u> here. She likes to see pictures.

Mai : Really? Let's come here with her next time.

Lucy : That's a good idea. Can we take photos here?

Mai : No, we can't.

Lucy : ③<u>If I took photos, I could show them to her.</u>

Mai : If I were you, ④<u>(　　) (　　) (　　) postcards of the pictures and give them to her.</u>

Lucy : Where can I buy the postcards?

　Mai : They must be sold at that store.

Lucy : （　⑤　）I check before we go home? I want to buy some postcards for her.

　Mai : Sure!

(1) 下線部①の（　）内の語を正しく並べかえなさい。

(2) 下線部②の（　）内の語を適切な形に直して書きなさい。

(3) 下線部③を日本語にしなさい。

(4) 下線部④が「その絵のはがきを買って，彼女にあげるでしょう」という意味になるように，（　）に入る適切な語を書きなさい。

(5) （　⑤　）に入る適切な語を選び，記号を書きなさい。

　　ア Will　　イ May　　ウ Must

6 書く 次のようなとき英語で何と言うか，（　）内の指示に従って書きなさい。 表 24点

(1) 「私がロンドンに住んでいたらいいのに」と現在の事実と違う願望を表すとき。

（wishを使って6語で）

(2) 「もし私がヘッドホンを持っていたら，音楽を聞けるでしょう」と現在の事実とは違う仮定を表すとき。 （ifを使って9語で）

(3) 「もし明日晴れたら，野球をしましょう」と相手を誘うとき。(ifを使って8語で)

❶	(1)		(2)		(3)		❷	(1)		(2)		(3)	
		2点		2点		2点			2点		2点		2点

❸	(1)			(2)	
			5点		5点
	(3)			(4)	
			5点		5点

❹	(1)	·
		7点
	(2)	·
		7点

❺	(1)		(2)	
		7点		5点
	(3)			
				7点
	(4)		(5)	
		7点		4点

❻	(1)	表 8点
	(2)	表 8点
	(3)	表 8点

▶ 表 の印がない問題は全て 技 の観点です。

PROGRAM 7

ぴたトレ
1
要点チェック

**Reading 2
Malala's Voice for the Future 1**

時間 **10分**
解答 p.29

〈新出語・熟語 別冊p.13〉

教科書の
重要ポイント **受け身の文** 教科書 pp.100～101

The message was received by Tom. 〔そのメッセージはトムによって受けとられました。〕
　　　　　　　 〈be動詞＋過去分詞〉 ── 動作を行った人は〈by ～〉で表す

The man was quickly rescued. 〔その男性はすばやく救助されました。〕
　　　　　 〈be動詞〉　　〈過去分詞〉

動詞を説明する副詞はbe動詞と過去分詞の間に置くことができる

- ・「～される，～された」と言うときは，受け身〈be動詞＋過去分詞〉の形で表す。
- ・be動詞は現在の文ではam, is, areを，過去の文ではwas, wereを使う。
- ・「～によって」と動作の行為者を示すときは，〈by ～〉で表す。

\ナルホド!/

Words & Phrases 次の日本語は英語に，英語は日本語にしなさい。

□(1) schoolgirl （　　　　　　　）　□(3) 解決策 ＿＿＿＿＿＿＿

□(2) gunman （　　　　　　　）　□(4) 深く ＿＿＿＿＿＿＿

1 次の文を下線部を主語にして，受け身の文に書きかえなさい。

□(1) The computers process the information.
＿＿＿＿＿＿＿＿＿＿＿＿＿＿＿＿＿＿＿＿＿＿＿

□(2) We celebrated Jane's birthday.
＿＿＿＿＿＿＿＿＿＿＿＿＿＿＿＿＿＿＿＿＿＿＿

□(3) Why did they use this room?
＿＿＿＿＿＿＿＿＿＿＿＿＿＿＿＿＿＿＿＿＿＿＿

2 日本語に合うように，（　）内の語を並べかえなさい。

□(1) その質問は繰り返したずねられました。
(repeatedly / question / was / the) asked.
＿＿＿＿＿＿＿＿＿＿＿＿＿＿＿＿＿ asked.

□(2) この窓は彼らによって壊されたのではありません。
(by / not / window / them / was / this / broken).
＿＿＿＿＿＿＿＿＿＿＿＿＿＿＿＿＿＿ .

テストによく出る!

不規則動詞

不規則に変化する動詞の
活用を正確に覚えよう。

- ・know-knew-known
- ・break-broke-broken
- ・write-wrote-written
- ・sing-sang-sung
- ・build-built-built
- ・make-made-made
- ・hold-held-held
- ・read-read-read

　　　　　　　など

ぴたトレ
1
要点チェック

Reading 2
Malala's Voice for the Future ②

時間
10分

解答
p.29

〈新出語・熟語 別冊p.13〉

教科書の
重要ポイント
時を表す語句
教科書p.102

One day, he met a girl who was looking for her dog.
「ある日」
〔ある日，彼はイヌをさがしている少女に会いました。〕

After that, she went to the bookstore to buy some books.
「そのあと」
〔そのあと，彼女は本を買うために書店へ行きました。〕

Later, I found that she didn't know about it.
「後に」
〔後に，私は彼女がそれについて知らなかったと気づきました。〕

・時系列で伝えるときは，時を表す語句を使うとわかりやすい。

〈in＋年〉，〈on＋日付〉などもよく使われるよ。

ナルホド！

Words & Phrases 次の日本語は英語に，英語は日本語にしなさい。

□(1) northern （　　　　　　）　□(3) 集団，一団 _____

□(2) miserable （　　　　　　）　□(4) 自由 _____

1 日本語に合うように，____に適切な語を書きなさい。

□(1) そのあと，ポールはよい成績を取りました。

_____ _____, Paul got a good grade.

□(2) ある日，彼らは山にキャンプに行きました。

_____ _____, they went camping in the

mountain.

2 日本語に合うように，（　）内の語を並べかえなさい。

□(1) 後に，彼のブログは多くの人々を怒らせました。

(made / blog / people / his / many / later / angry / ,).

_____.

□(2) 彼らは食べ物を床の下にかくさなければなりませんでした。

(to / under / had / their food / the floor / they / hide).

_____.

注目!

mustとhave to ～

(2)must「～しなければな
らない」はhave to ～
とほぼ同じ意味を表す
が，mustには過去形
がないので，「～しな
ければならなかった」
はhad to ～で表す。

Reading 2
Malala's Voice for the Future ③

時間 **10分**

解答 p.29

〈新出語・熟語 別冊p.13〉

教科書の重要ポイント | 比較級・最上級を使った表現 | 教科書p.103

He was <u>happier</u> **than ever.**　〔彼はかつてないほど幸せでした。〕

比較級　「これまでよりも」

- 〈比較級＋than〉の形で「…よりも〜」という意味を表す。
- than everで「これまでより，かつてないほど」という意味になる。

He was <u>the oldest</u> **player to win this match.**　〔彼はこの試合に勝ったいちばん年上の選手でした。〕

最上級　名詞　名詞を説明する〈to＋動詞の原形〉

- 〈the＋最上級〉の形で「最も〜」を表す。
- 〈the＋最上級＋名詞〉のあとに〈to＋動詞の原形〜〉を続けて，名詞をさらに詳しく説明することができる。

Words & Phrases 次の日本語は英語に，英語は日本語にしなさい。

□(1) silent 　（　　　　　　　　）　　□(2) 回復する 　＿＿＿＿＿＿＿＿

1 日本語に合うように，＿＿に適切な語を書きなさい。

□(1) 情報はかつてないほど重要になっています。

Information becomes ＿＿＿＿＿＿ ＿＿＿＿＿＿

than ever.

□(2) アキはこの家に住むいちばん年下の子どもです。

Aki is the ＿＿＿＿＿＿ ＿＿＿＿＿＿ to live in this house.

2 日本語に合うように，（　）内の語句を並べかえなさい。

□(1) これはこの市に建てられているいちばん高い塔です。

(tallest / this city / tower / is / be / this / the / in / to / built).

＿＿＿＿＿＿＿＿＿＿＿＿＿＿＿＿＿＿＿＿＿＿＿＿＿.

□(2) 彼は東京の病院に運ばれました。

(hospital / taken / Tokyo / he / to / in / was / a).

＿＿＿＿＿＿＿＿＿＿＿＿＿＿＿＿＿＿＿＿＿＿＿＿＿.

⚠ミスに注意

(2)〈take ＋ 人 ＋ to 〜〉「(人)を〜へ連れていく」を受け身の形で表すよ。

Reading 2
Malala's Voice for the Future ④

教科書の重要ポイント　〈前置詞＋動名詞〉/〈let＋目的語＋動詞の原形〉　教科書 pp.104～105

I decided to read a book instead of watching TV.
　　　　　　　　　　　　　　　　　　　　　　━━ 動名詞

〔私はテレビを見る代わりに本を読むことに決めました。〕

- 前置詞のあとに動詞が続く場合は，動名詞 (動詞の-ing形)にする。
- instead of ～で「～の代わりに」という意味を表す。

Please let us know if you need our help.　〔私たちの助けが必要なら，私たちに知らせてください。〕
　　　　〈let＋人＋動詞の原形〉

- 〈let＋～(人など)＋動詞の原形〉で「～が…するのを許す，～に…させてやる」。

Words & Phrases　次の日本語は英語に，英語は日本語にしなさい。

☐(1) soldier　　（　　　　　　　）　　☐(3) 現実　　＿＿＿＿＿＿＿＿＿

☐(2) effective　（　　　　　　　）　　☐(4) 故郷の町　＿＿＿＿＿＿＿＿＿

① 日本語に合うように，（　）内から適切なものを選び，記号を○で囲みなさい。

☐(1) メアリーはピアノをひくのが得意ですか。

Is Mary good at (ア play　イ playing) the piano?

☐(2) 私の父は私に色を選ばせてくれました。

My father let me (ア choose　イ chose) the color.

② 日本語に合うように，（　）内の語句を並べかえなさい。

☐(1) あなたのために私たちに夕食を作らせてください。

(for / dinner / us / cook / let / you).

＿＿＿＿＿＿＿＿＿＿＿＿＿＿＿＿＿＿＿＿＿＿＿.

☐(2) メールを送る代わりに，手紙を書きなさい。

(a letter / an email / sending / instead / write / of / ,).

＿＿＿＿＿＿＿＿＿＿＿＿＿＿＿＿＿＿＿＿＿＿＿.

注目!

動名詞を使ったいろいろな表現

- be good at ～ing「～することが得意である」
- be interested in ～ing「～することに興味がある」
- Thanks for ～ing.「～してくれてありがとう」

1 ( )に入る適切な語を選び，記号を〇で囲みなさい。

☐(1) The students were ( ) by his speech.

　　ア move　　イ moved　　ウ moves　　エ moving

☐(2) ( ) day, I was walking on the street.

　　ア After　　イ For　　ウ On　　エ One

☐(3) I had coffee instead of ( ) cookies.

　　ア eat　　イ ate　　ウ eating　　エ eaten

文全体の意味を
考えよう。

2 日本語に合うように，＿＿に適切な語を書きなさい。

☐(1) なぜその男性は襲われたのですか。

　　Why ＿＿＿＿＿＿ the man ＿＿＿＿＿＿?

☐(2) 私たちに説明させてください。

　　＿＿＿＿＿＿ us give you an ＿＿＿＿＿＿.

☐(3) そのあと，彼はバスケットボールチームに加わりました。

　　＿＿＿＿＿＿ ＿＿＿＿＿＿, he joined the basketball team.

3 日本語に合うように，( )内の語を並べかえなさい。

☐(1) その値段はかつてないほど高いです。

　　(than / higher / the / is / ever / price).

　　＿＿＿＿＿＿＿＿＿＿＿＿＿＿＿＿＿＿＿＿＿＿.

☐(2) 彼は勉強せずに試験に合格しました。

　　(the exam / without / passed / studying / he).

　　＿＿＿＿＿＿＿＿＿＿＿＿＿＿＿＿＿＿＿＿＿＿.

☐(3) 彼女は私たちを彼女の家に泊めてくれました。

　　(let / she / her / us / at / stay / house).

　　＿＿＿＿＿＿＿＿＿＿＿＿＿＿＿＿＿＿＿＿＿＿.

4 次の英文を，( )内の指示に従って書きかえなさい。

☐(1) They easily solved the question. （下線部を主語にして受け身の文に）

　　＿＿＿＿＿＿＿＿＿＿＿＿＿＿＿＿＿＿＿＿＿＿＿＿＿＿＿

☐(2) This is an interesting story. （of allを加えて最上級の文に）

　　＿＿＿＿＿＿＿＿＿＿＿＿＿＿＿＿＿＿＿＿＿＿＿＿＿＿＿

ヒント　**2** (2)「あなたに説明する」を〈give＋人＋もの〉の形で表す。
　　　　3 (2)withoutは「〜なしで」という意味の前置詞。

⑤ 読む📖 次の英文を読んで，あとの問いに答えなさい。

Malala was born in the Swat Valley of northern Pakistan. It was a very beautiful place. One day a Taliban group came to her town. After that, her life changed very much. People had no freedom. Girls could not go to school freely. "When we went to school, ①we (　　) (　　) (　　) our books under our shawls," said Malala.

Malala wrote about the miserable life there in her blog. ②(the Taliban / made / that / angry / very). Later, on October 9, 2012, a gunman shot her on a school bus.

The attack on Malala became big news throughout the world. Immediately she was taken to a hospital in the U.K. and recovered miraculously. After that, ③(彼女の声はかつてないほど強かったです). "We raised our voices for the rights of education. When the whole world is silent, then even one voice becomes powerful," said Malala.

In 2014, the Nobel Peace Prize was awarded to Malala. ④She became the youngest person in history to receive the prize.

☐(1) 下線部①が「私たちはショールの下に本をかくさなくてはなりませんでした」という意味になるように，（　）に入る適切な語を書きなさい。

——————————　——————————　——————————

☐(2) 下線部②が意味の通る英文になるように，（　）内の語句を並べかえなさい。

——.

☐(3) 下線部③の（　）内の日本語を英語にしなさい。

——

☐(4) 下線部④の英文の日本語訳を完成させなさい。

彼女は（　　　　　　　　　　　　　　　　　　　　　　　　　　　　　）。

☐(5) 本文の内容について，次の問いに3語以上の英語で答えなさい。

ア Where was Malala born?

——

イ Were girls free to have an education under the Taliban's control?

——

ウ When was Malala shot by a gunman?

——

Special Project
中学校の思い出を残そう

教科書の重要ポイント 〈It is ～ to ....〉/ how to ～ 　教科書 pp.106 ～ 108

<u>To read books</u> is interesting.

長い主語をうしろに置く

It is interesting to read books. 〔本を読むことはおもしろいです。〕

仮の主語itを文頭に

・〈It is ～ to ....〉で「…するのは～である」の意味を表す。

・to …の動作を行う人を示すときは，〈for＋人〉をto …の前に置く。

It was important for us to work together. 〔私たちにとっていっしょに働くことは大切でした。〕

to workの主語はus

〈for＋人〉は「(人)が」「(人)にとって」などと訳そう。

I learned <u>how to</u> cook *okonomiyaki* from my mother.

「作り方」

〔私は母からお好み焼きの作り方を学びました。〕

・〈how to＋動詞の原形〉で「どのように～するか，～の仕方」の意味を表す。

・ほかにも〈疑問詞＋to＋動詞の原形〉の形で，次のような意味を表す。

I didn't know <u>what to</u> say. 〔私は何を言ったらよいかわかりませんでした。〕

「何を言ったらよいか」

Do you know <u>when to</u> start the meeting? 〔いつ会合を始めたらよいか知っていますか。〕

「いつ始めたらよいか」

Please ask her <u>where to</u> put the box. 〔その箱をどこに置いたらよいか彼女にたずねてください。〕

「どこに置いたらよいか」

Words & Phrases 次の日本語は英語に，英語は日本語にしなさい。

□(1) kindness 　(　　　　　　　　)　　□(3) spendの過去形 ＿＿＿＿＿＿＿＿＿＿

□(2) victory 　(　　　　　　　　)　　□(4) 意味のある ＿＿＿＿＿＿＿＿＿＿

1 日本語に合うように，（ ）内から適切なものを選び，記号を〇で囲みなさい。

☐(1) 彼は速く走る方法を知っています。

He knows how（ **ア** to run　**イ** run ）fast.

☐(2) テレビゲームをするのは楽しいです。

（ **ア** It's　**イ** That's ）fun to play video games.

☐(3) 彼女は私にその店で何を買うかを教えました。

She told me（ **ア** when to　**イ** what to ）buy at the store.

☐(4) ジェーンはいつ出発するのか私に教えませんでした。

Jane didn't tell me（ **ア** when to　**イ** what to ）leave.

☐(5) ポールにとってギターをひくのは難しいです。

It is difficult（ **ア** to Paul　**イ** for Paul ）to play the guitar.

2 日本語に合うように，＿＿に適切な語を書きなさい。

☐(1) 私たちにとって最善をつくすことが大切でした。

It was important ＿＿＿＿＿ ＿＿＿＿＿ to do our best.

☐(2) 彼が私に魚の捕まえ方を教えてくれました。

He taught me ＿＿＿＿＿ ＿＿＿＿＿ catch fish.

☐(3) ボブにとってコンピュータを使うのはたやすいです。

It is ＿＿＿＿＿ for Bob to ＿＿＿＿＿ a computer.

☐(4) いつカナと話したらよいか私に教えてください。

Please tell me ＿＿＿＿＿ ＿＿＿＿＿ talk with Kana.

☐(5) 私はたいてい朝に何を着るか決めます。

I usually decide ＿＿＿＿＿ ＿＿＿＿＿ wear in the morning.

3 日本語に合うように，（ ）内の語句を並べかえなさい。

☐(1) あなたにとって休むことが必要です。

(for / to / is / you / rest / it / necessary / get).

＿＿＿＿＿＿＿＿＿＿＿＿＿＿＿＿＿＿＿＿＿＿＿＿＿.

☐(2) 彼女が持ってきた昼食はとてもおいしかったです。

(she / the / was / lunch / delicious / brought).

＿＿＿＿＿＿＿＿＿＿＿＿＿＿＿＿＿＿＿＿＿＿＿＿＿.

☐(3) 遠足は私にとってとても特別でした。

(special / was / me / the field trip / so / to).

＿＿＿＿＿＿＿＿＿＿＿＿＿＿＿＿＿＿＿＿＿＿＿＿＿.

注目！

関係代名詞の省略
(2)「彼女が持ってきた昼食」を〈名詞＋主語＋動詞〉の語順で表す。名詞のあとに目的格の関係代名詞which[that]が省略された形になっている。

Word Web 3
オリンピック競技・パラリンピック競技

時間 **15分**
解答 p.31

〈新出語・熟語 別冊p.13〉

教科書の重要ポイント | **いろいろな競技名** | 教科書p.109

I want to play handball.
「ハンドボール」
〔私はハンドボールをしたいです。〕

She is a sport climbing player.
「スポーツクライミング」
〔彼女はスポーツクライミングの選手です。〕

They will compete in gymnastics.
「体操」
〔彼らは体操に参加する予定です。〕

handball   sport climbing   gymnastics

I want to watch wheelchair tennis.
「車いすテニス」
〔私は車いすテニスが見たいです。〕

Have you ever played boccia?
「ボッチャ」
〔あなたはこれまでにボッチャをやったことがありますか。〕

We have the tickets for the sitting volleyball game.
「シッティングバレーボール」
〔私たちはシッティングバレーボールの試合のチケットを持っています。〕

wheelchair tennis   boccia   sitting volleyball

Words & Phrases 次の日本語は英語に，英語は日本語にしなさい。

☐(1) wheelchair （   ）

☐(2) canoe （   ）

☐(3) オリンピックの ＿＿＿＿＿＿＿＿＿＿＿

☐(4) パラリンピックの ＿＿＿＿＿＿＿＿＿＿＿

1 日本語に合うように，（　）内から適切なものを選び，記号を○で囲みなさい。

□(1) あなたはこれまでに水球をやったことがありますか。

Have you ever played (ア water ball　イ water polo)?

□(2) 私の父はボートの選手でした。

My father was a (ア sailing　イ rowing) athlete.

□(3) サーフィンはわくわくしますか。

Is (ア shooting　イ surfing) exciting?

□(4) 彼らは昨夜，ゴールボールの試合を見ました。

They watched (ア the goalball game　イ the football game) last night.

> **テストによく出る!**
> play
> 「(スポーツを)する」は
> playを使う。

2 例にならい，「もし私がオリンピック選手なら，〜に参加するでしょう」という意味の文を完成させなさい。

> **注目!**
> 仮定法過去
> 現実とは異なる仮定を表すときは，仮定法過去〈If＋主語＋動詞の過去形〜，主語＋would[could]＋動詞の原形 ....〉を使う。

例 **If I were an Olympic athlete, I would compete in boxing.**

□(1) If I ＿＿＿＿＿＿ an Olympic athlete, I would compete in ＿＿＿＿＿.

□(2) ＿＿＿＿＿＿＿＿＿＿＿＿＿＿＿＿ an Olympic athlete, I ＿＿＿＿＿ compete in ＿＿＿＿＿.

□(3) ＿＿＿＿＿＿＿＿＿＿＿＿＿＿＿＿＿＿＿＿＿

3 日本語に合うように，（　）内の語句を並べかえなさい。

□(1) 私の妹はトライアスロンの選手です。

(a / athlete / triathlon / sister / is / my).

＿＿＿＿＿＿＿＿＿＿＿＿＿＿＿＿＿＿.

□(2) レスリングに参加したいですか。

(compete / you / like / in / would / to / wrestling)?

＿＿＿＿＿＿＿＿＿＿＿＿＿＿＿＿＿＿?

□(3) もし私が教師なら理科を教えるでしょう。

(science / a teacher / teach / would / were / if / I / I / ,).

＿＿＿＿＿＿＿＿＿＿＿＿＿＿＿＿＿＿.

> **⚠ミスに注意**
> compete in〜の形で「〜(競技など)に参加する」の意味になるよ。

Further Reading 1
The Ig Nobel Prize ①

| 教科書の重要ポイント | 現在完了／現在完了進行形 | 教科書p.110 |

〈have＋過去分詞〉

① **I have *just* finished my homework.** 〔私はちょうど宿題を終えたところです。〕

完了用法では just「ちょうど」，already「すでに」がよく使われる

② **I have been to Canada *twice*.** 〔私は2回カナダに行ったことがあります。〕

経験用法では once「一度」，twice「2回」，～ times「～回」などがよく使われる

③ **He has stayed here *since* last week.** 〔彼は先週からずっとここに滞在しています。〕

継続用法では since「～以来」，for「～の間」がよく使われる

・現在完了〈have [has]＋過去分詞〉には，次の3つの用法がある。

① 完了「～したところだ」：現在の時点で，物事が完了した状態であることを表す。

② 経験「(今までに)～したことがある[ない]」：現在までに経験したことの回数や頻度などを表す。

③ 継続「(ずっと)～している」：過去のあるときに始まった状態が，現在まで続いていることを表す。

She has been waiting for the email for three days.

〈has been＋動詞の-ing形〉 — 動作を表す動詞　　〔彼女は3日間そのメールをずっと待っています。〕

・動作が「現在まで続いている」ことを表すときは，現在完了進行形〈have [has] been＋動詞の-ing形〉を使うことが多い。

> stay, want, likeなどの状態を表す動詞の場合は現在完了〈have [has]＋過去分詞〉で表すよ。

| Words & Phrases | 次の日本語は英語に，英語は日本語にしなさい。 |

□(1) surprisingly （　　　　　　）

□(2) improbable （　　　　　　）

□(3) successful （　　　　　　）

□(4) giveの過去分詞形 _____

□(5) 過去，昔 _____

□(6) ばかばかしい，ばかげた _____

1 日本語に合うように，（ ）内から適切なものを選び，記号を○で囲みなさい。

□(1) 私の姉は2時間ずっと家を掃除しています。

My sister has been （ ア cleaning イ cleaned ） the house for two hours.

□(2) あなたは彼の話を聞きましたか。

（ ア Do イ Have ） you heard his story?

□(3) 彼はちょうど車を洗ったところです。

He （ ア has just washed イ has been washing ） his car.

□(4) 私は京都に一度も行ったことがありません。

I （ ア have never been イ never go ） to Kyoto.

テストによく出る!

現在完了

現在完了〈have[has]＋過去分詞〉は過去のできごとが，何らかの形で現在とつながっていることを表し，「完了」「経験」「継続」の用法がある。

2 例にならい，「—は…の間[以来]ずっと～しています」という意味の文を完成させなさい。

例	(1)	(2)	(3)
I / study English	she / read a book	it / rain	they / look for their cat

注目!

forとsinceの使い分け

for

→「期間」や「時間」を表す語句の前に置く。

since

→「過去の一時点」を表す語句や過去の文の前に置く。

例 **I have been studying English for an hour.**

□(1) She ＿＿＿＿＿＿ been ＿＿＿＿＿＿ a book for three hours.

□(2) ＿＿＿＿＿＿＿＿＿＿＿＿＿＿＿ raining since yesterday.

□(3) ＿＿＿＿＿＿＿＿＿＿＿＿＿＿＿＿＿＿＿＿

since this morning.

3 日本語に合うように，（ ）内の語句を並べかえなさい。

□(1) 彼女はジェーンと30分ずっと話しています。

(talking / Jane / for / has / with / she / been / minutes / thirty).

＿＿＿＿＿＿＿＿＿＿＿＿＿＿＿＿＿＿＿＿ .

□(2) 彼はそのレストランでコックとして働いています。

(the restaurant / a / works / at / as / he).

＿＿＿＿＿＿＿＿＿＿＿＿＿＿＿＿ cook.

□(3) スーザンは新しい仕事を得ることができました。

(successful / new / Suzan / in / job / was / getting / a).

＿＿＿＿＿＿＿＿＿＿＿＿＿＿＿＿＿＿ .

⚠ミスに注意

(3)be successful in ～の形で「～に成功する」という意味になるよ。

ぴたトレ
1
要点チェック

Further Reading 1
The Ig Nobel Prize ②

時間
15分

解答
p.32

〈新出語・熟語 別冊p.14〉

教科書の
重要ポイント　**注意すべき受け身の文 / 〈look＋形容詞〉**　教科書p.111

The hall is filled with the students. 〔ホールは学生でいっぱいです。〕

　　　　　be filled with ～「～でいっぱいだ」

・be filled with ～のように〈by ～〉以外を使う受け身の文もある。

> ほかに，be covered with ～「～でおおわれている」，
> be known to ～「～に知られている」などがあるよ。

ナルホド！

It is called *furoshiki* in Japanese. 〔それは日本語でふろしきと呼ばれています。〕

　〈be動詞＋過去分詞〉

・〈主語＋call [name]＋～（人など）＋…（名前）〉の文を受け身の文に書きかえるときは，目的語（人など）を主語にする。

We　call　it　*furoshiki* in Japanese. 〔私たちはそれを日本語でふろしきと呼びます。〕

　　　　　目的語を主語にする

It　is called　*furoshiki* in Japanese.

　〈be動詞＋過去分詞〉

ナルホド！

He looks strong. 〔彼は強そうに見えます。〕

　〈look＋形容詞〉

・〈look＋形容詞〉で「～に見える」という意味を表す。

> 〈look like＋名詞〉「～のように見える」も覚えて
> おこう。

ナルホド！

Words & Phrases　**次の日本語は英語に，英語は日本語にしなさい。**

☐(1) discovery　（　　　　　　　　）　　☐(3) 聴衆，観客　＿＿＿＿＿＿＿＿＿

☐(2) afterwards　（　　　　　　　　）　　☐(4) 科学の，科学的な　＿＿＿＿＿＿＿＿＿

1 日本語に合うように，（ ）内から適切なものを選び，記号を○で囲みなさい。

テストによく出る！

〈by ～〉以外の前置詞を使う受け身

・be filled with ～
「～でいっぱいだ」
・be known to ～
「～に知られている」
・be covered with ～
「～でおおわれている」

☐(1) すばらしいスピーチがホールで行われました。

A wonderful speech was （ ア making イ made) in the hall.

☐(2) その賞はノーベル賞と呼ばれています。

The award （ ア calls イ is called) the Nobel Prize.

☐(3) この部屋は広く見えます。

This room （ ア looks イ looks like) large.

☐(4) 通りは多くの人々でいっぱいでした。

The street （ ア filled by イ was filled with) many people.

2 日本語に合うように，＿＿に適切な語を書きなさい。

注目！

〈動詞＋目的語＋補語〉の文の受け身

〈call ＋ ～（人など）＋ …（名前）〉のように〈動詞＋目的語＋補語〉の形の文を受け身に書きかえるときは目的語を主語にする。補語を主語にして，受け身の文に書きかえることはできない。

☐(1) この歌は日本の多くの人々に知られています。

This song is ＿＿＿＿＿ ＿＿＿＿＿ many people in Japan.

☐(2) この博物館はグリーンパーク博物館と呼ばれています。

This museum ＿＿＿＿＿ ＿＿＿＿＿ the Green Park Museum.

☐(3) その赤ちゃんはサクラと名づけられました。

The baby ＿＿＿＿＿ ＿＿＿＿＿ Sakura.

☐(4) その箱はとても重そうに見えます。

The box ＿＿＿＿＿ very ＿＿＿＿＿.

☐(5) あの山の頂上は雪でおおわれていました。

The top of that mountain was ＿＿＿＿＿ ＿＿＿＿＿ snow.

3 日本語に合うように，（ ）内の語句を並べかえなさい。

⚠ミスに注意

(2)〈look＋形容詞〉の形を使うよ。ここでは，形容詞が比較級になっていることに注意しよう。

☐(1) このスタジアムは野球ファンでいっぱいです。

(filled / stadium / with / this / baseball fans / is).

＿＿＿＿＿＿＿＿＿＿＿＿＿＿＿＿＿＿＿.

☐(2) その家はここから見るとき，より大きく見えます。

The house (when / here / see / looks / you / bigger / it / from).

The house ＿＿＿＿＿＿＿＿＿＿＿＿＿＿＿.

☐(3) ホワイトさんは世界平和についてのスピーチをしました。

(a speech / Ms. White / peace / the / made / about / world).

＿＿＿＿＿＿＿＿＿＿＿＿＿＿＿＿＿＿＿.

ぴたトレ 1

要点チェック

Further Reading 1
The Ig Nobel Prize 3

時間 **15分**

解答 p.32

〈新出語・熟語 別冊p.14〉

教科書の重要ポイント 〈make＋目的語＋動詞の原形〉/〈疑問詞＋主語＋動詞〉 教科書p.112

My parents **made** *me* study Spanish. 〔私の両親は私にスペイン語を勉強させました。〕
「～させる」 人 動詞の原形

・〈make＋～（人など）＋動詞の原形〉で「～に…させる」を表す。

 helpも〈help＋～（人など）＋動詞の原形〉の形をとるよ。「～が…するのを手伝う」という意味になることを覚えておこう。 ＼ナルホド！／

I don't know **how many books** **you** **have**. 〔私はあなたが何冊の本を持っているか知りません。〕
疑問詞 主語 動詞

・疑問詞を含む文が目的語になるとき，〈疑問詞＋主語＋動詞〉の語順にする。

How many books do you have?

疑問詞のあとはふつうの文の語順にする

I don't know how many books you have.
疑問詞

 〈how many＋名詞〉のまとまりで疑問詞と同じ働きをするよ。 ＼ナルホド！／

He doesn't know **what he should say**. 〔彼は何を言えばよいかわかりません。〕
〈疑問詞what＋主語＋動詞〉

She doesn't tell me **when she visited** the town.
〈疑問詞when＋主語＋動詞〉 〔彼女はいつその町を訪れたか私に教えてくれません。〕

Do you know **who will join** our team? 〔だれが私たちのチームに参加するか知っていますか。〕
〈疑問詞who＋動詞〉 ※ 疑問詞が主語のときは〈疑問詞＋動詞〉の語順

Words & Phrases 次の日本語は英語に，英語は日本語にしなさい。

□(1) increase （ 　　　　　　　 ）　　□(2) 好奇心 ＿＿＿＿＿＿＿＿

1 日本語に合うように，（　）内から適切なものを選び，記号を○で囲みなさい。

テストによく出る！

〈make＋～（人など）
＋動詞の原形〉

動詞の原形の動作をするのは目的語の「人など」。
My parents made <u>me</u> study Spanish.では「私が勉強する」という関係になっている。

□(1) 私は彼女がどのくらいのお金を獲得するか知りません。

I don't know how much money （ ア will she　イ she will ） get.

□(2) 彼はいつも私を笑わせてくれます。

He always （ ア makes me laugh　イ smiles to me ）.

□(3) 何が大切か私に教えてください。

Please tell me （ ア what important is　イ what is important ）.

□(4) アキは妹が昼食を作るのを手伝いました。

Aki （ ア helped her sister cook　イ helped with her sister cook ） lunch.

2 日本語に合うように，＿＿＿に適切な語を書きなさい。

⚠ミスに注意

(4)「何があなたに～を決めさせたのですか」と考えよう。

□(1) 私はあなたが何色が好きか知りません。

I don't know ＿＿＿＿＿＿ ＿＿＿＿＿＿ you ＿＿＿＿＿＿.

□(2) 彼女がどこに住んでいるか私に教えていただけませんか。

Could you tell me ＿＿＿＿＿＿ ＿＿＿＿＿＿ ＿＿＿＿＿＿?

□(3) ハヤシ先生は体育の授業でいつも私たちを走らせます。

Mr. Hayashi always makes ＿＿＿＿＿＿ ＿＿＿＿＿＿ in P.E. classes.

□(4) どうしてあなたは外国へ行くことに決めたのですか。

What made ＿＿＿＿＿＿ ＿＿＿＿＿＿ to go abroad?

3 日本語に合うように，（　）内の語句を並べかえなさい。

注目！

〈something＋形容詞〉

(3)somethingを説明する形容詞はsomethingのあとに置く。
Let's eat something delicious.「何かおいしいものを食べましょう。」

□(1) 彼のスピーチは聴衆を泣かせました。

(made / speech / the audience / his / cry).

＿＿＿＿＿＿＿＿＿＿＿＿＿＿＿＿＿＿.

□(2) あなたはもう一度ルーシーに会うことを望みますか。

(Lucy / to / do / again / hope / meet / you)?

＿＿＿＿＿＿＿＿＿＿＿＿＿＿＿＿＿＿?

□(3) あなたはそこで何かおもしろいものを見つけるでしょう。

(find / interesting / you / something / there / will).

＿＿＿＿＿＿＿＿＿＿＿＿＿＿＿＿＿＿.

Further Reading 1

❶ （　）に入る適切な語句を選び，記号を〇で囲みなさい。

動詞の形や語順に
気をつけよう。

☐(1) The cat （　　） Maru.

　　ア name　　イ named　　ウ was named　　エ named by

☐(2) Do you know how many chairs （　　）?

　　ア using　　イ do they use　　ウ use they　　エ they use

☐(3) Ken has been （　　） that book since 7 o'clock.

　　ア read　　イ reading　　ウ to read　　エ not read

❷ 日本語に合うように，＿＿＿に適切な語を書きなさい。

☐(1) ブラウン先生は授業でいつも私たちを笑わせます。

　　Mr. Brown always ＿＿＿＿＿＿＿ us ＿＿＿＿＿＿＿ in his class.

☐(2) 彼女は３年間ずっとそのかばんがほしいと思っています。

　　She ＿＿＿＿＿＿＿ ＿＿＿＿＿＿＿ the bag for three years.

☐(3) 彼は私にどのくらい水が必要か教えてくれませんでした。

　　He didn't tell me ＿＿＿＿＿＿＿ ＿＿＿＿＿＿＿ ＿＿＿＿＿＿＿ he needed.

❸ 日本語に合うように，（　）内の語句を並べかえなさい。

☐(1) その映画は世界中の多くの人々に知られています。

　　(known / many people / the world / the movie / to / is / in).

　　＿＿＿＿＿＿＿＿＿＿＿＿＿＿＿＿＿＿＿＿＿＿＿＿＿＿＿＿＿＿.

☐(2) 私の母は毎日，私に果物を食べさせます。

　　(fruit / my mother / day / me / every / makes / eat).

　　＿＿＿＿＿＿＿＿＿＿＿＿＿＿＿＿＿＿＿＿＿＿＿＿＿＿＿＿＿＿.

☐(3) マイクは今朝からずっと絵を描いています。

　　(a picture / since / Mike / been / this / drawing / morning / has).

　　＿＿＿＿＿＿＿＿＿＿＿＿＿＿＿＿＿＿＿＿＿＿＿＿＿＿＿＿＿＿.

❹ 次の英文を，（　）内の指示に従って書きかえなさい。

☐(1) How many cameras does he have? （I don't knowで始まる１文に）

　　＿＿＿＿＿＿＿＿＿＿＿＿＿＿＿＿＿＿＿＿＿＿＿＿＿＿＿＿＿＿

☐(2) They call the dog Hachi. （下線部を主語にして受け身の文に）

　　＿＿＿＿＿＿＿＿＿＿＿＿＿＿＿＿＿＿＿＿＿＿＿＿＿＿＿＿＿＿

ヒント　❷(2)「ほしい」は状態を表す動詞なので現在完了（継続）で表す。

5 読む📖 **次の英文を読んで，あとの問いに答えなさい。**

①Have you (　　) (　　) the Ig Nobel Prize? It started in 1991 as a parody of the Nobel Prize. The awards go to "improbable research"; ②(言い換えれば), they celebrate the unusual studies in science. Those studies look silly at first, but they are all serious studies.

Over the years, ③the Prize (become / the world / popular / has / throughout). Surprisingly, Japanese scientists have been very successful in winning the awards. For example, in 2004, the Ig Nobel Peace Prize was given to Mr. Inoue Daisuke for ④(invent) *karaoke*. Many other Japanese people have received the awards in the recent past. ⑤Actually, Japanese scientists have been winning the Ig Nobel Prize for more than 10 years in a row.

Every September, the award ceremony is ⑥(hold) at Harvard University in the U.S. The winners receive the awards and make a speech in a big hall at the university. It is filled (　⑦　) scientists and students. They all love science. Afterwards, the audience sees scientific presentations by the winners.

☐(1) 下線部①が「イグノーベル賞のことを耳にしたことがありますか」という意味になるように，
　　(　)に入る適切な語を書きなさい。　　　　　　　　＿＿＿＿＿＿　＿＿＿＿＿＿

☐(2) 下線部②の(　)内の日本語を3語の英語にしなさい。

　　＿＿＿＿＿＿　＿＿＿＿＿＿　＿＿＿＿＿＿

☐(3) 下線部③が意味の通る英文になるように，(　)内の語句を並べかえなさい。
　　the Prize ＿＿＿＿＿＿＿＿＿＿＿＿＿＿＿＿＿＿＿＿＿

☐(4) 下線部④，⑥の(　)内の語を適切な形に直して書きなさい。

　　　　　　　　　　　　　　　　　④＿＿＿＿＿＿　　　⑥＿＿＿＿＿＿

☐(5) 下線部⑤の英文の日本語訳を完成させなさい。
　　実際に，日本の科学者たちは（

　　　　　　　　　　　　　　　　　　　　　　　　　　　　　　　）。

☐(6) (　⑦　)に入る適切な語を選び，記号を○で囲みなさい。
　　ア for　　イ in　　ウ with　　エ on

☐(7) 本文の内容について，次の問いに3語以上の英語で答えなさい。
　　Did the Ig Nobel Prize start as the second prize of the Nobel Prize?

　　＿＿＿＿＿＿＿＿＿＿＿＿＿＿＿＿＿＿＿＿＿＿＿＿＿＿＿＿＿＿＿＿

ヒント **5** (4)④forは前置詞であることから考える。

Further Reading 2
Library Lion ①

教科書の重要ポイント 〈let＋目的語＋動詞の原形〉／〈make＋目的語＋形容詞〉 教科書pp.113〜114

My teacher <u>let</u> *me* use **his room.** 〔私の先生は私に部屋を使わせてくれました。〕
　　　　　　　　　　「許す」　人　動詞の原形

- 〈let＋〜（人など）＋動詞の原形〉で「〜が…するのを許す，〜に…させてやる」を表す。

> 同じ形の文も確認しておこう。
> 〈make＋〜（人など）＋動詞の原形〉＝「〜に…させる」
> 〈help＋〜（人など）＋動詞の原形〉＝「〜が…するのを手伝う」

ナルホド！

　　　　　　　　　　目的語　補語
The letter <u>made</u> *him* **happy.** 〔その手紙は彼を幸せにしました。〕
　　　　　　　　「〜にする」　人　形容詞

- 〈make＋〜（人など）＋…（形容詞）〉で「〜を…（の状態）にする」を表す。
- この形の文では，keepやleaveなどの動詞も使うことができる。

　My mother always <u>keeps</u> *the house* **clean.** 〔母はいつも家をきれいにしておきます。〕
　　　　　　　　　「〜（の状態）にしておく」　もの　形容詞

　Please <u>leave</u> *the door* **open.** 〔ドアを開けたままにしておいてください。〕
「〜のままにしておく」　もの　形容詞

ナルホド！

Words & Phrases 次の日本語は英語に，英語は日本語にしなさい。

☐(1) lady 　　(　　　　　　　　)　　☐(5) 強くたずねる ＿＿＿＿＿＿＿＿＿

☐(2) roar 　　(　　　　　　　　)　　☐(6) 題名 ＿＿＿＿＿＿＿＿＿

☐(3) encyclopedia (　　　　　　　　)　　☐(7) なめる ＿＿＿＿＿＿＿＿＿

☐(4) certainly 　(　　　　　　　　)　　☐(8) 約束する ＿＿＿＿＿＿＿＿＿

1 日本語に合うように，（　）内から適切なものを選び，記号を○で囲みなさい。

テストによく出る!
〈let＋目的語＋動詞の原形〉
〈let[make, help]＋目的語＋動詞の原形〉の文では，時制に関係なく目的語のあとはいつも動詞の原形を使う。

□(1) キョウコは彼女の妹が彼女のシャツを着るのを許しました。

Kyoko let her sister（ ア wearing　イ wear ）her shirt.

□(2) そのバスケットボールの試合は私をわくわくさせました。

The basketball game（ ア made　イ let ）me excited.

□(3) ポールは私がその箱を運ぶのを手伝ってくれました。

Paul helped（ ア me carry　イ carry me ）the box.

□(4) 窓を閉めたままにしないでください。

Please do not（ ア leaving the window　イ leave the window ）closed.

□(5) 彼は私がその写真を見るのを許しませんでした。

He didn't let（ ア my look at　イ me look at ）the picture.

2 日本語に合うように，＿＿＿に適切な語を書きなさい。

注目!
make
・〈make＋〜（人など）＋動詞の原形〉
「〜に…させる」
・〈make＋〜（人など）＋形容詞〉
「〜を…（の状態）にする」

□(1) あなたは父親が車を洗うのを手伝いましたか。

Did you ＿＿＿＿＿＿ your father ＿＿＿＿＿＿ his car?

□(2) 彼のことばはメグを怒らせました。

His words ＿＿＿＿＿＿ Meg ＿＿＿＿＿＿.

□(3) その本は私に環境について考えさせました。

The book made ＿＿＿＿＿＿ ＿＿＿＿＿＿ about the environment.

□(4) 私たちにその木を切らせてください。

Please let ＿＿＿＿＿＿ ＿＿＿＿＿＿ the tree.

□(5) 彼のスピーチはみなを悲しませました。

His speech ＿＿＿＿＿＿ everyone ＿＿＿＿＿＿.

3 日本語に合うように，（　）内の語句を並べかえなさい。

⚠ ミスに注意
(3)might は may の過去形だけれど，過去の意味はないことに注意。

□(1) 彼の母親は彼が夜出かけることを許しました。

(let / at night / his / him / go / mother / out).

＿＿＿＿＿＿＿＿＿＿＿＿＿＿＿＿＿＿＿.

□(2) よい子はその部屋へ入ることが許されるだろう。

(the room / be / to / a good boy / would / allowed / come in).

＿＿＿＿＿＿＿＿＿＿＿＿＿＿＿＿＿＿＿.

□(3) あなたは仕事を終わらせるほうがよいです。

(well / your / as / you / finish / work / might).

＿＿＿＿＿＿＿＿＿＿＿＿＿＿＿＿＿＿＿.

Further Reading 2
Library Lion ②

教科書の重要ポイント	否定表現 / 「なんて〜な…でしょう」	教科書 p.115

He could not get up. 〔彼は起き上がることができませんでした。〕

└── 助動詞の否定文〈助動詞＋ not ＋動詞の原形〉

[否定文の作り方]
- ・助動詞の否定文＝〈主語＋助動詞＋ not ＋動詞の原形 〜.〉
- ・be動詞の否定文＝〈主語＋ be動詞＋ not 〜.〉
- ・一般動詞の否定文＝〈主語＋ do[does, did] not ＋動詞の原形 〜.〉

No vegetables are in the kitchen. 〔キッチンには野菜がありません。〕
〈no＋名詞〉「何も〜ない」

He never uses a computer. 〔彼は決してコンピュータを使いません。〕
「決して〜ない」

[notを使わない否定表現]
- ・〈no＋名詞〉の形で「何も〜ない」という意味を表す。
- ・never「決して〜ない」はふつうbe動詞や助動詞のあと，または一般動詞の前に置く。

〈no＋名詞〉の文は not 〜 any …を使って書きかえることができるよ。
I have no pens. = I don't have any pens.
「私はペンを1本も持っていません」

What a kind woman! 〔なんて親切な女性なのでしょう。〕
〈What a＋形容詞＋名詞!〉

- ・〈What a[an]＋形容詞＋名詞!〉で「なんて〜な…でしょう」という意味を表す。

Words & Phrases 次の日本語は英語に，英語は日本語にしなさい。

□(1) anymore （　　　　　　　）　　□(3) つま先，足の指 _____

□(2) get along （　　　　　　　）　　□(4) footの複数形 _____

1 日本語に合うように，（ ）内から適切なものを選び，記号を○で囲みなさい。

⚠ ミスに注意

neverやnoにはすでに否定の意味があるので，notなどのほかの否定の語は必要ないよ。

□(1) デイビッドは友だちを決して助けません。

David （ ア not　イ never ） helps his friends.

□(2) なんて美しい庭でしょう。

（ ア What is　イ What ） a beautiful yard!

□(3) 彼はお金を持っていません。

He （ ア has no　イ doesn't have no ） money.

□(4) なんて賢いイヌでしょう。

What （ ア dog is clever　イ a clever dog ）!

□(5) ここではペットは許されません。

（ ア No pets are　イ Never pets are ） allowed here.

2 日本語に合うように，＿＿＿に適切な語を書きなさい。

テストによく出る!

never

(3)never「決して～ない」は副詞なので，主語が3人称単数で現在の文であれば，動詞に-(e)sがつく。

□(1) 体育館には1人も生徒がいませんでした。

＿＿＿＿＿＿＿＿＿ ＿＿＿＿＿＿＿＿＿ any students in the gym.

□(2) 私たちは昨日，公園を走りませんでした。

We ＿＿＿＿＿＿＿＿＿ ＿＿＿＿＿＿＿＿＿ in the park yesterday.

□(3) 彼女は決して人前で歌を歌いません。

She ＿＿＿＿＿＿＿＿＿ ＿＿＿＿＿＿＿＿＿ a song in front of people.

□(4) なんておもしろい本でしょう。

＿＿＿＿＿＿＿＿＿ ＿＿＿＿＿＿＿＿＿ interesting book!

□(5) 私は一度も彼女に会ったことはありません。

I have ＿＿＿＿＿＿＿＿＿ ＿＿＿＿＿＿＿＿＿ her.

□(6) だれもその規則を理解できませんでした。

＿＿＿＿＿＿＿＿＿ one could ＿＿＿＿＿＿＿＿＿ the rule.

3 日本語に合うように，（ ）内の語を並べかえなさい。

注目!

〈How＋形容詞 ～!〉
「なんて～でしょう」
Howを使って「なんて～でしょう」と驚きを表す表現もある。Whatのあとは名詞が続くが，Howのあとは形容詞が続く。

□(1) なんて大きな家でしょう。

（ a / house / what / big ）!

＿＿＿＿＿＿＿＿＿＿＿＿＿＿＿＿＿＿＿＿＿＿＿ !

□(2) 私は英語で話すことに慣れました。

（ used / I / English / speaking / got / to / in ）.

＿＿＿＿＿＿＿＿＿＿＿＿＿＿＿＿＿＿＿＿＿＿＿ .

□(3) 私は私のイヌが周囲にいるのが好きです。

（ around / like / have / I / dog / to / my ）.

＿＿＿＿＿＿＿＿＿＿＿＿＿＿＿＿＿＿＿＿＿＿＿ .

ぴたトレ **1**

要点チェック

Further Reading 2
Library Lion ③

時 間 **15分**

解答 p.34

〈新出語・熟語 別冊p.15〉

教科書の重要ポイント **いろいろな as の用法** 教科書p.116

I will study <u>as much as I can</u>. 〔私はできるだけたくさん勉強します。〕

└── as と as の間には副詞[形容詞] が入る

・as ～ as ... can で「…ができるだけ～」という意味を表す。
・過去の文では can ではなく could を使う。

程度が同じくらいであることを表して〈as＋形容詞＋as〉の形もあったね。
I am as tall as my father. 「私は父と同じくらいの背の高さです。」

He talks on the phone <u>as he watches TV</u>. 〔彼はテレビを見ながら電話で話します。〕

〈as＋主語＋動詞 ～〉

・〈as＋主語＋動詞 ～〉で「～しながら」という意味を表す。

このasは接続詞だよ。

She works here <u>as</u> a doctor. 〔彼女はここで医師として働いています。〕

「～として」

・as は前置詞で「～として」という意味を表す。

Words & Phrases **次の日本語は英語に，英語は日本語にしなさい。**

☐(1) toward （　　　　　　　）　　☐(4) mean の過去形 ＿＿＿＿＿＿＿

☐(2) notice （　　　　　　　）　　☐(5) 無視する ＿＿＿＿＿＿＿

☐(3) paw （　　　　　　　）　　☐(6) ～に飛び込む ＿＿＿＿ ＿＿＿＿ ～

1 日本語に合うように，（　）内から適切なものを選び，記号を○で囲みなさい。

テストによく出る！

as 〜 as ... can

as 〜 as ... canは「…ができるだけ〜」という意味を表す。asとasの間には副詞[形容詞]が入る。

□(1) できるだけすぐにそれを終えてください。

　　Please finish it as quickly as （ ア you can　イ you do ）.

□(2) 彼の部屋は私のと同じくらい広いです。

　　His room is （ ア large of　イ as large as ） mine.

□(3) 彼女は歌手として知られています。

　　She is known （ ア as a singer　イ to a singer ）.

□(4) 私の妹は音楽を聞きながら夕食を作ります。

　　My sister cooks dinner （ ア as she listens　イ as listens ） to music.

□(5) ジョンはできるだけ速く走りました。

　　John ran （ ア as much as　イ as fast as ） he could.

2 日本語に合うように，＿＿＿に適切な語を書きなさい。

注目！

接続詞の as

接続詞のas「〜しながら」のあとには〈主語＋動詞〉が続く。

□(1) 私はできるだけたくさん食べました。

　　I ate ＿＿＿＿＿＿ ＿＿＿＿＿＿ ＿＿＿＿＿＿ I could.

□(2) 私のかばんはあなたのかばんと同じくらい重いです。

　　My bag is ＿＿＿＿＿＿ ＿＿＿＿＿＿ ＿＿＿＿＿＿

　　yours.

□(3) 彼女は歩きながら，スマートフォンを見ました。

　　She looked at her smartphone ＿＿＿＿＿＿ she

　　＿＿＿＿＿＿.

□(4) 私は贈り物として1冊の本を買いました。

　　I bought a book ＿＿＿＿＿＿ ＿＿＿＿＿＿ ＿＿＿＿＿＿.

3 日本語に合うように，（　）内の語句を並べかえなさい。

⚠ミスに注意

(2)「あなたが使える」は〈（関係代名詞that＋）主語＋動詞〉の形で「コンピュータ」を説明しているよ。ここでは関係代名詞が省略されているよ。

□(1) 彼女はドアを開けながら話し始めました。

　　(the door / talk / as / she / she / started / to / opened).

　　＿＿＿＿＿＿＿＿＿＿＿＿＿＿＿＿＿＿＿＿＿.

□(2) これはあなたが使える唯一のコンピュータです。

　　(use / only / you / this / the / is / computer / can).

　　＿＿＿＿＿＿＿＿＿＿＿＿＿＿＿＿＿＿＿＿＿.

□(3) 私は彼女が何を言ったのかわかりませんでした。

　　(didn't / what / said / understand / she / I).

　　＿＿＿＿＿＿＿＿＿＿＿＿＿＿＿＿＿＿＿＿＿.

Further Reading 2
Library Lion ④

教科書の重要ポイント　**不定詞の3つの用法（総復習）**　　教科書 pp.117〜118

I like **to play the piano.** 〔私はピアノをひくことが好きです。〕
動詞　目的語「ピアノをひくこと」

[名詞的用法]
- 〈to＋動詞の原形〉が「〜すること」という意味を表し，名詞の働きをする。
- 〈to＋動詞の原形〉は動詞の目的語，文の主語や補語になる。

They practice every day **to win the game.** 〔彼らは試合に勝つために毎日練習します。〕
練習する ← 「試合に勝つために」（目的）

I'm *glad* **to hear it.** 〔私はそれを聞いてうれしいです。〕
形容詞「うれしい」　「それを聞いて」（原因）

[副詞的用法]
- 〈to＋動詞の原形〉が「〜するために」という意味で動作の目的を表す。
- 〈to＋動詞の原形〉が感情を表す形容詞のあとにきて，「〜して」という感情の原因を表す。

I have a lot of things **to do.** 〔私にはするべきことがたくさんあります。〕
名詞「こと」　「する（ための）」

We have a plan **to visit Canada.** 〔私たちにはカナダを訪れるという計画があります。〕
名詞「計画」　「カナダを訪れる（という）」　計画の内容を具体的に説明している

[形容詞的用法]
- 〈to＋動詞の原形〉が前にある名詞や代名詞を説明する。

Words & Phrases　次の日本語は英語に，英語は日本語にしなさい。

□(1) trash can （　　　　　　　　　）　　□(3) 近所，近隣 _____

□(2) backyard （　　　　　　　　　）　　□(4) 正常 _____

1 日本語に合うように，（　）内から適切なものを選び，記号を○で囲みなさい。

□(1) マイクはあなたに会うためにここに来ました。

Mike（ ア saw you come here　イ came here to see you ）.

□(2) ジュンは勉強するために図書館に行きます。

Jun will（ ア go study in the library　イ go to the library to study ）.

□(3) 私の母は買い物に行きたいと思っています。

My mother（ ア wants to go　イ wants go ）shopping.

□(4) 私にはパイロットになるという夢があります。

I have a dream（ ア being　イ to be ）a pilot.

□(5) 彼女は私に理由を話そうとしました。

She（ ア tried to tell　イ told to try ）me the reason.

テストによく出る！

目的語に不定詞を
　　　　とる動詞
・want to ～
　「～したい」
・try to ～
　「～しようとする」
・need to ～
　「～する必要がある」
・decide to ～
　「～することに決める」

2 日本語に合うように，＿＿＿に適切な語を書きなさい。

□(1) ほかの文化を知ることはおもしろいです。

＿＿＿＿＿＿ ＿＿＿＿＿＿ other cultures ＿＿＿＿＿＿

interesting.

□(2) 私はトムからメールをもらって驚いています。

I'm surprised ＿＿＿＿＿＿ ＿＿＿＿＿＿ an email from

Tom.

□(3) 外国へ行くもっともな理由があります。

There is a good reason ＿＿＿＿＿＿ ＿＿＿＿＿＿ abroad.

□(4) 彼女には日本語を話す機会があります。

She has a ＿＿＿＿＿＿ ＿＿＿＿＿＿ ＿＿＿＿＿＿

Japanese.

3 日本語に合うように，（　）内の語句を並べかえなさい。

□(1) 私は泳ぐために海へ行きました。

(the sea / swim / went / to / to / I).

＿＿＿＿＿＿＿＿＿＿＿＿＿＿＿＿＿＿＿＿＿＿＿.

□(2) 私は数学も得意ではありません。

(at / I'm / good / either / not / math / ,).

＿＿＿＿＿＿＿＿＿＿＿＿＿＿＿＿＿＿＿＿＿＿＿.

□(3) もし雨が降らなければ私たちはサッカーをしようと思います。

(unless / play / we / it / rains / will / soccer).

＿＿＿＿＿＿＿＿＿＿＿＿＿＿＿＿＿＿＿＿＿＿＿.

注目！

「～も（また）」
(2)「～も（また）」は肯定
　文では〈, too〉を文末
　に置き，否定文では〈,
　either〉を文末に置く。

Further Reading 2

① ( )に入る適切な語句を選び，記号を〇で囲みなさい。

> それぞれの用法を
> 確認しながら問題
> を解こう。

☐(1) Mr. White let ( ) his room.

　　ア I enter　イ me enter　ウ me entering　エ I entered

☐(2) Haruto practiced the violin as much ( ).

　　ア as can　イ as could　ウ as I can　エ as he could

☐(3) There was a good reason ( ) him a present.

　　ア to give　イ given　ウ what I give　エ me giving

② 日本語に合うように，＿＿に適切な語を書きなさい。

☐(1) 生徒たちは先生を怒らせました。

　　The students ＿＿＿＿＿＿＿ the teacher ＿＿＿＿＿＿＿.

☐(2) なんてすばらしい考えなのでしょう。

　　＿＿＿＿＿＿＿ an amazing ＿＿＿＿＿＿＿!

☐(3) 動物はまったく見られません。

　　＿＿＿＿＿＿＿ animals can be ＿＿＿＿＿＿＿.

③ 日本語に合うように，( )内の語句を並べかえなさい。

☐(1) 彼女は新聞を読みながら間違いに気づきました。

　　(the newspaper / a mistake / she / she / read / noticed / as).

　　＿＿＿＿＿＿＿＿＿＿＿＿＿＿＿＿＿＿＿＿＿＿＿＿＿＿＿.

☐(2) 私はそのかぎでドアを開けようとしました。

　　(tried / the door / the key / I / open / to / with).

　　＿＿＿＿＿＿＿＿＿＿＿＿＿＿＿＿＿＿＿＿＿＿＿＿＿＿＿.

☐(3) 私を休ませてください。

　　(let / rest / get / please / me).

　　＿＿＿＿＿＿＿＿＿＿＿＿＿＿＿＿＿＿＿＿＿＿＿＿＿＿＿.

④ 次の英文を，( )内の指示に従って書きかえなさい。

☐(1) My brother drinks coffee for breakfast.（neverを使って否定の文に）

　　＿＿＿＿＿＿＿＿＿＿＿＿＿＿＿＿＿＿＿＿＿＿＿＿＿＿＿＿＿

☐(2) Jane wants to be a police officer.

　　　　　　　　（Jane has a dreamで始めて，ほぼ同じ意味の1文に）

　　＿＿＿＿＿＿＿＿＿＿＿＿＿＿＿＿＿＿＿＿＿＿＿＿＿＿＿＿＿

ヒント　**③** (1)asは「〜しながら」を表す接続詞として使う。

5 読む 次の英文を読んで，あとの問いに答えなさい。

Miss Merriweather came out of her office. "(①) is making that noise?" she demanded. "It's the lion," said Mr. McBee. Miss Merriweather marched over to the lion. "If you cannot be quiet, you will have to leave," she said in a stern voice. "Those are the rules!" The little girl tugged on Miss Merriweather's dress. "②If he promises ( ) ( ) ( ), can he come back for story hour tomorrow?" she asked. Miss Merriweather said, "Yes. ③A nice, quiet lion (back / would / allowed / certainly be / come / to) for story hour tomorrow."

The next day, the lion came back. "You are early," said Miss Merriweather. "Story hour is not until three o'clock." The lion did not budge. "Very well," said Miss Merriweather. "④You might as well make yourself useful." She sent him off to dust the encyclopedias until it was time for story hour. Soon the lion began doing things without ⑤(be) asked. He dusted the encyclopedias. He licked the envelopes. ⑥(彼は小さな子どもたちを彼の背中に立たせてやりました) to reach books on the highest shelves.

□(1) (①) に入る適切な語を選び，記号を○で囲みなさい。

　ア How　　イ Who　　ウ When　　エ Where

□(2) 下線部②が「もし彼が静かにすることを約束するなら」という意味になるように（ ）に入る適切な語を書きなさい。
　_____ _____ _____

□(3) 下線部③が意味の通る英文になるように，（ ）内の語句を並べかえなさい。
　_____

□(4) 下線部④の英文の日本語訳を完成させなさい。
　あなたは(　　　　　　　　　　　　　　　　　　　　　　　　　　)。

□(5) 下線部⑤の（ ）内の語を適切な形に直して書きなさい。　_____

□(6) 下線部⑥の（ ）内の日本語を英語にしなさい。

□(7) 本文の内容について，次の問いに英語で答えなさい。

　ア　What are the rules that Miss Merriweather told to the lion?

　_____

　イ　What time does story hour start?

　_____

\\ 定期テスト //

テスト前に
役立つ!

予想問題

チェック!

テスト前に解いて,
わからない問題や
まちがえた問題は,
もう一度確認して
おこう!

● テスト本番を意識し,時間を計って解きましょう。

● 取り組んだあとは,必ず答え合わせを行い,まちがえたところを復習しましょう。

● 観点別評価を活用して,自分の苦手なところを確認しましょう。

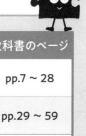

リスニングテスト

▶ pp.148 ~ 157
全 10 回

アプリを使って,リスニング問題を解きましょう。

英作文ができたら
パーフェクトだね!

英作文にチャレンジ!

▶ pp.158 ~ 160

英作文問題に挑戦してみましょう。

❶ 読む📖 次の英文を読んで，質問に答えなさい。 35点

> Yesterday, when Shiho was going home, she saw an old man. He was standing near her house with three big bags and looked tired. She thinks that ① , so she talked to him and asked him how she could help him. The old man (②) her to carry one of his bags. His house was near the park and she went ③there with him. When they got to his house, he thanked her. He also asked her phone number to give something back to her, but she didn't tell it to him because she didn't help him to get something. ④She was happy that she could help the old man.

(1) ① に入る適切なものを選び，記号で答えなさい。

　ア it is fun to walk to the park

　イ it is easy to carry heavy bags

　ウ it is difficult to talk to old people

　エ it is important to help old people

(2) (②)に入る適切な語を選び，記号で答えなさい。

　ア took　　イ asked　　ウ called　　エ helped

(3) 下線部③の内容を日本語で書きなさい。

(4) 下線部④の英文を日本語にしなさい。

(5) 本文の内容に合うように，＿＿に適切な語を書きなさい。

　ア When Shiho met the old man, he looked ＿＿＿.

　イ The old man lived near the ＿＿＿.

❷ 日本語に合うように，（ ）内の語を並べかえなさい。 20点

(1) 彼が上手なテニス選手だということをあなたに示しましょう。

　(he / player / that / show / I'll / good / you / a / is / tennis).

(2) マイクは私たちに彼のチームに参加してほしいと思っています。

　(Mike / join / us / wants / his / to / team).

(3) 私は彼女が不安にならないか心配です。

　(afraid / nervous / that / be / I / she / am / will).

(4) 私がどこで電車を乗りかえるべきか教えてください。

　(please / trains / should / me / I / where / change / tell).

❸ 各組の文がほぼ同じ意味になるように，＿＿に適切な語を書きなさい。 24点

(1) ┌ Writing a speech is interesting for Lucy.
 └ It is ＿＿＿ ＿＿＿ Lucy to write a speech.

(2) ┌ Who uses this computer? Please tell me.
 └ Please tell me ＿＿＿ ＿＿＿ this computer.

(3) ┌ Mary often says to me, "I like to cook."
 └ Mary often tells ＿＿＿ ＿＿＿ she likes to cook.

(4) ┌ When does he practice soccer? Do you know?
 └ Do you know when ＿＿＿ ＿＿＿ soccer?

❹ 書く✎ 次の日本語を英語にしなさい。 表 21点

(1) ジョン(John)は私にドアを開けるよう頼みました。

(2) 母は私がその部屋を掃除したので驚いています。(接続詞thatを使って)

(3) 東京駅(Tokyo Station)への行き方を教えていただけませんか。

❶	(1)		6点	(2)		5点
	(3)					6点
	(4)					6点
	(5)	ア	6点	イ		6点
❷	(1)					・ 5点
	(2)					・ 5点
	(3)					・ 5点
	(4)					・ 5点
❸	(1)		6点	(2)		6点
	(3)		6点	(4)		6点
❹	(1)					表 7点
	(2)					表 7点
	(3)					表 7点

▶ 表 の印がない問題は全て 技 の観点です。

❶　　　/35点　❷　　　/20点　❸　　　/24点　❹　　　/21点

❶ 読む📖 次の英文を読んで，質問に答えなさい。 35点

> Welcome to Green Park Zoo. ①(this / you / tell / let / us / about / zoo). It was opened in 1965 and since then all the animals in the zoo have made children happy. Now you can see (②) 500 animals. The zoo has two *areas; Forest Area and Mountain Area. Forest Area showing small animals *is located near the *north gate. Mountain Area showing big animals is located near the *south gate. There is a bus service ③(go) around the zoo and you can take this bus to visit *both areas.
>
> One of the most popular events in this zoo is the *feeding time. ④You can take pictures of the animals eating their meals. If you would like to know more about the feeding time, please ask our staff.
>
> We hope you will enjoy your day at Green Park Zoo!
>
> 注)area　エリア／ be located　位置する／ north　北の／ south　南の／ both　両方の／ feeding time　エサの時間

⑴ 下線部①が「私たちにこの動物園について話させてください」という意味になるように，( )内の語を並べかえなさい。

⑵ (②)に入る適切な語句を選び，記号で答えなさい。

　　ア a lot of　　イ better than　　ウ much than　　エ more than

⑶ 下線部③の( )内の語を適切な形に直して書きなさい。

⑷ 下線部④の英文を日本語にしなさい。

⑸ 本文の内容について，次の問いに答えるとき，＿＿に適切な語を書きなさい。

　　ア Where can you see small animals in Green Park Zoo?

　　　　— In ＿＿＿＿ ＿＿＿＿.

　　イ If you want to know about the feeding time, what will you do?

　　　　— We will ＿＿＿＿ the ＿＿＿＿.

❷ ( )に入る適切な語句を選び，記号で答えなさい。 20点

⑴ This is the tower ( ) in 1973.

　　ア builds　　イ building　　ウ built

⑵ This box is too heavy ( ).

　　ア carry　　イ carrying　　ウ to carry

⑶ Do you know the boy ( ) on the stage?

　　ア sings　　イ singing　　ウ sung

　成績評価の観点　技…言語や文化についての知識・技能　表…外国語表現の能力

(4) My mother let me (　　) my friend in the U.S.

　ア visit　　イ visiting　　ウ visited

❸ **日本語に合うように，（　）内の語句を並べかえなさい。** 24点

(1) 私たちはその男性が彼のネコをさがすのを助けました。

　(his cat / for / we / the man / helped / look).

(2) 私のクラスメートは私をサキと呼びます。

　(Saki / call / classmates / me / my).

(3) 本を読んでいる少年はだれですか。

　(a book / who / reading / the boy / is)?

(4) 窓を開けたままにしないでください。

　(the window / not / open / please / do / leave).

❹ 書く✎ **次の日本語を英語にしなさい。** 表 21点

(1) その映画は彼女を有名にしました。(5 語で)

(2) 私の父によって購入された腕時計はイタリア(Italy)で作られました。(10語で)

(3) 私たちの先生はいつも私たちを笑わせます。(6 語で)

❶	(1)			. 6点
	(2)	5点	(3)	6点
	(4)			6点
	(5)	ア 6点	イ	6点
❷	(1)	5点	(2)	5点
	(3)	5点	(4)	5点
❸	(1)			. 6点
	(2)			. 6点
	(3)			? 6点
	(4)			. 6点
❹	(1)			表 7点
	(2)			表 7点
	(3)			表 7点

▶ 表 の印がない問題は全て 技 の観点です。

❶	/35点	❷	/20点	❸	/24点	❹	/21点

Power-Up 3 ～ Steps 5

❶ 読む📖 次の英文を読んで，質問に答えなさい。　42点

Have you ever climbed Mt. Fuji? Mt. Fuji is a beautiful mountain （　①　） is one of the World Heritage Sites. You can usually climb this mountain from July to September every year. There are four *trails to the top of the mountain.

The most popular trail is Yoshida Trail. More than half of the *climbers choose ②it. It takes about six hours to the top. Yoshida Trail is popular （　③　） there are many shops which the climbers can buy something or get rest in. Also, ④you use different trails when you go down. （　⑤　） you can enjoy a variety of views from the trails.

The most famous *highlight of climbing this mountain is *goraiko*. ⑥*Goraiko* is a *sunrise (the top / can / that / seen / be / from). When it is sunny, the climbers can enjoy the beautiful view. ⑦

注)trail 登山道／ climber 登山者／ highlight 見どころ／ sunrise 日の出

(1) （ ① ）に入る適切な語を選び，記号で答えなさい。

　ア what　　イ when　　ウ who　　エ which

(2) 下線部②のitが指す内容を英語で書きなさい。

(3) （ ③ ），（ ⑤ ）に入る適切な語句を選び，それぞれ記号で答えなさい。ただし，（ ⑤ ）に入る語も文頭は小文字になっています。

　ア however　　イ so　　ウ for example　　エ because

(4) 下線部④の英文を日本語にしなさい。

(5) 下線部⑥が「ご来光は頂上から見られる日の出です」という意味になるように，（ ）内の語句を並べかえなさい。

(6) ⑦ に入る適切な文を選び，記号で答えなさい。

　ア If you haven't had this experience yet, you should climb the mountain someday.

　イ If you haven't climbed Mt. Fuji yet, this mountain is not recommended.

　ウ If you have climbed Mt. Fuji before, you don't need to see the sunrise again.

　エ If you want to enjoy the sunrise, you should climb other mountains.

❷ （　）に入る適切な語を選び，記号で答えなさい。　20点

(1) She is sitting on the chair （　　） her mother bought for her.

　ア which　　イ who　　ウ what

(2) Ms. Sato is a teacher （　　） I like the best.

　ア it　　イ this　　ウ that

成績評価の観点 技…言語や文化についての知識・技能 表…外国語表現の能力

(3) Can you see the girl and the dog (   )are walking on the street?

　ア who　　イ those　　ウ that

(4) The student who (   ) to join our team will come here today.

　ア want　　イ wants　　ウ wanting

❸ 日本語に合うように，（　）内の語句を並べかえなさい。 24点

(1) 私にはドイツに住むおばがいます。

（ lives / have / Germany / I / an aunt / in / who ）.

(2) ロンドンは多くの観光客が訪れる都市です。

（ London / tourists / city / the / is / many / visit ）.

(3) 私が昨日食べたパンはとてもおいしかったです。

（ was / ate / which / the / yesterday / delicious / bread / I ）.

(4) 一方，環境はどんどん悪くなっています。

（ hand / the environment / getting / on / is / other / worse / the / , ）.

❹ 書く✎ 次の日本語を関係代名詞thatを使って英語にしなさい。 表 14点

(1) あなたが昨日公園で見た女の子は私の妹です。

(2) これは有名な写真家(photographer)によってとられた写真です。

<table>
<tr><td>❶</td><td>(1)</td><td colspan="2">6点</td><td>(2)</td><td colspan="3">6点</td><td>(3) ③</td><td colspan="2">6点</td><td>⑤</td><td>6点</td></tr>
<tr><td></td><td>(4)</td><td colspan="12">6点</td></tr>
<tr><td></td><td>(5)</td><td colspan="12">*Goraiko* is a sunrise ・ 6点</td></tr>
<tr><td></td><td>(6)</td><td colspan="2">6点</td><td colspan="10"></td></tr>
<tr><td>❷</td><td>(1)</td><td colspan="4">5点</td><td>(2)</td><td colspan="7">5点</td></tr>
<tr><td></td><td>(3)</td><td colspan="4">5点</td><td>(4)</td><td colspan="7">5点</td></tr>
<tr><td>❸</td><td>(1)</td><td colspan="12">・ 6点</td></tr>
<tr><td></td><td>(2)</td><td colspan="12">・ 6点</td></tr>
<tr><td></td><td>(3)</td><td colspan="12">・ 6点</td></tr>
<tr><td></td><td>(4)</td><td colspan="12">・ 6点</td></tr>
<tr><td>❹</td><td>(1)</td><td colspan="12">表 7点</td></tr>
<tr><td></td><td>(2)</td><td colspan="12">表 7点</td></tr>
</table>

▶ 表 の印がない問題は全て 技 の観点です。

❶ 　　 /42点　　❷ 　　 /20点　　❸ 　　 /24点　　❹ 　　 /14点

Our Project 8 ～ Reading 2

❶ 読む 次の英文を読んで，質問に答えなさい。　36点

Miki is a student who loves music and can play the violin very well. Miki's school has a school festival every year. ①It is the most popular event that is held in October. 　A　 About a month before this year's festival, the music teacher Mr. Suzuki said to Miki, "We'll have a music concert at the festival. (②) playing the violin at the concert?" She was glad to hear that, but she was too nervous to decide *at that moment. She told him that she would think about it. 　B　

After Miki went home, she talked with her mother and asked for her *advice. She said, "If I ③(be) you, I would play at the concert." She also said, "It will be a great experience *even if you make mistakes. It is important for you to try." 　C　

Miki practiced every day until the day of the festival. 　D　 She played very well at the concert and the students enjoyed her violin. When she finished performing, she heard the *applause from them. ④It made Miki happy.

注)at that moment　その時に／ advice　アドバイス／ even if ～　たとえ～だとしても／ applause　拍手

⑴ 下線部①の英文を日本語にしなさい。

⑵ （ ② ）に入る適切な語句を選び，記号で答えなさい。

　ア How about　　イ Are you　　ウ Do you　　エ Who is

⑶ 下線部③の（ ）内の語を適切な形に直して書きなさい。

⑷ 下線部④のItが指す内容を日本語で書きなさい。

⑸ 本文中の　A　～　D　のいずれかに，Then Miki decided to play.という1文を補います。どこに補うのが最も適切ですか。　A　～　D　の中から選び，記号で答えなさい。

⑹ 本文の内容について，次の問いに対する答えとして適切なものを選び，記号で答えなさい。

Why did Miki decide to play at the concert?

　ア Because she wanted to play at the school festival.

　イ Because other students asked her to play.

　ウ Because her mother gave her some good advice.

❷ 日本語に合うように， ＿＿ に適切な語を書きなさい。　24点

⑴ もしリサがここにいたら，あなたの意見に賛成するでしょう。

　If Lisa were here, she ＿＿＿＿ ＿＿＿＿ with you.

⑵ あなたといっしょにベルリンに行けたらいいのに。

　＿＿＿＿ ＿＿＿＿ I could go to Berlin with you.

　成績評価の観点　技…言語や文化についての知識・技能　表…外国語表現の能力

(3) 私が自分のスマートフォンを持っていたら，ベッキーに電話できるでしょう。

If ＿＿＿ ＿＿＿ my smartphone, I could call Becky.

(4) 彼女が私の家の近くに住んでいればいいのに。　I wish ＿＿＿ ＿＿＿ near my house.

❸ 日本語に合うように，（　）内の語句を並べかえなさい。　　24点

(1) ボブにもう少し時間があれば，私たちに数学を教えられるでしょう。

(Bob / math / us / had / teach / more / could / time / if / he / ,).

(2) 私のネコが日本語を話せたらいいのに。

(my / wish / Japanese / I / speak / cat / could).

(3) キャンプは大人と子どもの両方にとって楽しいです。

(fun / camping / adults / is / for / children / both / and).

(4) 彼はその山に登った最も年長の人となりました。

(became / oldest / to / climb / he / the mountain / person / the).

❹ 書く✎ 次のようなとき英語で何と言うか，（　）内の指示に従って書きなさい。表　16点

(1)「もし庭があったら，花を育てられるでしょう」と現在の事実とは違う仮定を表すとき。

(主語をIにして，9語で)

(2)「私がもっと背が高かったらいいのに」と現在の事実と違う願望を表すとき。（5語で）

❶	(1)				6点
	(2)		6点	(3)	6点
	(4)				6点
	(5)		6点	(6)	6点
❷	(1)		6点	(2)	6点
	(3)		6点	(4)	6点
❸	(1)				・6点
	(2)				・6点
	(3)				・6点
	(4)				・6点
❹	(1)				表8点
	(2)				表8点

▶ 表 の印がない問題は全て 技 の観点です。

❶ 　／36点　❷ 　／24点　❸ 　／24点　❹ 　／16点

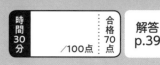

❶ 読む📖 次の英文を読んで，質問に答えなさい。　34点

　　Do you carry your own bags when you go shopping? Nowadays, some shops ask their *customers to use their own bags when they need bags to carry things they bought. Why did ①they stop giving paper bags or plastic bags to their customers?

　　If paper bags are given to customers, a lot of paper is needed. ②(ご存じのように), paper is made from wood.   Now we all know that too much *CO_2 is not good for the environment. When we don't have *enough trees, we can't reduce CO_2. ③Also, forests are the places which many animals live in. So, we need to *protect forests.

　　How about plastic bags? After customers use plastic bags to carry things, some of the bags aren't *thrown away *properly. Plastic bags are light, and wind can easily *blow them to the sea or the forests. Those bags are broken *into pieces, but they are not *decomposed. This is not good for the environment because animals may eat them by mistake and die.

　　If you don't carry your bags, you should change your mind right now. ④

注)customer　客／ CO_2　二酸化炭素／ enough　十分な／ protect　保護する／ thrown　throwの過去分詞形／ properly　適切に／ blow　吹き飛ばす／ into pieces　粉々に／ decompose　分解する

⑴ 下線部①のtheyが指すものを英語で書きなさい。

⑵ 下線部②の（　）内の日本語を3語の英語にしなさい。

⑶ 下線部③の英文を日本語にしなさい。

⑷ 　④　に入る適切な文を選び，記号で答えなさい。

　ア Using plastic bags and paper bags help your favorite shops.

　イ Shops must sell their customers paper bags when they need them.

　ウ Carrying your own bags helps the environment get better.

⑸ 本文の内容について，次の問いに対する答えとして適切なものを選び，記号で答えなさい。

　Why are plastic bags bad for the environment?

　ア Because we can't carry things without them.

　イ Because they may kill animals.

　ウ Because they will increase CO_2.

❷ 日本語に合うように，＿＿＿に適切な語を書きなさい。　24点

⑴ 歩きながら本を読んではいけません。

　Don't read a book ＿＿＿ you ＿＿＿.

(2) その病院は病気の人でいっぱいでした。

The hospital was _____ _____ sick people.

(3) 彼女は彼に感謝するほうがいいです。

She _____ as _____ thank him.

(4) 私は東京でひとりで暮らすのに慣れました。

I got _____ _____ living alone in Tokyo.

❸ **日本語に合うように，（　）内の語句を並べかえなさい。** 21点

(1) 彼女は電話で2時間ずっと話しています。

(been / for / on / talking / two / she / hours / has / the phone).

(2) 彼女をいつ訪ねるか教えていただけませんか。

(tell / when / you / her / me / could / to / visit)?

(3) 兄は私に彼のカメラを使わせてくれました。

(camera / me / his / my brother / use / let).

❹ 書く✎ **次のようなとき英語で何と言うか，（　）内の指示に従って書きなさい。** 表 21点

(1)「マイク(Mike)は決してトマトを食べない」と伝えるとき。（neverを使って，4語で）

(2)「私には医者になるという夢がある」と自分の夢を伝えるとき。

(形容詞的用法の不定詞を使って，8語で)

(3)「ケン(Ken)が何冊の本を持っているか知っているか」と相手にたずねるとき。（8語で）

❶	(1)		6点	(2)			7点
	(3)						7点
	(4)			7点	(5)		7点
❷	(1)			6点	(2)		6点
	(3)			6点	(4)		6点
❸	(1)					．	7点
	(2)					？	7点
	(3)					．	7点
❹	(1)						表 7点
	(2)						表 7点
	(3)						表 7点

▶ 表 の印がない問題は全て 技 の観点です。

❶ 　/34点　❷ 　/24点　❸ 　/21点　❹ 　/21点

/ 20点　　解答 p.41

① これから3つの英文を読みます。それぞれの内容が絵に合っていれば〇を，合っていなければ×を書きなさい。英文は2回読まれます。 (4点×3) ポケリス♪ ①

(1)

(2)

(3)

(1)		(2)		(3)	

② これから放送するサリーとマコトの対話文を聞いて，その内容に合うものをア〜カの中から2つ選び，記号で答えなさい。英文は2回読まれます。 (4点×2) ポケリス♪ ②

ア Makoto wants to write a letter for Mr. Smith.

イ Makoto will send a letter to Mr. Smith tomorrow.

ウ Makoto and Sally are going to give Mr. Smith a cake.

エ Mr. Smith will go back to his county next week.

オ Sally is going to give Mr. Smith some flowers.

カ Sally wants to buy some presents for Mr. Smith.

/ 20点

解答
p.41

❶ これから3つの対話文を読みます。それぞれの内容に合う絵を1つずつ選び，記号で答えなさい。英文は2回読まれます。

（4点×3） ポケ ❸
リス♪

(1)

ア　イ　ウ　エ

(2)

ア　イ　ウ　エ

(3)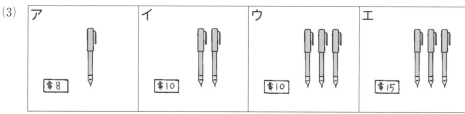

ア　イ　ウ　エ

(1)		(2)		(3)	

❷ これから放送するタクヤの書いた英文を聞いて，その内容に合わないものをア〜カの中から2つ選び，記号で答えなさい。英文は2回読まれます。

（4点×2） ポケ ❹
リス♪

ア　Takuya went to the hospital to see his grandmother yesterday.

イ　Takuya bought some flowers for his grandmother before he visited her.

ウ　Takuya's grandmother was in bed when he went to her room.

エ　Takuya's grandmother was happy because she liked the flowers.

オ　Takuya talked a lot about his family with his grandmother.

カ　Takuya will bring flowers again when he visits his grandmother next time.

❶ これから放送する対話文を聞いて，その内容についての質問に答える問題です。
質問の答えとして最も適切なものをア〜エから１つ選び，記号で答えなさい。
英文は２回読まれます。

(8点)

ポケ
リス♪ ❺

❷ これからユミの部活動についての説明文を放送します。そのあとに説明文の内
容について３つの質問文を読みます。質問の答えとして正しくなるように，そ
れぞれの英文の空欄に英語を１語ずつ書きなさい。英文は２回読まれます。

(4点×3)

ポケ
リス♪ ❻

(1) It was held (　　　) (　　　) (　　　).
(2) To (　　　) (　　　) (　　　) to improve their performance.
(3) Because the brass band (　　　) (　　　) (　　　).

(1)		
(2)		
(3)		

／20点

解答
p.43

❶ これから 3 つの英文を読みます。それぞれの内容が絵に合っていれば〇を，合っていなければ×を書きなさい。英文は 2 回読まれます。

（4点×3）

ポケ
リス♪ ❼

(1)

(2)

(3)

(1)		(2)		(3)	

❷ これからケイトが道で男性に会ったときの対話文と，その内容についての 2 つの質問文を放送します。質問の答えとして最も適切なものをア〜エの中から 1 つずつ選び，記号で答えなさい。英文は 2 回読まれます。

（4点×2）

ポケ
リス♪ ❽

(1) ア It's at the next corner.

　イ It's near the bag shop.

　ウ It's around the fifth stop.

　エ It's in front of the station.

(2) ア She will take a train at the station.

　イ She will get on a bus at the hospital.

　ウ She will carry her bike to the bus stop.

　エ She will walk to the next corner.

(1)		(2)	

❶ これから放送する英文を聞いて，その内容に合う人物を絵のア～キの中から1人ずつ選び，記号で答えなさい。英文は2回読まれます。

(3点×4)

ポケ ⑨
リス♪

ケン		エミ		ユウタ		アヤ	

❷ これからタカシのスピーチと，その内容についての2つの質問文を放送します。質問の答えとして最も適切なものをア～エの中から1つずつ選び，記号で答えなさい。英文は2回読まれます。

(4点×2)

ポケ ⑩
リス♪

(1) ア A watch made in Japan.

　イ A book written in English.

　ウ A good dictionary.

　エ A CD of Takashi's favorite singer.

(2) ア She played the guitar.

　イ She sang some songs.

　ウ She made a delicious cake.

　エ She took some pictures.

(1)		(2)	

／20点

解答
p.44

❶ これから4つの英文を読みます。それぞれの内容に合う絵を1つずつ選び、記号で答えなさい。英文は2回読まれます。

(2点×4)

ポケ
リス♪ ⓫

(1)		(2)		(3)		(4)	

❷ これから放送するクミとマイクの対話文を聞いて、グラフの(1)～(4)に入る適切な日本語または数字を書きなさい。英文は2回読まれます。

(3点×4)

ポケ
リス♪ ⓬

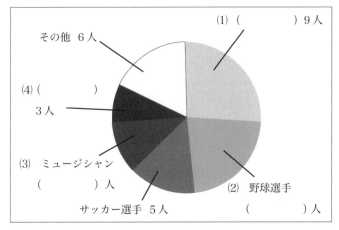

その他 6人

(1) (　　　　　) 9人

(4) (　　　　)
3人

(3) ミュージシャン
(　　　　) 人

サッカー選手 5人

(2) 野球選手
(　　　　) 人

(1)	
(2)	
(3)	
(4)	

153

❶ これから放送する対話文を聞いて，その内容についての質問に答える問題です。
質問の答えとして最も適切なものをア～エから1つ選び，記号で答えなさい。
英文は2回読まれます。

（6点）ポケ リス♪ ⑬

❷ これから放送するメアリーとジョシュの対話文を聞いて，その内容に合うものを
ア～オの中から2つ選び，記号で答えなさい。英文は2回読まれます。

ア Josh went to his sister's concert.

（7点×2）ポケ リス♪ ⑭

イ Mary wants to be like Josh's sister.

ウ Josh likes singing as much as his sister does.

エ Mary sometimes goes camping with her father.

オ Josh and Mary's father like spending time in the mountains.

／20点　解答 p.46

❶ これから３つの対話文を放送します。それぞれの最後にくる文として最も適切なものをア～エの中から１つずつ選び，記号で答えなさい。英文は２回読まれます。

（4点×3）　ポケリス♪ ⑮

(1) ア Yes. She's very kind.

　　イ Yes. She's my friend, Jane.

　　ウ No. She isn't from Australia.

　　エ No. She doesn't know me.

(2) ア I think it will start at seven.

　　イ I think it's near the station.

　　ウ I don't think it's interesting.

　　エ I don't think it will end soon

(3) ア It was born two weeks ago.

　　イ It likes drinking milk.

　　ウ I like it very much.

　　エ I call it Momo.

(1)		(2)		(3)	

❷ これから放送するリカとトムのお母さんの電話での対話文を聞いて，その内容に合うものをア～カの中から２つ選び，記号で答えなさい。英文は２回読まれます。

（4点×2）　ポケリス♪ ⑯

　ア Tom was not home when Rika called him.

　イ Tom's mother didn't know he was out.

　ウ Rika wanted to know where Tom was.

　エ Rika asked Tom's mother to call her later.

　オ Rika is going to give a birthday present to Tom.

　カ Tom's mother thinks he will be happy to know Rika called him.

／20点

解答
p.46

❶ **これから3つの英文とその内容についての質問文を放送します。質問の答えとして最も適切なものをア〜エの中から1つずつ選び，記号で答えなさい。英文は2回読まれます。**

(4点×3)　ポケ リス♪ **⑰**

(1) ア George.

　　イ Lucy.

　　ウ Patty.

　　エ Meg.

(2) ア He wants her to join the volleyball team.

　　イ He wants her to meet the coach of the volleyball team.

　　ウ He wants her to write a song for the volleyball team.

　　エ He wants her to go to the gym.

(3) ア Gonta.

　　イ Kurumi.

　　ウ Hana.

　　エ Sora.

(1)		(2)		(3)	

❷ **これからブライアンとスージーの対話文を放送します。次の文はその内容をまとめたものです。内容を聞き取って，(1)〜(4)のそれぞれにあてはまる日本語を書きなさい。英文は2回読まれます。**

(2点×4)　ポケ リス♪ **⑱**

ブライアンは（　　(1)　　）が書いた本が気に入っていて，スージーはそれを借りようとしています。スージーは祖父が（　　(2)　　）にとった写真をブライアンに見せています。それがとられた場所は市立の（　　(3)　　）で，スージーの父が写っています。スージーの父が手にしているバナナは，彼が子どものときから（　　(4)　　）食べ物です。

(1)		(2)	
(3)		(4)	

❶ これからケンと彼のお母さんの対話文を放送します。ケンの行動を表す絵として最も適切なものをア〜エから1つ選び，記号で答えなさい。英文は2回読まれます。

(8点) ポケリス♪ ⑲

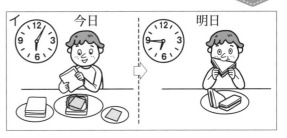

❷ これからサラのスピーチを放送します。そのあとにスピーチの内容について3つの質問文を読みます。質問の答えとして正しくなるように，それぞれの英文の空欄に英語を1語ずつ書きなさい。英文は2回読まれます。 (4点×3) ポケリス♪ ⑳

(1) She (   ) (   ).

(2) He often (   ) (   ).

(3) (   ) he (   ) a child.

(1)		
(2)		
(3)		

❶ 次のグラフを見て，そこから読み取れることを50語程度の英文にまとめなさい。

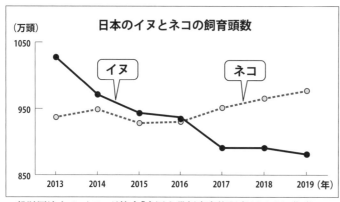

一般財団法人ペットフード協会「全国犬猫飼育実態調査」をもとに作成

❷ 日本の文化や行事を紹介する文として「こどもの日（Children's Day）」を説明する英文を，40～50語でまとめなさい。

❸ あなたは夏休みに外国人の友だちを訪れる予定で，それについて友達へEメールを書いています。(1)あなたが楽しみにしていることを表す文，(2)あなたが相手にしてもらいたいことを表す文，(3)相手の家族について何か教えてほしいと頼む文を，内容を自由に設定して，それぞれ英語の1文で表しなさい。

(1)	
(2)	
(3)	

❹ 「中学生は新聞を毎日読むべきか」という論題について，「賛成」か「反対」のどちらか一方の立場で，その理由も含めてあなたの主張を60語程度の英文にまとめなさい。

英作文にチャレンジ！

5 次の地図とその注意書きについて，日本語のわからない外国人にその内容を説明する英文を，50語程度で書きなさい。

緊急避難場所マップ
サクラ中学校
市立体育館
アケボノ劇場
ミドリスタジアム

※各避難所へは自動車を使わず徒歩でお願いします。
※状況によって開設されない避難所があります。下をご確認ください。

開設されない場合	施設名
大火事	サクラ中学校
大雨	ミドリスタジアム

6 次の英語の質問文に対する応答文を，3つの英文にまとめなさい。ただし，3文のうちの1つはifを含む仮定法の文に，もう1つはI wishで始まる仮定法の文にしなさい。

If you could do anything, what would you do?

教科書ぴったりトレーニング
〈開隆堂版・サンシャイン3年〉

この解答集は取り外してお使いください。

PROGRAM 1 ～ Steps 1

pp.6～7　ぴたトレ1

Words & Phrases

(1)花　(2)色彩に富んだ，カラフルな　(3)正午
(4)これが～です。[ここに～があります。]
(5)told　(6)suitcase　(7)in this way
(8)wait for

1 (1)イ　(2)ア　(3)ア　(4)イ　(5)イ

2 (1)Yumi to　(2)my brother to cook
(3)I asked Meg to clean the room.

3 (1)They want you to join their team(.)
(2)She has been studying math since noon(.)
(3)Let's go to a movie(.)

解き方
1 (1)(5)「～に…してほしいと思っている」は
〈want ～ to ...〉の形で表す。　(2)「～に…す
るように頼む」は〈ask ～ to ...〉。「～」に代
名詞がくるときは目的語のときの形を使う
のでmeを選ぶ。　(3)「～に…するように言
う」は〈tell ～ to ...〉の形。toのあとは動詞
の原形が続く。toldはtellの過去形。　(4)「～
に…するように頼む」は〈ask ～ to ...〉。語
順に注意する。

2 (1)「私はユミにピアノをひいてくれるように
頼みました。」　(2)「私は兄[弟]に昼食を作る
ように頼みました。」　(3)「私はメグに部屋を
掃除するように頼みました。」

3 (1)「～に…してほしいと思っている」は
〈want ～ to ...〉の形で表す。「彼らのチー
ムに参加する」はjoin their team。
(2)現在完了進行形〈have[has] been＋動詞
の-ing形〉で表す。

pp.8～9　ぴたトレ1

Words & Phrases

(1)自家製の　(2)カキ　(3)すばらしい，すてきな
(4)marathon　(5)available
(6)musical instrument

1 (1)イ　(2)ア　(3)イ　(4)ア

2 (1)easy, to　(2)difficult for me to

(3)It is fun for me to play soccer.

3 (1)It is exciting for him to travel
(abroad.)
(2)My brother gave me a watch as a
birthday present(.)
(3)She has more than fifty comic books(.)

解き方
1 (1)「…するのは～である」は〈It is ～ to ....〉。
(2)「子どもたちが」は〈for＋人〉で表すので
forを選ぶ。　(3)〈for＋人〉は〈to＋動詞の原
形〉の前に置くことに注意。
(4)「(人)が…するのは～である」は〈It is ～
for＋人＋to ....〉の形。

2 (1)「私がケーキを作るのはたやすいです。」
(2)「私がコンピュータを使うのは難しいで
す。」　(3)「私がサッカーをするのは楽しいで
す。」

3 (1)「(人)にとって…するのは～である」は〈It
is ～ for＋人＋to ....〉で表す。
(2)「(人)に(もの)を与える」は〈give＋人＋
もの〉の語順。「～として」はas ～ 。
(3)「～以上」はmore than ～で表す。

pp.10～11　ぴたトレ1

Words & Phrases

(1)栄養　(2)配達する　(3)独自の
(4)バランスのとれた　(5)different
(6)develop　(7)workplace　(8)stapler

1 (1)イ　(2)イ　(3)ア　(4)イ

2 (1)that she　(2)sure, enjoy　(3)I'm afraid
(4)that, came　(5)are sad

3 (1)We are sure she wants this bag(.)
(2)Why don't you go to that restaurant(?)
(3)The song is sung in many countries(.)

解き方
1 (1)「私は～と確信しています」は〈I'm sure
(that) ～.〉で表す。thatは「～ということ」
という意味の接続詞。　(2)「～してうれしい」
は〈be動詞＋glad (that) ～〉で表せる。
(3)「～と心配している」は〈be動詞＋afraid
(that) ～〉。thatの後ろには〈主語＋動詞

〜〉が続く。 (4)「〜なので驚いている」は〈be
動詞 + surprised（that）〜〉。thatのあと
は〈主語 + 動詞 〜〉。thatは省略できる。

2 (1)「〜なので驚いている」は〈be動詞 +
surprised（that）〜〉。that以下は驚いて
いる理由を表している。 (2)「と確信して
いる」はsureを使う。「楽しむ」はenjoy。
(3)「〜と心配している」は〈be動詞 + afraid
（that）〜〉。空所の数より，I amの短縮形
I'mを使う。 (4)「〜なのでうれしい」は〈be
動詞 + glad（that）〜〉。「来てくれた」なの
で過去形のcameを使う。 (5)「〜なので悲し
い」は〈be動詞 + sad（that）〜〉で表せる。

3 (1)〈be動詞 + sure +（that +）主語 + 動詞
〜〉で「〜と確信している」。 (2)Why don't
you 〜?で「〜したらどうですか」という意
味。相手に何かをすすめるときの表現。
(3)受け身の形〈be動詞 + 過去分詞〉で表す。

Words & Phrases

(1)こんがりと焼く，トーストする

(2)ふっとうさせる，わかす (3)ブラシをかける

(4)spend (5)bread

1 (1)イ (2)イ (3)ア (4)イ

2 (1)boiling (2)brushing, teeth

(3)I am[I'm] listening to music.

3 (1)Could you turn off the air
conditioner(?)

(2)Let's toast the bread and have
(breakfast.)

(3)There is a vase in my room(.)

解き方 **1** (1)「（新聞を）読む」はreadを使う。主語My
fatherは3人称単数なので，sをつける。
(2)「〜と遊ぶ」はplay with 〜。walkは「歩
く」。 (3)waterには動詞で「〜に水をやる」
という意味がある。 (4)「〜をぬぐ」はtake
off 〜。

2 (1)「私の母は湯をわかしています。」
(2)「私の姉[妹]は歯をみがいています。」
(3)「私は音楽を聞いています。」

3 (1)「〜を消す」はturn off 〜。 (2)「パンを
トーストする」はtoast the bread，「朝食
を食べる」はhave breakfast。 (3)「〜があ
ります」はThere is[are] 〜.で表す。

Words & Phrases

(1)文書，書かれたもの (2)信頼する

(3)journalist (4)publish

1 (1)イ (2)ア (3)イ

2 (1)is written (2)because I can

(3)understand, point

3 (1)However, teachers can be wrong(.)

(2)(Newspapers are useful) because they
give you local information(.)

(3)So the movie theater is a good place
to watch a movie(.)

解き方 **1** (1)比較級の文なのでbetterを選ぶ。 (2)理
由を述べるときはbecauseを使う。 (3)「で
すから」と結論を述べるときはsoを使う。

2 (1)「すべてが〜によって書かれている」は受
け身形〈be動詞 + 過去分詞 + by 〜〉で表す。
everythingは単数扱いなので，be動詞は
isを使う。 (3)このpointは「主張，意見」と
いう意味。

3 (1)howeverのあとはふつう，カンマ(,)を
置く。wrongは「間違っている」という意味
の形容詞。can be wrong「間違っている
こともある」の語順に注意する。 (2)「〜なの
で」は〈because + 主語 + 動詞 〜〉の語順。
〈give + 人 + もの〉で「（人）に（もの）を与え
る」。 (3)「〜するのにいい場所」は〈a good
place + to + 動詞の原形 〜〉の語順で表す。

① (1)イ (2)エ (3)ア

② (1)told, water (2)that, took off

(3)for her to

③ (1)I'm afraid that my answer is wrong(.)

(2)Could you ask him to wait(?)

(3)Is it easy for Matt to play basketball(?)

④ (1)I want her to turn off the light.

(2)I am glad that she called me.

⑤ (1)almost

(2)I've been waiting for that word.

(3)おかあさんに私たちのために弁当を作って
くれるように頼みました

⑥ (1)They produce ultrasonic sound when
railroads are busy.

(2)They keep away from the railroads.

2 英語

<table>
<tr><td rowspan="...">解き方</td><td>

① (1)〈be動詞＋glad that ～〉「～なのでうれしい」の文。 (2)〈It is ～ for＋人＋to ....〉「(人)が…するのは～である」の文。 (3)〈ask ～ to ...〉「～に…するように頼む」の文。toの後ろは動詞の原形。

② (1)「～に…するように言う」は〈tell ～ to ...〉の形で表す。「水をやる」はwater。 (2)「～なので驚いている」は〈be動詞＋surprised (that) ～〉で表す。thatのあとは〈主語＋動詞 ～〉が続く。主語がtheyなので「くつをぬぐ」はtake off their shoesで表し、ここは過去形のtookを使う。 (3)「(人)にとって…するのは～ではありません」は〈It is not ～ for＋人＋to ....〉の形で表す。「人」が代名詞の場合は目的語のときの形を入れる。

③ (1)「私は～と心配している」はI'm afraid that ～.の形で表す。thatのあとにmy answer is wrong「自分の答えが間違っている」を続ける。 (2)「～していただけませんか」なので、Could you ～?の形で表す。「～に…するように頼む」は〈ask ～ to ...〉。 (3)「(人)にとって…するのは～ですか」は〈Is it ～ for＋人＋to ...?〉の語順で表す。

④ (1)「私は彼女に明かりを消してもらいたい」という文にする。「明かりを消す」動作をするのは「彼女」になることに注意。wantの後ろにの代名詞herを入れる。 (2)「私はうれしい」の理由が「彼女が私に電話をかけてくれたから」ということ。〈be動詞＋glad that＋主語＋動詞 ～〉の文に書きかえる。

⑤ (1)「もう少しで」はalmost。 (2)現在完了進行形〈have[has] been＋動詞の-ing形 ～〉で表す。「待つ」はwaitなのでwaitingにする。 (3)〈ask ～ to ...〉で「～に…するように頼む」という意味。make *bentos*は「弁当を作る」。

⑥ (1)「シカ踏切はどのようにシカを守り続けていますか」という質問。They produce ultrasonic sound when railroads are busy.「線路で列車の往来が多いときに、それらは超音波を出します」とある。 (2)「シカはその超音波を聞いたときに、何をしますか」という質問。Deer dislike the sound and keep away from the railroads.「シカはその音をきらっていて、線路から離れます」とある。

</td><td>

pp.18～19　ぴたトレ3

① (1)×　(2)○　(3)×

② (1)ア　(2)イ　(3)イ

③ (1)surprised that　(2)to climb
(3)you to　(4)ask her

④ (1)It is important for you to brush your teeth(.)
(2)We are afraid that she will get sick(.)

⑤ (1)It is interesting for me to know about different cultures.
(2)イ
(3)Sounds
(4)has a variety of food
(5)私はあなたに日本の文化を楽しんでほしいと思います。

⑥ (1)I'm[I am] glad that you came[are] back.
(2)It's[It is] fun for me to swim.
(3)My mother told me to get up early.

解き方

① (1)「かわいい」「楽しみ，喜び」
(2)「～が好きである」「(a variety ofで)さまざまな」
(3)「旅行をする」「お気に入りの」

② (1)「色彩に富んだ，カラフルな」 (2)「すばらしい，すてきな」 (3)「発展させる，開発する」

③ (1)〈be動詞＋surprised that ～〉の文。that以下は驚いている理由を表す。「～が得意である」はbe good at ～。 (2)「…するのは～である」なので〈It is ～ to ....〉の形。「登る」はclimb。 (3)「～に…してもらいたい」は〈want ～ to ...〉。 (4)「～に…するように頼む」は〈ask ～ to ...〉を使う。

④ (1)「(人)にとって…するのは～だ」は〈It is ～ for＋人＋to ....〉で表す。for youの位置に注意。 (2)「私たちは～と心配している」なのでWe are afraid that ～.の形になる。thatのあとに心配している内容のshe will get sick「彼女の気分が悪くなる」を続ける。

⑤ (1)「違う文化について知るのは私にとっておもしろい」という意味。主語のTo know ～ culturesを仮の主語Itに置き換え，to know ～ culturesは文の後ろに移動させる。 (2)空所の前後の文の関係を考える。「日本のマンガについては知っていると確信している」→「日本の新年について話しましょう」という流れなので，適切なのはイのso「だか

</td></tr>
</table>

英語　3

ら」。 (3)That[It] sounds interesting.の主語が省略された表現。
(4)「(それは)さまざまな食べ物がある」という意味にする。(5)〈want ～ to ...〉で「～に…してほしいと思う」という意味。Japanese cultureは「日本の文化」。

全訳

ポール：やあ，ハヤト。日本の文化についてぼくに教えてくれないかな？　違う文化について知るのはぼくにとっておもしろいんだ。

ハヤト：もちろんだよ。きっと日本のマンガについては知っていると思う，だから日本の新年について教えるよ。

ポール：おもしろそうだね。

ハヤト：ぼくたちはふつう，新年を家族と過ごすよ。多くの人々が神社に行って，良い年を祈るんだ。

ポール：なるほど。新年に特別な食べ物を食べるの？

ハヤト：うん。おせちのことを聞いたことがあるかい？　ふつうは箱に入っていて，さまざまな食べ物があるんだ。おいしくて美しいんだよ。

ポール：へえ，いつか食べてみたいな。

ハヤト：えっと，君のためにおせちのいくつかを作れるよ。君に日本の文化を楽しんでほしいな。

ポール：すばらしいね，ハヤト。

⑥ (1)I'm[I am] glad that ～.「私は～なのでうれしい」という文にする。「もどってくる」はcome[be] backで表す。 (2)〈It is ～ for＋人＋to ....〉「(人)にとって…するのは～である」で表す。「楽しい」はfunを使う。
(3)〈tell ～ to ...〉「～に…するように言う」で表す。「早く起きる」はget up early。

英作文の採点ポイント

□単語のつづりが正しい。(2点)
□(　)内の語を使っている。(1点)
□(1)〈be動詞＋glad＋that ～〉の文が正しく書けている。 (2)〈It is ～ for＋人＋to ....〉の文が正しく書けている。 (3)〈tell ～ to ...〉の文が正しく書けている。
(各5点)

PROGRAM 2 ～ Power-Up 1

pp.20～21　　　　　　　　ぴたトレ1

Words & Phrases
(1)影響を及ぼす　(2)今夜(は)
(3)わからない　(4)held
(5)lose　(6)lack

1 (1)ア　(2)イ　(3)ア　(4)イ

2 (1)when she　(2)what, bought
(3)who made　(4)how he comes
(5)where you saw[met]

3 (1)I don't know what he ate for breakfast(.)
(2)He needs to make up for (his failure.)
(3)How long do you study English (every day?)

解き方

1 (1)「だれか知っている」というときは疑問詞whoを使う。 (2)動詞knowのあとに「彼がいつ始めるか」が続いている。疑問詞whenのあとは〈主語＋動詞〉の語順にする。
(3)「彼女が授業で何と言ったか」が動詞understandのあとに続くので〈what＋主語＋動詞〉の語順で表す。 (4)「だれがあなたに話しかけたか」が動詞rememberのあとに続いている。疑問詞whoは主語なのであとに動詞talkedが続く。talk to ～で「～に話しかける」の意味。

2 (1)動詞rememberのあとに「彼女がいつここに滞在したか」が続いている。when「いつ」のあとは〈主語＋動詞〉の形。 (2)「何を～か」は〈what＋主語＋動詞〉で表す。buyの過去形はbought。 (3)knowのあとに「だれが～か」が続いている。この場合はwho「だれが」が主語なので〈who＋動詞～〉という語順になる。 (4)「どうやって」と方法をたずねる疑問詞はhow。「学校に来る」はcome to schoolで表す。主語がheで現在形なのでcomesとすることに注意。
(5)「どこで～か」は〈where＋主語＋動詞〉で表す。「あなたが彼女と会った」のは過去のできごとなので過去形の動詞を使う。「会う」はseeまたはmeetで表す。過去形はそれぞれsaw, met。

3 (1)「私は～知りません」なのでI don't knowで文を始める。「彼が朝食に何を食べたか」を〈what＋主語＋動詞〉の語順で続ける。「朝食に」はfor breakfast。 (2)「～する必

要がある」はneed to 〜，「〜を補う」はmake up for 〜，「失敗」はfailure。 (3)時間の長さをたずねるときはHow long 〜?で表す。

Words & Phrases

(1)集中する

(2)〜に満ちている，〜でいっぱいである

(3)体 (4)energy (5)minute

(6)even though

1 (1)イ (2)ア (3)ア (4)イ

2 (1)me how (2)what he

(3)where she, from (4)what he likes

(5)you how, use

3 (1)Tell me what you bought yesterday(.)

(2)You should finish your homework before watching TV(.)

(3)He went out even though it was snowy(.)

解き方

1 (1)「いつ〜か」は〈when＋主語＋動詞〉で表す。 (2)toldはtell「教える，言う」の過去形。「(人)に〜を教える」は〈tell＋人＋〜〉の語順となる。この文ではhimのあとに「彼が何をすべきか」が〈疑問詞＋主語＋動詞〉の語順で続いている。 (3)Tell meのあとに「だれが彼に電話をかけたか」が続いている。who「だれが」が主語なので〈who＋動詞〉の語順になる。call 〜で「〜に電話をかける」という意味。 (4)「(人)に〜を示す」は〈show＋人＋〜〉。この文ではshow meのあとに「この箱をどのように開けられるか」が続いている。how「どのように」のあとは〈主語＋動詞〉の語順。

2 (1)「(人)に〜を教える」は〈teach＋人＋〜〉。「私に〜を教える」なのでteach me 〜となる。meのあとに「どのように〜するか」を〈疑問詞＋主語＋動詞〉の語順で続ける。「どのように」は疑問詞howを使う。 (2)tell meのあとに「彼が何を〜か」を〈疑問詞＋主語＋動詞〉の語順で続ける。「何を」は疑問詞whatを使う。 (3)「彼女がどこの出身か」を〈疑問詞＋主語＋動詞〉の語順で表す。「どこの」は疑問詞where，「〜の出身である」はbe from 〜。 (4)「彼が何を好きか」を〈疑問詞＋主語＋動詞〉の語順で続ける。「何を」はwhat，「好きである」はlike。主語がheで

現在の文なのでlikesとする。 (5)「(人)に〜を示す」は〈show＋人＋〜〉で表す。「あなたに〜を示す」なのでshow you 〜となる。このあとに「どのように〜するか」を〈疑問詞＋主語＋動詞〉の語順で続ける。「どのように」はhow，「使う」はuse。

3 (1)「私に〜を教えて」なのでTell me 〜で始める。あとに「あなたが昨日何を買ったのか」を〈疑問詞＋主語＋動詞〉の語順で続ける。boughtはbuy「買う」の過去形。 (2)「〜すべきである」は助動詞shouldを使う。「〜前に宿題を終えるべきです」なのでYou should finish your homework before 〜の形となる。与えられた語句の中のwatchingに着目して「〜する前に」をbefore 〜ingの形で表す。beforeには接続詞としての用法と前置詞としての用法があるが，この場合のbeforeは前置詞。 (3)「たとえ〜ではあっても」はeven though 〜で表す。

Words & Phrases

(1)画面 (2)習慣 (3)改善する，向上させる

(4)歩行者 (5)昼 (6)nap (7)result

(8)sign (9)bright (10)fall asleep

1 (1)ア (2)ア (3)イ (4)イ

2 (1)that, likes

(2)tells me, the book is

(3)tells me (that) he has a new racket

3 (1)The movie tells us life is wonderful(.)

(2)We believe he will win the game(.)

(3)What was it like(?)

解き方

1 (1)「(人)に〜だと言う」は〈tell＋人＋that 〜〉の形で表す。このthatは「〜ということ」という意味。thatのあとは〈主語＋動詞〉が続く。 (2)「(人)に〜と(いうことを)言う」なので〈tell＋人＋that 〜〉の形。toldはtellの過去形。 (3)「(人)に〜ということを示す」は〈show＋人＋that 〜〉で表す。 (4)「(人)に〜と伝える」は〈tell＋人＋that 〜〉で表す。未来のことを述べる内容なので，that以下は〈will＋動詞の原形〉の形を使う。

2 He[She] tells meのあとに〈that＋主語＋動詞 〜〉を置く。 (1)「彼は私に彼はピアノをひくのが好きだと言います。」 (2)「彼女は私

にその本はおもしろいと言います。」 (3)「彼
は私に彼は新しいラケットを持っていると
言います。」

3 (1)「(人)に～ということを教える」〈tell＋
人＋(that) ～〉の形。与えられた語句の中
にthatがないので，ここではthatは省略さ
れている。「その映画は私たちに～と教え
る」はThe movie tells us ～.となる。
tells usのあとに「人生はすばらしい」を続
ける。 (2)「～と信じている」は〈believe
(that)＋主語＋動詞 ～〉の形。ここでは
thatは省略されているので，believeのあ
とにhe will win the game「彼がその試合
に勝つ」を続ける。 (3)What is ～ like?で
「～はどのようなものですか」と人やものの
特徴などをたずねる表現。

Words & Phrases

(1)旅行者 (2)change trains

1 (1)イ (2)イ (3)ア

2 (1)how to
(2)Could you tell, how to
(3)Could you tell me how to get to the
zoo?

3 (1)It will take about fifty minutes from
this station(.)
(2)We are at Haneda Airport (now.)
(3)Change trains at Tokyo Station and
take the Chuo Line(.)

解き方

1 (1)「(時間が)かかる」を表すときはtakeを使
う。 (2)「電車を乗りかえる」ときは，2つ以
上の電車が関わっているので，change
trainsと複数形にする。 (3)「どの～」なので，
〈which＋名詞〉の形で文を始める。

2 〈how to get to＋場所〉で「(場所)への行き
方」を表す。(1)「ひがし公園への行き方を教え
ていただけませんか。」(2)「ABC銀行への
行き方を教えていただけませんか。」(3)「動物
園への行き方を教えていただけませんか。」

3 (1)「～から(時間)がかかります」と言うとき
は，主語をItにしてIt will take ～で表す。
(2)「～は…にいる」は〈主語＋be動詞＋at＋
場所.〉で表すことができる。 (3)「乗りかえ
る」はchange trains，「(電車などに)乗
る」はtake。

1 (1)イ (2)ア (3)ウ

2 (1)where, lives (2)that, is important
(3)what time you're

3 (1)Do you know what he was looking
for(?)
(2)I don't remember when this letter was
sent to me(.)
(3)Miki told me they would change
trains at Chuo Station(.)

4 (1)I don't know when she will play
tennis.
(2)Please tell me who came to the party.

5 (1)going (2)fall asleep
(3)how good sleep improves our work
(4)昼寝のあとに人々はよりよく働くことがで
きる

6 (1)Sora's uncle does.
(2)They are partners.

解き方

1 (1)「私は，あなたが昼食に何を食べたのか知
りません」という意味の文にする。「何を～
か」は〈what＋主語＋動詞〉で表す。ateは
eatの過去形。 (2)空所のあとの意味を考え
ると「いつ彼女がコンサートへ行ったのか私
に教えて」という文にするのが適切。
(3)toldはtellの過去形。〈tell＋人＋～〉の
形で「(人)に～と言う」の意味を表すこと，
空所のあとが〈主語＋動詞〉になっているこ
とから接続詞that「～ということ」を入れる。
「父は私に，車を洗うだろうと言いました」
という意味になる。

2 (1)knowsのあとに「彼女がどこに住んでい
るか」を〈疑問詞＋主語＋動詞〉の語順で続け
る。「どこに」は疑問詞whereを使う。主語
はsheなので「住んでいる」はlivesとなるこ
とに注意する。 (2)「(人)に～と(いうこと
を)言う」は〈tell＋人＋that ～〉で表す。こ
のthatは「～ということ」の意味の接続詞。
thatのあとは〈主語＋動詞〉の形を続ける。
(3)tell meのあとは「あなたが何時に出発
するつもりか」を〈what time＋主語＋動
詞〉の語順で続ける。未来の内容なので動詞
部分は〈be going to＋動詞の原形〉の形に
なる。空所の数よりyou areの短縮形
you'reを使って表す。

③ (1)「あなたは〜を知っていますか」なのでDo you know で始める。knowのあとに「彼が何をさがしていたか」を〈what＋主語＋動詞〉の語順で続ける。「さがしていた」は過去進行形〈was[were]＋動詞の-ing形〉で表すことに注意。look for 〜で「〜をさがす」という意味。　(2)「私は〜を覚えていません」なのでI don't remember で始める。rememberのあとに「この手紙がいつ私に送られてきたか」を〈when＋主語＋動詞〉で続ける。「手紙が送られてきた」は受け身形〈be動詞＋過去分詞〉で表すことに注意。　(3)「ミキは私に〜と言いました」なのでMiki told me (that) で始まる文になる。ここではthatが省略されているので，told meのあとに「彼らは中央駅で電車を乗りかえるだろう」を続ける。toldが過去形なので「電車を乗りかえるだろう」はwould change trainsとなる。

④ (1)I don't know に続けると〈when＋主語＋動詞〉の語順になる。　(2)「だれがパーティーに来ましたか」という疑問文。whoが主語なので，Please tell meのあとの語順は，疑問文と同じwho came 〜になる。

⑤ (1)前のbeforeは前置詞。前置詞のあとの動詞は動名詞（動詞の-ing形）にする。　(2)「眠りに落ちる」はfall asleepで表す。　(3)see「わかる」のあとなので〈疑問詞＋主語＋動詞〉の語順で表す。「どのように」を表す疑問詞はhow，「よい睡眠」はgood sleep，「向上させる」はimprove。　(4)that以下の内容を日本語にする。助動詞can「〜できる」やwellの比較級better「よりよく」を適切に訳すこと。

⑥ (1)「だれが補助犬を使っていますか」という質問。Soraの発言にMy uncle uses an assistance dog.「私のおじが補助犬を使っています」とある。　(2)「身体障がいのある人々にとって補助犬とは何ですか」という質問。Assistance dogs are not pets, but partners for people with disabilities.「身体障がいのある人々にとって，補助犬はペットではなくパートナーです」とある。

① (1)〇　(2)×　(3)×

② (1)ア　(2)ア　(3)イ

③ (1)Please tell me when he will go to London(.)

(2)I don't know what subject they are studying(.)

(3)She will show you the museum is very popular(.)

④ (1)how to　(2)me where

⑤ (1)①seen　③looking

(2)that he would come back soon

(3)イ

(4)tell him that you

⑥ (1)I want to know what animal(s) you like.

(2)Where should I change trains?

(3)It'll take about 10[ten] minutes from here.

解き方

① (1)「不足」「習慣」　(2)「健康」「little(少ない)の最上級」　(3)「失う，なくす」「体」

② (1)「エネルギー」　(2)「(精神を)集中する」　(3)「影響を及ぼす」

③ (1)「私に〜教えてください」なのでPlease tell meで始める。meのあとに「彼がいつロンドンに行くのか」を〈when＋主語＋動詞〉の語順で表す。　(2)「私は〜知りません」なのでI don't knowで始める。knowのあとに「彼らが何の科目を勉強しているか」を〈what subject＋主語＋動詞〉の語順で続ける。「勉強している」は現在進行形〈be動詞＋動詞の-ing形〉で表す。　(3)「(人)に〜ということを示す」は〈show＋人＋(that)＋主語＋動詞　〜〉で表す。この文ではthatは省略されている。

④ (1)「私は競技場にどうやって行けるか知っています」→「私は競技場への行き方を知っています」という文にする。how to get to 〜で「〜への行き方」という意味。　(2)「彼の家はどこか私に教えていただけませんか」という意味の文にする。「(人)に〜を教える」は〈tell＋人＋〜〉で表すので，ここではtell meとなる。tell meのあとにWhere 〜 house?の疑問文を〈where＋主語＋動詞〉の語順にして入れる。

⑤ (1)①疑問文がHaveで始まっていることから現在完了形とわかる。seeの過去分詞形はseen。　③be動詞areに着目する。現在進行形にすると意味が通るのでlookingとする。look for 〜は「〜をさがす」。
(2)「彼はすぐにもどってくるつもりだと私に言いました」という意味の文にする。「〜ということ」の部分を〈that＋主語＋動詞 〜〉の語順で表す。come backで「もどる」，soonは「すぐに，まもなく」という意味。
(3)空所の前後の意味を考える。空所のあとの文は，前の文の理由になっているのでbecause「なぜなら」を入れる。　(4)「〜ということを彼に伝える」はtell him that 〜で表す。that以下の主語はyou。

全訳

ベン：ケイタを見た？

リョウ：うん，15分くらい前はここにいたよ。彼はぼくにすぐにもどってくると言ったよ。

ベン：ぼくはどのくらいここで待つべきかな？

リョウ：わからない。どうして彼をさがしているの？

ベン：えっと，今日の放課後，ぼくたちは本屋に行く計画なんだ。英語の本を買いたいんだ。でも，ぼくはスミス先生の特別な数学の授業を受けなくてはならないから，今日は行けないんだ。

リョウ：なるほど。彼がもどってきたら，君が今日は彼と本屋に行けないと彼に伝えておくよ。

ベン：ほんとうに？それはすばらしい。ありがとう，リョウ。ぼくも彼にメールを送っておくよ。あっ，もう行かなくちゃ。また明日ね。

リョウ：またね。

⑥ (1)「私は〜か知りたい」はI want to know 〜.の形で表す。knowのあとに「あなたはどんな動物が好きか」を〈what animal(s)＋主語＋動詞〉の形で表す。　(2)「私はどこで電車を乗りかえるべきですか」とたずねる文にする。「どこで」はwhere，「〜すべきである」は助動詞should，「電車を乗りかえる」はchange trainsを使う。
(3)「(時間が)かかるでしょう」は主語をItに

してIt will take 〜.の形で表す。語数制限があるのでIt willは短縮形It'llにする。「10分」なのでminute「分」は複数形minutesの形で使う。

英作文の採点ポイント

☐ 単語のつづりが正しい。（2点）
☐ （　）内の語数で書けている。（1点）
☐ (1)knowのあとの〈what animal(s)＋主語＋動詞〉の語順が正しく書けている。　(2)Where should I 〜?の文が正しく書けている。change trainsが正しく書けている。　(3)〈It'll take＋時間 〜.〉の文が正しく書けている。
（各5点）

PROGRAM 3 〜 Our Project 7

pp.32〜33　　　　　　　　　　ぴたトレ**1**

Words & Phrases

(1)ハーフタイム，休憩
(2)〜だけでなく…も(また)　(3)(be) born

1 (1)イ　(2)イ　(3)ア　(4)イ　(5)イ

2 (1)call, day　(2)the tower Sky Tower
(3)We call the student Kazu.

3 (1)He named the new team Team M(.)
(2)She bought not only a T-shirt but also (a bag.)
(3)The famous writer was born in New York(.)

解き方

1 (1)(3)「〜を…と呼ぶ」は〈call＋〜（人など）＋…（名前）〉で表す。　(2)(4)「〜を…と名づける」は〈name＋〜（人など）＋…（名前）〉で表す。(5)「〜を…と呼びますか」なのでcallを使う。

2 (1)「私たちはその日を子どもの日と呼びます。」　(2)「私たちはその塔をスカイタワーと呼びます。」　(3)「私たちはその生徒をカズと呼びます。」

3 (1)〈name＋〜（人など）＋…（名前）〉の語順で「〜を…と名づける」。　(2)「〜だけでなく…も」はnot only 〜 but also ...で表す。
(3)「生まれる」はbe born。過去のことなのでbe動詞は過去形wasを使う。

(1)屋内の，室内の　(2)戸外の，野外の

(3)起きる，目を覚ます

(4)drew　(5)create　(6)report

1 (1)イ　(2)ア　(3)イ　(4)ア　(5)ア

2 (1)keep, clean　(2)made him

(3)keeps, warm　(4)me happy

(5)leave, angry

3 (1)The rain made the bus late(.)

(2)Mike uses the internet to get information(.)

(3)He speaks English as a second language(.)

解き方

1 (1)〈make ＋〜（人など）＋ …（形容詞）〉「〜を…（の状態）にする」の文で，〜の部分に代名詞を使う場合は目的語の形。　(2)「〜を…にしておく」はkeepを使う。　(3)「〜を…のままにしておく」はleaveを使って表す。leftはleaveの過去形。　(4)「〜を…にする」は〈make ＋〜（人など）＋ …（形容詞）〉の語順。(5)主語の「一日じゅう働くこと」を動名詞（動詞の-ing形）で表す。〈make ＋〜（人など）＋ …（形容詞）〉で「〜を…（の状態）にする」という意味。

2 (1)「〜を…（の状態）にしておく」は〈keep ＋〜（人など）＋ …（形容詞）〉を使う。「きれいに」は形容詞clean。　(2)「〜を…（の状態）にする」は〈make ＋〜（人など）＋ …（形容詞）〉。過去の文なので過去形のmadeを使う。(3)「暖かい」は形容詞warm。「〜（の状態）にしておく」はkeepを使う。　(4)「彼と話すことは私を幸せにする」と考える。〈make ＋〜（人など）＋ …（形容詞）〉「〜を…（の状態）にする」の文。(5)「〜を…のままにしておく」は〈leave ＋〜（人など）＋ …（形容詞）〉を使う。「怒った」は形容詞angry。

3 (1)「雨がそのバスを遅れた状態にする」と考える。〈make ＋〜（人など）＋ …（形容詞）〉の語順で「〜を…（の状態）にする」。　(2)「情報を得るために」は副詞的用法の不定詞〈to ＋動詞の原形〉で表す。　(3)「〜として」はas 〜で表す。

---

(1)幸運　(2)最後の，最終の

(3)幸運を祈って下さい。

(4)tournament　(5)rest　(6)bake

1 (1)ア　(2)ア　(3)イ　(4)イ　(5)イ

2 (1)Let, open　(2)you carry　(3)makes me

(4)Let him　(5)What made

3 (1)His story made everyone cry(.)

(2)He didn't know I was a nurse(.)

(3)Thanks for listening to my speech(.)

解き方

1 (1)「〜が…するのを手伝う」は〈help ＋〜（人など）＋動詞の原形〉の形で表すので，動詞の原形を選ぶ。　(2)「〜に…させる［するのを許可する］」は〈let ＋〜（人など）＋動詞の原形〉で表す。　(3)「〜に…させる」は〈make ＋〜（人など）＋動詞の原形〉の語順。　(4)「彼がかぎをさがすのを手伝う」は〈help ＋〜（人など）＋動詞の原形〉の形で表す。(5)疑問詞whatが主語になっている。Whatの後ろは〈made ＋〜（人など）＋動詞の原形〉となる。

2 (1)〈Let me ＋動詞の原形.〉で「私に〜させてください」。　(2)「〜が…するのを手伝う」は〈help ＋〜（人など）＋動詞の原形〉を使う。「運ぶ」はcarry。　(3)〈make ＋〜（人など）＋動詞の原形〉の文。主語はMy motherで3人称単数なのでmakesとなる。　(4)「〜に…させてあげてください」は〈Let ＋〜（人など）＋動詞の原形.〉(5)「何が〜を変えさせたのですか」はwhatが主語の疑問文。このwhatを主語にして，あとに〈make ＋〜（人など）＋動詞の原形〉を続ける。makeは過去形madeにする。

3 (1)「〜に…させる」は〈make ＋〜（人など）＋動詞の原形〉を使う。　(2)「〜ということ」を表すthatが省略されている。didn't know (that)「〜ということを知りませんでした」と過去形なので(that)のあとの動詞も過去形になっている。　(3)「〜してくれてありがとう」はThanks for 〜ingの形で表す。

---

(1)絵，絵画　(2)〜を提出する

(3)softball　(4)around, corner

1 (1)ア　(2)イ　(3)イ　(4)イ

2 (1)Let, about (2)Let me, about the test

　(3)Let me tell you about the game.

3 (1)He is planning to stay in Tokyo(.)

　(2)The contest is just around the corner(.)

　(3)As you know, the party will start at

　　seven(.)

解き方 1 (1)未来の文。「来週」はnext week。 (2)「コンピュータ室で」は前置詞inを使う。 (3)「～について話す」はtalk about ～。talk to ～は「～に話す」。 (4)「～を提出する」はhand in ～で表す。

2 (1)「私のイヌについてあなたたちに話させてください。」 (2)「テストについてあなたたちに話させてください。」 (3)「試合についてあなたたちに話させてください。」

3 (1)〈plan to＋動詞の原形〉で「～することを計画する」という意味。現在進行形にすることで近い未来を表す。 (2)just around the cornerで「間近に，近づいて」という意味。 (3)「ご存じのように」はas you know。

pp.40～41 ぴたトレ1

Words & Phrases

　(1)話し手，話者 (2)風 (3)大洋，海 (4)着飾る

　(5)island (6)middle (7)survive (8)boat

1 (1)ア (2)イ (3)ア (4)イ

2 (1)tell, that (2)that I opened a shop

　(3)I'm excited to tell you that I won the

　　tournament.

3 (1)They taught me how to be positive(.)

　(2)He was lucky that many people

　　helped him(.)

　(3)Please let me know if you are

　　interested(.)

解き方 1 (1)「～を…と呼ぶ」は〈call＋～(人など)＋…(名前)〉で表す。 (2)〈make＋～(人など)＋動詞の原形〉を使った文。 (3)未来を表す文なのでwillを使う。 (4)〈want to＋動詞の原形〉で「…したい」，〈ask＋～＋to＋動詞の原形〉で「～に…するよう頼む」。この2つが合わさった文。

2 (1)「その薬を開発したと伝えられるのがうれしいです。」developは「開発する」という意味。 (2)「店を開いたと伝えられるのがうれしいです。」 (3)「トーナメントで勝ったと伝

えられるのがうれしいです。」

3 (1)〈teach＋人＋～〉で「(人)に～を教える」という意味。「～する方法」は〈how to＋動詞の原形〉で表せる。 (2)〈lucky that＋主語＋動詞～〉で「～して幸運だ」という意味になる。このthatは接続詞で原因を表す。 (3)「興味があるなら」という条件はifを使って表す。「～に…させてやる」を意味する〈let＋～(人など)＋動詞の原形〉を使って「私にお知らせください」を表す。

pp.42～43 ぴたトレ2

1 (1)ウ (2)ア (3)エ

2 (1)call her (2)me bake

　(3)made them work

3 (1)Could you leave the door open(?)

　(2)Let me ask you some questions(.)

　(3)My aunt made me go to bed early(.)

4 (1)They helped me look for my key.

　(2)What made the writer popular?

5 (1)invented

　(2)they named the sport basketball

　(3)In fact (4)a picture of this game

　(5)そのスポーツをアメリカで有名にしました

6 (1)Yes, they do.

　(2)Halal marks do.[A halal mark does.]

解き方 1 (1)「～に…させてやる」を表す〈let＋～(人など)＋動詞の原形〉の文。 (2)「～を…(の状態)にしておく」を表す〈keep＋～(人など)＋…(形容詞)〉の文。主語grandmotherは3人称単数で現在の文なのでkeepsを選ぶ。 (3)「～を…(の状態)にする」を表す〈make＋～(人など)＋…(形容詞)〉の文。

2 (1)「～を…と呼ぶ」は〈call＋～(人など)＋…(名前)〉。 (2)「～が…するのを手伝う」は〈help＋～(人など)＋動詞の原形〉。「焼く」はbake。 (3)「～に…させる」は〈make＋～(人など)＋動詞の原形〉。「働く」はwork。

3 (1)「～を…のままにしておく」は〈leave＋～(人など)＋…(形容詞)〉の語順で表す。このopenは形容詞。 (2)「～にいくつか質問をする」はask ～ some questions。これを〈let＋～(人など)＋動詞の原形〉の文で使う。 (3)〈make＋～(人など)＋動詞の原形〉の文。「寝る」はgo to bed。

10 英語

④(1)「彼らは私がかぎをさがすのを手伝った」という文にする。〈help＋～（人など）＋動詞の原形〉で「～が…するのを手伝う」を表す。 (2)This bookをたずねるのでwhatを使う。この場合，疑問詞whatが主語になるのでwhatのあとの語順はそのまま。

⑤(1)受け身の文。過去分詞のinventedにする。「～によって発明された」という意味になる。 (2)〈name＋～（人など）＋…（名前）〉の語順で「～を…と名づける」を表す。
(3)in factで「実際は」という意味を表す。
(4)直前の文のa picture of this gameを指す。 (5)This reportが主語で，そのあとは〈make＋目的語（人など）＋補語（形容詞）〉「～を…にする」の形が使われている。the sportが目的語，famousが補語。

⑥(1)「日本のイスラム教徒はハラール・フードを食べますか」という質問。So Muslims in Japan don't eat halal food? Yes, they do.「だから，日本のイスラム教徒はハラール・フードを食べないのですか。いいえ，食べます」とある。 (2)「イスラム教徒がハラール・フードを見つけるのに役立つのは何ですか」という質問。If a food product has a halal mark on it, I know it is a halal food.「食料品にハラール・マークがあれば，それがハラール・フードだとわかります」とある。

pp.44～45 ぴたトレ**3**

❶(1)○ (2)× (3)×

❷(1)ア (2)イ (3)ア

❸(1)My brother let me wear his blue shirt(.)
(2)Watching basketball games makes me excited(.)

❹(1)What, call (2)doesn't let
(3)I name (4)you do

❺(1)何があなたを疲れさせたのですか。
(2)Did you leave it dirty(?)
(3)ウ
(4)help my brother clean

❻(1)Let me[us] start the meeting.
(2)My father made me study every day.
(3)Did you name your baby Kaori?

解き方
❶(1)「紹介する」「生徒」 (2)「海」「作り出す」
(3)「最後の」「真ん中」

❷(1)「トーナメント」 (2)「特に」
(3)「インタビューする人」

❸(1)「～が…するのを許す」は〈let＋～（人など）＋動詞の原形〉で表すことができる。目的語（人など）と動詞の原形は主語と述語の関係になっている。 (2)「バスケットボールの試合を見ること」が主語。動名詞を使ってwatching basketball gamesと表す。「～に…させる」は〈make＋～（人など）＋…（形容詞）〉の語順で表す。

❹(1)〈call＋～（人など）＋…（名前）〉の名前の部分をたずねる疑問文。「何」は疑問詞whatを使う。 (2)〈let＋～（人など）＋動詞の原形〉「～が…するのを許す」の否定文。
(3)「～してもいいですか」はMay I ～?。「名づける」はname。 (4)〈make＋～（人など）＋動詞の原形〉「～に…させる」の文。「(宿題を)する」は原形doを使う。

❺(1)〈make＋～（人など）＋…（形容詞）〉の文で疑問詞が主語になっている。過去の文であることにも注意。 (2)「あなたはそれを汚いままにしておいたのですか」という意味の文を作る。〈leave＋～（人など）＋…（形容詞）〉の形で表す。 (3)Why don't you ～?で「～したらどうですか」という意味。
(4)「～が…するのを手伝う」は〈help＋～（人など）＋動詞の原形〉で表す。

全訳
デイビッド：おはよう，メイ。今日の調子はどう？

メイ：あら，おはよう，デイビッド。元気だけど，疲れているの。

デイビッド：まだ朝だよ。何があなたを疲れさせたの？

メイ：お母さんが私に私の部屋を掃除させたの。

デイビッド：君はそれを汚いままにしておいたの？

メイ：えっと，うん。たくさんのものを床に置いて，一週間それらを片付けなかったの。昨晩，掃除する計画だったけれど，とても眠くてできなかったの。だから今朝，早く起きて掃除したわ。1時間以上かかったわ。

デイビッド：わあ！ 毎日掃除したらどう？

メイ：それがいい考えであることは知っているけど，毎日やるのは私にとって難しいわ。

デイビッド：えっとね，掃除することはぼくの気分をよくするんだ。ぼくはときどき弟が部屋を掃除するのを手伝うよ。部屋を掃除したあと，君は部屋で自分の時間をもっと楽しめるよ。

メイ：そのとおりね。

⑥ (1)「～させてください」はLet me[us] ～.の形で表す。 (2)「～に…させる」は〈make ＋ ～（人など）＋動詞の原形〉を使う。 (3)「～を…と名づける」は〈name ＋ ～（人など）＋ ...（名前）〉を使う。ここは過去の疑問文にする。

英作文の採点ポイント

□単語のつづりが正しい。(2点)

□（ ）内の語数で書けている。（1点）

□(1)〈Let me[us]＋動詞の原形.〉の文が正しく書けている。 (2)madeのあとが〈～（人など）＋動詞の原形〉の語順になっている。 (3)〈name ＋ ～（人など）＋ ...（名前）〉の文が正しく書けている。（各5点）

Reading 1 ~ Power-Up 2

p.46　ぴたトレ1

Words & Phrases

(1)来園者，訪問者　(2)害を与える，傷つける

(3)worse　(4)kill

1 (1)to stand　(2)her to

2 (1)The police officer ordered him to stop the car(.)

(2)The pain is getting worse(.)

解き方 1 (1)〈order ＋ ～（目的語）＋ to ＋動詞の原形〉で表す。「立ち上がる」はstand up。 (2)〈want ＋ ～ ＋ to ＋動詞の原形〉で表す。「彼女に」は目的語の形のherを使う。

2 (1)主語はThe police officer。そのあとに〈order ＋ ～（目的語）＋ to ＋動詞の原形〉を続ける。 (2)〈get ＋形容詞〉で「～（の状態）になる」。ここでは，形容詞bad「悪い」が比較級のworseになっている。

p.47　ぴたトレ1

Words & Phrases

(1)注射　(2)頭がよい，賢い

(3)poor　(4)skin

1 (1)too, run　(2)so, that

2 (1)This pencil is so short that I can't use it.

(2)The question is so difficult that she can't solve it.

解き方 1 (1)「―にはあまりにも～すぎて…できない」を〈too ～ for ― to ...〉の形で表す。 (2)「あまりに～なので…」を〈so ～ that ...〉の形で表す。

2 (1)for meよりthat以下の主語は I になる。useのあとに目的語のit ＝ this pencilを置く。 (2)for her to solveよりthat以下の主語はshe，動詞はsolveになる。

p.48　ぴたトレ1

Words & Phrases

(1)(ゾウの)鼻　(2)(動物の)おり

(3)stood　(4)raise

1 (1)pictures to　(2)To study

2 (1)I want to do something to help them(.)

(2)This song will be sung by many people(.)

解き方 1 (1)「あなたに見せる（ための）写真」は〈名詞＋ to ＋動詞の原形〉の形で表す。形容詞的用法の不定詞。 (2)「毎日勉強すること」が主語。「～すること」を〈to ＋動詞の原形〉の形で表す。名詞的用法の不定詞。

2 (1)「～したい」はwant to ～，「何かをする」はdo something。「彼らを助けるために」は目的を表す副詞的用法の不定詞〈to ＋動詞の原形〉で表す。 (2)「～されるでしょう」は未来を表すwillと受け身を合わせて〈will be ＋過去分詞〉の形で表す。

p.49　ぴたトレ1

Words & Phrases

(1)少しの，いくつかの　(2)検査[試験]する

(3)weak　(4)stomach

1 (1)continued practicing　(2)no longer

2 (1)She no longer works with us(.)

(2)They continued running in the rain(.)

1 (1)「〜し続ける」はcontinue ～ingで表す。practice「練習する」の-ing形はpracticing。 (2)「もはや〜しない」はno longer ～を使う。一般動詞と使うときはふつう一般動詞の直前に置かれる。

2 (1)no longer ～「もはや〜しない」をworksの前に置く。 (2)「〜し続ける」をcontinue ～ingで表す。「雨の中」はin the rain。

pp.50～51　　　　ぴたトレ2

1 (1)ウ (2)イ (3)エ

2 (1)to drink (2)continued talking
(3)happy that

3 (1)She is no longer interested in the topic(.)
(2)It will get warmer tomorrow than today(.)
(3)Ms. Smith ordered the students to speak in English(.)

4 (1)It's so hot that we can't play soccer in the park.
(2)My sister went to London to study music.

5 (1)3頭のゾウを殺すこと。
(2)potatoes (3)tried to
(4)あまりにもかたすぎて注射針が貫通できませんでした[注射針が通りませんでした]
(5)had to stop giving them anything to eat
(6)⑥stood ⑦hoping
(7)ア× イ〇

1 (1)too ～ for ― to ...「―にはあまりにも〜すぎて…できない」の文。 (2)〈tell＋～(目的語)＋to＋動詞の原形〉の文。meの後ろには〈to＋動詞の原形〉を置く。 (3)no longer ～「もはや〜しない」には否定の意味が入っているので、ほかの部分では否定を表す語を使わない。

2 (1)「何か飲むもの」は「飲むための何か」と考える。somethingを後ろから説明する形容詞的用法の不定詞を使って表す。 (2)「〜し続ける」はcontinue ～ingで表す。「〜と話す」はtalk with ～。 (3)「あまりに〜なので…」をso ～ that ...の形で表す。soの後ろに形容詞、そのあとにthatを置く。

3 (1)no longer ～「もはや〜ではない」はbe動詞の文では、be動詞の直後に置かれる。 (2)「暖かくなる」はget warm。「今日より」と比較する文なのでwarmerと比較級になっている。 (3)〈主語＋order＋～(目的語)＋to＋動詞の原形〉の形で表す。「英語で話す」はspeak in English。

4 (1)so ～ that ...の文にするときは、for usの部分をthat以下の主語に、to play soccerの部分を動詞にする。too ～ for ― to ...の文には「〜できない」という意味が含まれるので、so ～ that ...の文にも「できない」を意味するcan'tを入れる。 (2)「音楽を勉強するために」は目的を表す副詞的用法の不定詞で表す。〈to＋動詞の原形 ～〉の形で文の最後に置く。

5 (1)the orderは「その命令」という意味。本文の冒頭の2文参照。 (2)poisoned potatoes「毒入りのジャガイモ」に対してgood ones「よい(毒の入っていない)ジャガイモ」として使われている。onesはpotatoesを指す。 (3)「〜しようとする」はtry to ～で表す。過去の文なので過去形triedを使う。 (4)too ～ for ― to ...は「―にはあまりにも〜すぎて…できない」という意味。(5)「〜しなくてはならなかった」はhad to ～、「〜することをやめる」はstop ～ing、「何か食べるもの」はanything to eatの語順。(6)⑥過去の出来事を表しているので、過去形のstoodにする。⑦直前にbe動詞のwereがあるので過去進行形の文にする。hopeの-ing形はhoping。(7)ア「ジョンは毒入りのジャガイモを食べたので死にました。」第2段落2文目に「よいジャガイモだけを食べた」とあるので、×。イ「トンキーとワンリーはジョンより長く生きました。」第3、4段落参照。「ジョンは17日後に死にました」のあとに「それからトンキーとワンリーにその時が来ました」とあるのでジョンのほうが早く死んだとわかる。

pp.52～53　　　　ぴたトレ1

Words & Phrases
(1)レンズ (2)店員 (3)そで
(4)receipt (5)stain (6)damage
1 (1)イ (2)ア (3)イ (4)ア (5)イ

2 (1)return, shoes　(2)Can I, the cup

(3)Can I exchange the book for a new one?

3 (1)Let me exchange the T-shirt for a bigger one(.)

(2)Just a minute, please(.)

(3)This smartphone doesn't work(.)

解き方 1 (1)damageは「傷つける」という意味なので，この場合は受け身の形にする。　(2)「(私が)〜してもよろしいですか」はMay I 〜?を使う。　(3)ものを手渡しながら「はい，どうぞ」と言うときはHere you are.。　(4)「いらっしゃいませ」はMay I help you?。　(5)「〜したいのですが」はI'd like to 〜.で表す。I'dはI wouldの短縮形。I like to 〜.は「〜するのが好きである」の意味。

2 (1)「そのくつを返品できますか。」returnで「返品する」という意味を表す。(2)「そのカップを新しいものに交換できますか。」exchange 〜 for ...で「〜を…に交換する」という意味。このoneはcupを指す。　(3)「その本を新しいものに交換できますか。」このoneはbookを指す。

3 (1)〈let＋〜(人など)＋動詞の原形〉で「〜に…させてやる」を表すので〈Let me＋動詞の原形 〜.〉の形で「私に〜させてください」という意味になる。　(2)カンマ(,)があるので，pleaseは文の最後に置く。　(3)このworkは「機能する，作動する」という意味。

PROGRAM 4 〜 Steps 3

pp.54〜55　　　　ぴたトレ1

Words & Phrases

(1)理解する，実感する　(2)写真

(3)bench　(4)communicate

1 (1)イ　(2)イ　(3)ア　(4)イ

2 (1)eating, is

(2)talking with Mr. Mori, Mary

(3)The student taking pictures is Sally.

3 (1)Look at the man washing the car(.)

(2)It must be fun to swim in the ocean(.)

(3)(Mr. Brown) teaches us a lot of things(.)

解き方 1 (1)「窓のそばに立っている」が「男性」の説明をしているので，名詞(The man)の後ろに

現在分詞を置く。　(2)〈名詞＋現在分詞 〜〉が主語の文。動詞はThe dogに合わせる。　(3)「箱を運んでいる少女」を〈名詞＋現在分詞 〜〉の語順で表す。　(4)「テニスをしているあの少年」を〈名詞＋現在分詞 〜〉の語順で表す。

2 (1)「リンゴを食べている生徒はポールです。」be動詞は主語であるThe studentに合わせてisにする。　(2)「モリ先生と話している生徒はメアリーです。」talkを現在分詞のtalkingにする。　(3)「写真をとっている生徒はサリーです。」

3 (1)命令文なのでLookから始める。「車を洗っている男性」を〈名詞＋現在分詞 〜〉の語順で表す。　(2)「〜するのは…です」〈it is＋形容詞＋to＋動詞の原形 〜〉の構文を使う。「〜にちがいない」は助動詞mustを使うので，It must be 〜で始める。　(3)「(人)に(もの)を教える」は〈teach＋人＋もの〉の語順。「たくさんのこと」はa lot of things。

pp.56〜57　　　　ぴたトレ1

Words & Phrases

(1)公式の，正式の　(2)広く

(3)user　(4)expression

1 (1)イ　(2)ア　(3)イ　(4)イ

2 (1)used by　(2)a chair made

(3)This is a letter written by Satoru.

3 (1)The mountain seen from this room is Mt. Ontake(.)

(2)About half a million people join the event (every year.)

(3)Would you like to visit the country(?)

解き方 1 (1)「これらの写真」は「とられた」ので過去分詞を使う。　(2)「ケーキ」は「母によって昨日，焼かれた」ので〈名詞＋過去分詞 〜〉の形になる。　(3)「その寺」は「〜年に建てられた」なので過去分詞を使う。build「建てる」の過去分詞はbuilt。　(4)「マリと呼ばれる」は「少女」を説明している。名詞(the girl)のあとに〈過去分詞 〜〉が続く。

2 (1)「これは私の父によって使われるコンピュータです。」名詞(a computer)を説明する語句を〈過去分詞 〜〉の形で名詞のあとに置く。　(2)「これはケンによって作られたいすです。」makeの過去分詞はmade。　(3)「これはサトルによって書かれた手紙

す。」名詞(a letter)を説明する語句を〈過去分詞 ～〉の形で名詞のあとに置く。writeの過去分詞はwritten。

3 (1)「この部屋から見られる山」が文の主語。この部分を〈名詞＋過去分詞 ～〉の形で表す。 (2)「50万」はhalf a millionで表す。 (3)「～したいと思いますか」はWould you like to ～?。

pp.58〜59 ぴたトレ**1**

Words & Phrases

(1)下げる (2)顔の

(3)eyebrow (4)spell

1 (1)イ (2)ア (3)イ (4)イ (5)ア

2 (1)How, Spanish

(2)How do you say, English

(3)How do you say "Thank you" in Japanese?

3 (1)It is like living in another world(.)

(2)This is not just your problem(.)

(3)First, open the box with this key(.)

解き方 1 (1)「どのように，どう」と手段をたずねるときは疑問詞howを使う。 (2)withoutは「～なしで」を表す前置詞。あとに動詞を置くときは動名詞(動詞の-ing形)にする。 (3)「～ですよね」と確認するときは，文の最後に～, right?をつける。 (4)「～を誇りに思う」はbe proud of ～。ofは前置詞なので「看護師であること」をbeing a nurseの形で続ける。 (5)「～に興味がある」はbe interested in ～。inは前置詞なので，「学ぶこと」をlearningの形で続ける。

2 (1)「スペイン語で『See you』はどう言いますか。」「～語で」は〈in＋言語〉。 (2)「英語で『ただいま』はどう言いますか。」 (3)「日本語で『Thank you』はどう言いますか。」

3 (1)このlikeは「～のような」を表す前置詞。そのあとにlive「住む」の動名詞を続ける。「もうひとつの世界」はanother world。 (2)not justで「～だけではない」という意味。be動詞の文で使う場合は，be動詞の直後にnot justを置く。 (3)「まず」はfirst。カンマ(,)があるので，文頭にFirst,の形で置いて，そのうしろに文を続ける。ここは命令文なのでopenから始める。

pp.60〜61 ぴたトレ**1**

Words & Phrases

(1)初心者 (2)選挙 (3)いくつかの

(4)activity (5)display (6)defeat

1 (1)イ (2)ア (3)ア (4)イ (5)イ

2 (1)Have, ever (2)don't have to

(3)have, October

(4)has won, championship

3 (1)You don't have to worry about me(.)

(2)The war lasted for three years(.)

(3)My friends including Jenny will come to the party(.)

解き方 1 (1)「～したことがある」という経験は現在完了形〈have[has]＋過去分詞〉を使う。 (2)「～する必要はない」は〈don't[doesn't] have to＋動詞の原形〉で表す。 (3)「～(行事など)がある」はhaveを使う。 (4)「今までに～したことがありますか」は〈Have[Has]＋主語＋ever＋過去分詞 ～?〉で表す。経験があるかどうかをたずねている。 (5)「～してはいけない」は〈must not＋動詞の原形〉を使う。don't have to ～とのちがいに注意。

2 (1)「今までに～したことがありますか」は〈Have[Has]＋主語＋ever＋過去分詞 ～?〉で表す。 (2)「～する必要はない」は〈don't[doesn't] have to＋動詞の原形〉。 (3)「～がある」をhaveを使って表す。 (4)経験を表す現在完了形で表す。

3 (1)「～する必要はない」は〈don't[doesn't] have to＋動詞の原形〉。「～のことを心配する」はworry about ～。 (2)このlastは動詞で「続く」という意味。「～の間」は前置詞forを使う。 (3)「～を含めて」はincluding ～で表す。includingは前置詞。

pp.62〜63 ぴたトレ**1**

Words & Phrases

(1)kind (2)gray

1 (1)ア (2)イ (3)ア (4)ア

2 (1)it to (2)with them (3)red vegetable

(4)are seen (5)when you sit

3 (1)It is a story about a poor boy(.)

(2)What kind of food do you like(?)

(3)They are baking some cookies in the kitchen(.)

1 (1)「高い」はtall,「茶色」はbrown。
(2)「〜することができる」は助動詞canを使う。mayは「〜してもよい」という意味。
(3)「必要とする」はneed。wantは「ほしい」という意味。 (4)「長い口を持った」は所有を表すwithを使う。

2 (1)「〜するために」は〈to＋動詞の原形〉で表す。 (2)「〜を使って」と道具や手段を表すときはwith使う。 (3)「小さな赤い野菜」はa small red vegetable。 (4)「見られる」は受け身形〈be動詞＋過去分詞〉で表す。see「見る」の過去分詞はseen。 (5)「〜するとき」は〈when＋主語＋動詞〜〉を使う。

3 (1)「〜について」はaboutを使って表す。このpoorは「かわいそうな」という意味。
(2)「どんな種類の〜」はWhat kind of 〜?で表す。 (3)現在進行形の文。〈主語＋be動詞＋動詞の-ing形 〜〉の語順で表す。

るのでbe動詞はareを使うことに注意。
(3)「多くの旅行者によって訪問される博物館」は〈名詞＋過去分詞 〜〉の形で表す。「〜によって」はbyを使う。

3 (1)「私には〜がいます」なのでI have 〜で始める。「ドイツに住んでいる兄」は〈名詞＋現在分詞 〜〉で表す。 (2)「これは〜です」なのでThis is 〜で始める。「私の父に使用される車」は〈名詞＋過去分詞 〜〉で表す。
(3)「ドアのうしろに立っている少女」は〈名詞＋現在分詞 〜〉で表す。この部分が文の主語になる。「ドアのうしろに立つ」はstand behind the door。

4 (1)「私は木の下ですわっているあの少女を知っています」という意味の文にする。下線部分を〈名詞＋現在分詞 〜〉の形で表す。
(2)「2年前に発明されたその機械を使っていますか」という意味の文にする。下線部分を〈名詞＋過去分詞 〜〉の形で表す。

5 (1)「使われる」という部分なのでuseの過去分詞usedを入れて，a sign languageを説明する文にする。 (2)「50万」はhalf a million。 (3)Would you like to 〜?は「〜したいと思いますか」という意味。learnは「学ぶ」という意味。

6 (1)「その爆弾が広島を襲ったとき，恵美子さんは何歳でしたか」という質問。Emiko was eight years old when the bomb hit Hiroshima.「その爆弾が広島を襲ったとき，恵美子さんは8歳でした」とある。
(2)「外に出たとき，恵美子さんは何を見ましたか」という質問。She saw "hell" when she went outside.「外に出たとき，彼女は『地獄』を見ました」とある。

---

pp.64〜65　ぴたトレ2

1 (1)エ (2)イ (3)ア

2 (1)baby crying (2)rescued[saved], are
(3)visited by

3 (1)I have a brother living in Germany(.)
(2)This is a car used by my father(.)
(3)The girl standing behind the door is my daughter(.)

4 (1)I know that girl sitting under the tree.
(2)Do you use the machine invented two years ago?

5 (1)used
(2)there are about half a million ASL users
(3)学びたいと思いますか

6 (1)She was 8[eight] (years old).
(2)She saw "hell".

1 (1)「エレンによって連れてこられた」という意味にするので，過去分詞を使ってcatを説明する。 (2)「素敵な着物を着ている少女」という意味にするので，現在分詞を使う。
(3)「音楽を聞いている少年」という意味にするので，現在分詞を使う。

2 (1)「赤ちゃん」はbaby。それを説明するのは「泣いている」なので現在分詞を使う。
(2)「救助する」はrescue[save]。「救助された」なので過去分詞を使う。「〜にいます」はbe動詞を使う。主語The peopleに合わせ

---

pp.66〜67　ぴたトレ3

1 (1)○ (2)× (3)×

2 (1)イ (2)ア (3)イ

3 (1)listening (2)opened (3)called
(4)delivered (5)drinking (6)sung

4 (1)dog sleeping
(2)woman carrying
(3)held last (4)baked by

5 (1)①written ③selling
(2)about a girl traveling around the world
(3)working near our school

⑥ (1)Do you know the man talking with Takumi?

(2)I enjoyed the movie recommended by you.

(3)You don't have to wear the[your] (school) uniform today.

解き方

① (1)「表示」「夜」　(2)「顔の」「言語」

(3)「遠足」「海」

② (1)「表現」　(2)「アルファベット」　(3)「選挙」

③ (1)「音楽を聞いているあの男性は私のおじです。」現在分詞「～している」にする。

(2)「ポールによって開けられた箱には何が入っていましたか。」過去分詞「～された」にする。　(3)「錦帯橋と呼ばれる橋を見て。」過去分詞「～される」にする。　(4)「そのレストランから配達された昼食を食べたことがありますか。」過去分詞「～された」にする。

(5)「窓の近くでコーヒーを飲んでいる女性を知っています。」現在分詞「～している」にする。　(6)「これは人気のある歌手によって歌われる歌ですか。」過去分詞「～される」を使う。singの過去分詞はsung。

④ (1)「ベンチの下で眠っているあのイヌはジェーンのです」という意味の文にする。下線部分を〈名詞＋現在分詞 ～〉で表す。　(2)「大きなかばんを運んでいるあの女性を手伝いましょう」という意味の文にする。下線部分を〈名詞＋現在分詞 ～〉で表す。　(3)「私たちは先週開催された行事を楽しみました」という意味の文にする。下線部分を〈名詞＋過去分詞 ～〉で表す。　(4)「私は姉[妹]によって焼かれたパンを食べました」という意味の文にする。下線部分を〈名詞＋過去分詞 ～〉で表す。

⑤ (1)①「英語で書かれた本」という意味にするので，過去分詞を使う。③「英語の本をたくさん売っている本屋」という意味にするので，現在分詞にする。　(2)下線部分は本の内容を説明する文。「それは世界じゅうを旅行している少女についてです」という意味にする。「世界じゅうを旅行している少女」を〈名詞＋現在分詞 ～〉で表す。　(3)「学校の近くで働いている」という説明を加えるので，現在分詞を使う。

全訳

アヤ：こんにちは，ベス。何を読んでいるの？

ベス：こんにちは，アヤ。英語で書かれた本を読んでいるのよ。世界じゅうを旅行

している少女についてなの。

アヤ：それはおもしろそうね。本を読むのは好きなの？

ベス：ええ，でも英語の本を見つけるのは私にとって難しいわ。

アヤ：私は英語の本をたくさん売っている本屋を知っています。ABCブックストアに行ったことはある？

ベス：ないわ。どこにあるの？

アヤ：中央駅の近くよ。実は今日，放課後にその本屋に行く予定なの。私といっしょに行きたい？

ベス：はい。電車で行くの？

アヤ：私たちの学校の近くで働いている兄が車でここに来るの。私たちを本屋まで連れていってくれるわ。

ベス：それはいいわね。ありがとう，アヤ。

⑥ (1)「あなたは～を知っていますか」という文にするのでDo you know ～?で始める。「タクミと話している男性」は〈名詞＋現在分詞 ～〉で表す。　(2)「私は～を楽しみました」という文にするので，I enjoyed ～で始める。「あなたによって勧められた映画」は〈名詞＋過去分詞 ～〉で表す。「勧める」はrecommend, 過去分詞はrecommended。　(3)「～する必要はない」は〈don't have to＋動詞の原形〉で表す。「制服を着る」はwear the[your] (school) uniform。

英作文の採点ポイント

□単語のつづりが正しい。(2点)

□(　)内の指示に従っている。(1点)

□(1)〈名詞＋現在分詞 ～〉の形を正しく使えている。　(2)〈名詞＋過去分詞 ～〉の形を正しく使えている。　(3)don't have to ～の文が正しく書けている。

(各5点)

PROGRAM 5 ～ Word Web 2

pp.68～69　　　　　　　　　ぴたトレ1

Words & Phrases

(1)豆　(2)ウェブサイト

(3)valuable[expensive]　(4)crush

1 (1)イ　(2)イ　(3)イ　(4)ア

2 (1)who lives　(2)who plays the guitar

(3)I have an aunt who has two dogs.

3 (1)Susan is a student who likes math(.)

(2)We regard her as a good teacher(.)

(3)The sky was so beautiful that I took many pictures(.)

解き方

1 (1)「人」を表す名詞のうしろに関係代名詞whoを続けてその名詞を説明する文。 (2)「買った」のは過去なので関係代名詞のうしろの動詞は過去形にする。 (3)先行詞はsome friendsで複数形。関係代名詞whoのうしろの動詞は先行詞に合わせるのでcomeに-sはつかない。 (4)「歌っている男性」を〈名詞＋who＋動詞 〜〉の語順で表す。

2 先行詞はすべてが3人称単数で現在のことを表す文なので，関係代名詞のうしろの動詞の形に注意する。(1)「私にはシドニーに住んでいるいとこがいます。」 (2)「私にはギターをひく友だちがいます。」 (3)「私には2匹のイヌを飼っているおばがいます。」

3 (1)「数学が好きな生徒」はa studentを先行詞として，likes mathを関係代名詞whoを使ってつなぐ。 (2)「〜を…とみなす」はregard 〜 as …。 (3)〈so＋形容詞＋that＋主語＋動詞 …〉で「あまりに〜なので…」という意味。

pp.70〜71 ぴたトレ1

Words & Phrases

(1)〜の至るところで[に] (2)県

(3)消費する (4)figure (5)neck (6)add

1 (1)ア (2)イ (3)イ (4)イ

2 (1)which has (2)parrot which speaks

(3)I want a robot which cleans my room.

3 (1)Is that a shop which sells shoes(?)

(2)You can see rabbits throughout the town(.)

(3)These computers are used to make reports(.)

解き方

1 (1)「もの」を表す名詞のうしろに関係代名詞whichを続けてその名詞を説明する文。 (2)関係代名詞whichはそのうしろに続く文の主語になっている。「届いた」は過去のことなのでarriveは過去形にする。 (3)「テーブルの上にあるペン」はThe penを先行詞として，is on the tableを関係代名詞whichを使って説明を加える。 (4)「人口を示す図」はthe figureが先行詞。関係代名詞whichは主語の働きをするので，うしろには動詞

が続く。

2 (1)「私は庭のある家がほしいです。」a houseが先行詞になる。あとに〈which＋動詞(has) 〜〉を続ける。 (2)「私は英語を話すオウムがほしいです。」a parrotを先行詞として，〈which＋動詞(speaks)〜〉を続ける。 (3)「私は私の部屋を掃除するロボットがほしいです。」I want a robotに続けて「私の部屋を掃除する」という説明を加える。

3 (1)「あれは〜ですか」なのでIs that 〜?の形になる。「くつを売る店」はa shopを先行詞として，関係代名詞whichを使って表す。 (2)「〜の至るところで」はthroughout 〜。 (3)「これらのコンピュータは使われます」＋「報告書を作成するために」の形で文を組み立てる。「〜するために」は〈to＋動詞の原形〉を使う。

pp.72〜73 ぴたトレ1

Words & Phrases

(1)動き，運動 (2)(食事などを)出す

(3)価格，値段 (4)不当に，不公平に

(5)side (6)image (7)used (8)dark

1 (1)イ (2)イ (3)イ (4)ア

2 (1)that has (2)vet that helps animals

(3)This is a bus that goes to the station.

3 (1)This is a story that makes people happy(.)

(2)I'd like to see this movie with you(.)

(3)The boys were forced to stay there(.)

解き方

1 (1)先行詞はa boy and a dogと複数なので，関係代名詞thatのあとの動詞はwereを使う。 (2)先行詞が「人」のときは関係代名詞はwhoかthatを使う。 (3)「青いシャツを着た少女」を〈名詞＋関係代名詞that＋動詞〉の形で表す。 (4)「月曜日のあとに来る日」はThe dayを先行詞として関係代名詞thatを使って表す。The dayは3人称単数なので，thatのあとの動詞はcomesとなる。「〜のあとに来る」はcome after 〜。

2 (1)「これは池のある公園です。」a parkが先行詞になる。あとに〈that＋動詞(has)〜〉を続ける。a parkが3人称単数なので，hasとなることに注意。 (2)「こちらは動物を助ける獣医です。」a vetを先行詞として，〈that＋動詞(helps)〜〉を続ける。 (3)「こ

れは駅へ行くバスです。」This is a busに続けて「駅へ行く」という説明を加える。

3 (1)「これは〜です」の文なのでThis is 〜.の形になる。「人々を幸せにする物語」はa storyを先行詞として，関係代名詞thatを使って表す。「(人)を〜(の状態)にする」は〈make＋人＋形容詞〉の語順。 (2)I'd like to 〜で「〜したいと思います」という意味。 (3)be forced to 〜で「〜せざるを得ない」という意味。

pp.74〜75 ぴたトレ1

Words & Phrases

(1)電子の (2)毎日の，日常の
(3)perfect (4)dictionary

1 (1)ア (2)イ (3)ア (4)ア

2 (1)So, to (2)First (3)may find
(4)On, other hand (5)to answer

3 (1)In other words, I changed my idea(.)
(2)These festivals will be held at the same time(.)
(3)Watching movies is exciting(.)

解き方 1 (1)「たとえば」と例を挙げるときはfor exampleを使う。 (2)「一方」はon the other handを使う。 (3)「つまり」と言いかえるときはin other wordsで表す。 (4)「しかし」はhoweverを使う。

2 (1)「そのため，〜」はSo 〜.の形。「〜しなければならない」はhave to 〜。 (2)「はじめに，〜」はFirst, 〜.の形で表す。 (3)「〜かもしれません」は〈may＋動詞の原形〉で表す。 (4)「一方，〜」はOn the other hand, 〜.の形で表す。 (5)fail to 〜で「〜できない」の意味を表す。

3 (1)「つまり」はin other words。「考えを変える」はchange one's idea。 (2)「同時に」はat the same time。「開催される予定です」はwillの受け身の形で表すのでwill be heldとなる。 (3)「映画を見ること」が主語。「〜すること」を動名詞を使って表す。

pp.76〜77 ぴたトレ1

Words & Phrases

(1)チョウ (2)herself

1 (1)イ (2)ア (3)イ (4)イ (5)ア (6)イ

2 (1)tell (2)look at (3)heard

(4)is talking (5)started

3 (1)Ms. Brown told us an interesting story(.)
(2)I have never seen this animal before(.)
(3)She said to herself(, "Don't worry.")

解き方 1 (1)「目に入る」という意味なのでseeを選ぶ。 (2)試合などを「見る」はwatchを使う。 (3)話などを「耳にする」という意味なのでhearを使う。 (4)「〜と話す，相談する」はtalk with 〜を使う。 (5)「出発する」はstartを使う。 (6)ことばを「言う」ときはsayを使う。また，tellのあとにtoなどの前置詞は使わないことも覚えておこう。

2 (1)「駅への道」は内容を伝えるのでtellを使う。 (2)「図を見る」は動かないものを意識的に「見る」なのでlookを使う。「〜を見る」はlook at 〜。 (3)耳に入ってくる音を「聞く」ときはhearを使う。hearの過去形はheard。 (4)「電話で話す」というときはtalkを使う。「今，〜しています」は現在進行形で表す。 (5)「(事業などを)始める」ときはstartを使う。

3 (1)〈tell＋人＋〜〉「(人)に〜を話す」の形で表す。 (2)「一度も〜したことがない」を現在完了形〈have[has]＋過去分詞〉で表す。否定語のneverはhaveのあとに置く。beforeは「以前に」という意味で，文の最後に置く。 (3)〈say to＋人〉で「(人)に言う」。ここでは「(自分自身)に言う」なので主語sheと同じ人を表すherselfをtoのあとに置く。

pp.78〜79 ぴたトレ2

1 (1)ウ (2)エ (3)イ

2 (1)which[that] was (2)park, has
(3)boy who[that] won

3 (1)There are many people who ski here in winter(.)
(2)I want to play music which makes everyone happy(.)
(3)They enjoyed the vacation which lasted for more than one month(.)

4 (1)Do you know that man who[that] is standing by the big table?
(2)I am looking for a key which[that]

opens this door.

⑤ (1)by　(2)②began　③made
　(3)added milk to improve its taste
　(4)多くのチョコレートを消費する国

⑥ (1)Three astronauts went to the moon on Apollo 11.
　(2)They wore special suits that protected them in space.

考え方

① 名詞を説明する関係代名詞の文。
(1)a suitcase 〜 clothesは「衣服でいっぱいのスーツケース」という意味になる。先行詞はa suitcaseで「もの」なので，関係代名詞はwhichを使う。　(2)a student 〜 wellは「バスケットボールをとてもじょうずにする生徒」という意味になる。先行詞はa studentで「人」なので関係代名詞はwhoを使う。　(3)The girl 〜 togetherは「いっしょに歌を歌う少女と鳥」という意味になる。先行詞はthe girl and the birdで「人＋動物」なので関係代名詞はthatを使う。

② (1)The shirtを先行詞として関係代名詞を使って表す。The shirtは「もの」なので，関係代名詞はwhichまたはthatを使う。「洗濯された」なので過去の受け身の形にする。　(2)the park「公園」を先行詞として，関係代名詞thatを使った文。「プールがある」はhaveで表すが，the parkは3人称単数で現在のことなのでthatのあとの動詞はhasとする。　(3)「優勝した少年」を関係代名詞を使って表す。先行詞はthe boyで「人」なので，関係代名詞はwhoまたはthatを使う。「優勝する」はwin the first prize。過去のことなのでwinの過去形wonを入れる。

③ (1)「〜がたくさんいます」なのでThere are many 〜で始める。「ここで冬にスキーをする人」をpeopleを先行詞として，関係代名詞を使って表す。〈先行詞(people)＋関係代名詞(who)＋動詞(ski) 〜〉の語順になる。　(2)「〜を演奏したい」なのでI want to play 〜で始める。「みんなを幸せにする音楽」を〈先行詞(music)＋関係代名詞(which)＋動詞(makes) 〜〉で表す。「(人)を〜(の状態)にする」は〈make＋人＋形容詞〉の語順。　(3)「彼らは〜を楽しみました」なのでThey enjoyed 〜で文を始める。「1か月以上続いた休暇」をthe vacationを先行詞として，関係代名詞を使って表す。〈先行詞

(the vacation)＋関係代名詞(which)＋動詞(lasted) 〜〉の語順になる。「〜の間続く」はlast for 〜，「〜以上」はmore than 〜。

④ (1)2つ目の文を使ってthat manを説明する。「大きなテーブルのそばに立っているあの男性を知っていますか」という意味の文にすればよい。下線部は〈先行詞(that man)＋関係代名詞(who[that])＋動詞(is standing) 〜〉の形になる。　(2)2つ目の文を使ってa keyを説明する。「私はこのドアを開けるかぎをさがしています」という意味の文にすればよい。下線部は〈先行詞(a key)＋関係代名詞(which[that])＋動詞(opens) 〜〉の形になる。

⑤ (1)この文は受け身の文。「カカオ豆は16世紀にスペイン人によってヨーロッパへ船で運ばれました」という意味になる。「〜によって」はby。　(2)②過去のできごとを述べているので過去形beganにする。③直前のbe動詞に着目して，受け身の文で「作られた」とする。makeの過去分詞はmade。(3)前後の文の流れから「その味を改善するために牛乳を加えた」とする。「〜するために」は〈to＋動詞の原形〉で表す。　(4)the countriesが先行詞の関係代名詞の文。

⑥ (1)「1969年に何が起きましたか」という質問。Three astronauts went to the moon on Apollo 11 in 1969.「1969年に3人の宇宙飛行士がアポロ11号で月へ行きました」とある。　(2)「宇宙飛行士は何を着ましたか」という質問。They wore special suits that protected them in space.「彼らは宇宙空間で彼らを保護する特別なスーツを着ました」とある。

pp.80〜81　　　　ぴたトレ3

① (1)×　(2)○　(3)×

② (1)ア　(2)ア　(3)イ

③ (1)Summer is the season which comes after spring(.)
　(2)Do you have a classmate who is good at math(?)
　(3)The person that wrote this book is a famous actor(.)
　(4)I know the girl who is walking with a dog(.)

④ (1)who[that] has　(2)which[that] were

(3)that are

❺ (1)the house which stands near the Green Park
(2)who[that] (3)イ
(4)which[that] make us excited

❻ (1)Mr. Smith needs some students who (can) help him.
(2)English is the[a] language that is used in many[a lot of] countries.
(3)We regard it as a rule.

解き方

❶ (1)「雄，男性」「高価な」 (2)「動き，運動」「改善する」 (3)「図」「価格，値段」

❷ (1)「印象，イメージ」 (2)「県」 (3)「消費する」

❸ (1)「夏は〜です」なのでSummer is 〜で文を始める。「春のあとに来る季節」をthe seasonを先行詞として，関係代名詞を使って表す。〈先行詞(the season)＋関係代名詞(which)＋動詞(comes) 〜〉の語順になる。 (2)「あなたには〜はいますか」なのでDo you have 〜?の形になる。「数学が得意なクラスメート」はa classmateを先行詞として，関係代名詞を使って表す。〈先行詞(a classmate)＋関係代名詞(who)＋動詞(is) 〜〉の語順になる。「〜が得意な」はbe good at 〜で表す。 (3)「〜は有名な役者です」なので〜 is a famous actor.の形になる。「この本を書いた人」は〈先行詞(the person)＋関係代名詞(that)＋動詞(wrote) 〜〉の語順で表す。 (4)「私は〜を知っています」なのでI know 〜で文を始める。「イヌといっしょに歩いている少女」は〈先行詞(the girl)＋関係代名詞(who)＋動詞(is walking) 〜〉の語順で表す。

❹ (1)「長い髪の少女」を「長い髪を持った少女」に書きかえる。〈先行詞(the girl)＋関係代名詞(who[that])＋動詞(has) 〜〉の形にする。 (2)「私のおじがこれらの写真をとりました」を「これらは私のおじによってとられた写真です」に書きかえる。下線部を〈先行詞(the pictures)＋関係代名詞(which[that])＋動詞(were taken) 〜〉の形にする。 (3)「ソファで眠っている赤ん坊とネコは幸せに見えます」という文にする。先行詞はA baby and a catで「人」と「動物」なので関係代名詞はthatを使う。

❺ (1)「グリーンパークの近くに立っている家」は〈先行詞(the house)＋関係代名詞(which)＋動詞(stands) 〜〉の語順で表す。 (2)a college studentを先行詞とする関係代名詞の文にする。 (3)「私たちは私たちのイヌをディーンと呼びます」という意味の文にする。〈call＋〜(人など)＋...(名前)〉で「〜を…と呼ぶ」。 (4)「私たちをわくわくさせる映画」は，関係代名詞whichまたはthatを使ってmoviesを説明する文にする。〈make＋人＋形容詞〉で「(人)を〜(の状態)にする」という意味になる。ここでは「(人が)興奮した，わくわくした」という意味なのでexcitedを使う。excitingは「(ものが)わくわくするような」という意味なので，ここでは不可。

全訳

今日は私の家族について話させてください。私には父，母，姉，そしてイヌがいます。私たちはグリーンパークの近くに立っている家に住んでいます。私の父は医者で，母は看護師です。彼らは駅の前にある病院で働いています。私の姉は歴史を勉強する大学生です。彼女はいつも私に親切です。私たちは私たちのイヌをディーンと呼びます。彼は庭でボールで遊ぶのが好きな小さな茶色のイヌです。私は帰宅するとよく，彼と遊びます。私たちはみんな，私たちをわくわくさせる映画を見るのが好きです。毎週土曜日に私たちは映画を見ます。もしいい映画を知っていたら，教えてください。

❻ (1)「スミス先生は〜が必要です」なのでMr. Smith needs 〜で始める。「自分を手伝ってくれる何人かの生徒」を〈先行詞(some students)＋関係代名詞(who)＋動詞(help) 〜〉で表す。 (2)「英語は〜です」なのでEnglish is 〜で始める。「たくさんの国で使われている言語」を〈先行詞(the[a] language)＋関係代名詞(that)＋動詞(is used) 〜〉で表す。 (3)regard 〜 as ...で「〜を…とみなす」。「規則」はruleで表す。

英作文の採点ポイント

□単語のつづりが正しい。(2点)
□( )内の指示に従っている。(1点)
□(1)(2)〈先行詞＋関係代名詞＋動詞 〜〉の形を正しく使えている。 (3)regard 〜 as ...の形を正しく使えている。
(各5点)

pp.82～83 ぴたトレ**1**

Words & Phrases

(1)とても小さい　(2)全体の，全部の
(3)巨大な　(4)researcher
(5)float　(6)sail

1 (1)ア　(2)イ　(3)ア　(4)イ

2 (1)which, read
(2)which I wrote
(3)This is the picture which Emma painted.

3 (1)The computer which he uses is expensive(.)
(2)His house is three times as big as mine(.)
(3)This dish is made of wood(.)

解き方

1 (1)「トムが手に入れたプレゼント」を〈先行詞＋目的格の関係代名詞which＋主語＋動詞 ...〉で表す。　(2)先行詞the capは「もの」なので，目的格の関係代名詞はwhichを使う。(3)「彼女が昨日買った」は〈目的格の関係代名詞which＋主語＋動詞 ...〉の形で先行詞the bikeを説明している。　(4)「私が勧めた」は〈目的格の関係代名詞which＋主語＋動詞 ...〉の形で先行詞the movieを説明している。

2 〈先行詞＋目的格の関係代名詞which＋主語＋動詞 ...〉の形を使う。ここでは動詞を過去形に。(1)「これはジャックが読んだ本です。」readの過去形はread。　(2)「これは私が書いたレポートです。」writeの過去形はwrote。　(3)「これはエマが描いた絵です。」

3 (1)「彼が使うコンピュータ」を〈先行詞(the computer)＋目的格の関係代名詞which＋主語(he)＋動詞(uses)〉の語順で表す。(2)「～の…倍—です」は〈... times as — as ～〉で表す。　(3)「～でできている」はbe made of ～で表す。

pp.84～85 ぴたトレ**1**

Words & Phrases

(1)減らす　(2)有害な，危険な　(3)人間
(4)逃げる　(5)throw　(6)surface
(7)contain　(8)fat

1 (1)イ　(2)イ　(3)ア

2 (1)that, built　(2)that I met

(3)This is the temple that Kate visited

3 (1)He is wearing the shirt that his mother made(.)
(2)It is said that dogs are clever(.)
(3)We shouldn't throw away garbage here(.)

解き方

1 (1)先行詞はthe pictureで「もの」なので関係代名詞としてwhoを使うことは不可。(2)「彼女が好きな」は〈目的格の関係代名詞＋主語＋動詞 ...〉の語順で先行詞the singerを説明している。　(3)先行詞matchに最上級the most excitingがついているので関係代名詞はthatを使う。また，「私がこれまでに見た」は経験を表す現在完了形で表す。

2 (1)「これは昨年私の父が建てた家です。」buildの過去形はbuilt。　(2)「こちらは昨年私が出会った女性です。」meetの過去形はmet。　(3)「これは昨年ケイトが訪れた寺です。」

3 (1)「彼は～を着ています」なのでHe is wearing ～.の形になる。「母親が作ったシャツ」は〈先行詞(the shirt)＋目的格の関係代名詞that＋主語(his mother)＋動詞(made)〉の語順。　(2)「～と言われている」は〈It is said that＋主語＋動詞 ～〉で表す。(3)「～を捨てる」は throw away ～。

pp.86～87 ぴたトレ**1**

Words & Phrases

(1)掃除，清掃　(2)企画，計画　(3)ごみ
(4)collect[gather]　(5)hurt　(6)stew

1 (1)イ　(2)イ　(3)ア　(4)イ

2 (1)cookies, bake
(2)oranges Mr. Mori grows
(3)I like the songs he sings.

3 (1)He uses the chair May designed(.)
(2)My parents are glad to hear that(.)
(3)She went home without saying goodbye(.)

解き方

1 (1)先行詞the singerは「人」なので関係代名詞はwhoまたはthatを使うが，目的格なので省略されている。　(2)the bagのあとに目的格の関係代名詞が省略されていると考える。「あなたがほしがっていた」を〈主語＋動詞〉の語順でthe bagのあとに続ける。(3)The manのあとに目的格の関係代名詞が省略されていると考える。「あなたが昨日

公園で見た」を〈主語＋動詞 ...〉の語順で
The manのあとに続ける。 (4)「トムが話し
かけている少年」は〈先行詞(the boy)＋(目
的格の関係代名詞)＋主語(Tom)＋動詞(is
talking to)〉で表せる。talk to ～で「～
に話しかける」。目的格の関係代名詞は省略
されている。

2 目的格の関係代名詞を省略して〈名詞＋主語
＋動詞 ...〉の形で名詞を説明する形にする。
(1)「私はあなたが焼くクッキーが好きです。」
(2)「私はモリさんが育てるオレンジが好きで
す。」 (3)「私は彼が歌う歌が好きです。」

3 (1)「彼は～を使っています」なのでHe uses
～.の形になる。与えられた語の中に関係代
名詞がないので「メイがデザインしたいす」
は〈名詞(the chair)＋主語(May)＋動詞
(designed)〉と表す。 (2)「～して…」は〈形
容詞＋to＋動詞の原形 ～〉。 (3)「～しない
で」はwithout ～ingで表す。

pp.88～89 ぴたトレ**1**

Words & Phrases

(1)日焼け止め剤 (2)電池
(3)bucket (4)radio

1 (1)ア (2)イ (3)ア (4)ア
2 (1)cannot[can't], without (2)so on
(3)most important (4)also, it is[that it's]
3 (1)I think a light is better than an ax(.)
(2)She didn't agree with his idea(.)
(3)My father is busy all the time(.)

考え方
1 (1)「～なので」と理由を説明する接続詞は
because。 (2)「～のほうがいい」はgoodの
比較級betterを使う。 (3)「～ついてはわか
らない」はI'm not sure about ～を使う。
(4)「～ですが」と前の文とは，違うことを続
けるときは接続詞butを使う。
2 (1)cannot[can't] ～ without ...で「…なし
では～できない」。 (2)～, and so onで「～
など」。 (3)「最も重要な」はimportantの最
上級で表す。 (4)「～も」を表すのはalso。
think (that)のあとは〈it is＋形容詞＋to＋
動詞の原形 ～〉「～するのは…です」を表す
文が続いている。
3 (1)「私は～と思います」なのでI think ～.の
形になる。thinkのあとに「明かりはおのよ
りいい」という比較級の文を続ける。「明か

り」はa light，「おの」はan ax。 (2)agree
with ～で「～に賛成する」。 (3)「いつでも」
はall the time。

pp.90～91 ぴたトレ**1**

Words & Phrases

(1)すばらしい，優れた (2)説明
(3)smell (4)grown

1 (1)イ (2)ア (3)ア (4)イ (5)イ
2 (1)living, mountain
(2)playing, classmate
(3)seen, is (4)which[that], wrote
3 (1)This is the computer my brother
uses(.)
(2)My teacher helped me solve the
problem(.)
(3)Let me tell you about Japanese
culture(.)

解き方
1 (1)この文の主語はThe restaurant。3人
称単数で現在の文なので，文の動詞serve
に-sをつける。my friends likeの前に目
的格の関係代名詞が省略されている。
(2)「～された」という意味で名詞を説明する
ときは過去分詞を使う。 (3)「～する」と名詞
を説明するときは現在分詞を使う。 (4)先行
詞はthe womanで「人」なので，関係代名
詞はwhoを使う。(5)「～された」と名詞を説
明するので過去分詞を使う。
2 (1)「この山に住んでいる」が「動物」を説明し
ている。「この山に住んでいる動物」を〈名詞
＋現在分詞 ～〉の形で表す。 (2)「ピアノを
ひいている」は「生徒」を説明している。「ピア
ノをひいている生徒」を〈名詞＋現在分詞 ～〉
の形で表す。 (3)「この部屋から見える海」は
「この部屋から見られる海」という意味なので
〈名詞＋過去分詞 ～〉の形で表す。see「見
る」の過去分詞seenを使う。この文の主語
はThe oceanなので2つ目の空所には文
の動詞になるbe動詞isを入れる。 (4)「その
作家が書いた」は「本」を説明している。「そ
の作家が書いた本」を〈名詞＋目的格の関係
代名詞＋主語＋動詞 ...〉の形で表す。
3 (1)「これは～です」なのでThis is ～.の形で
表す。「私の兄が使うコンピュータ」を〈名詞
(the computer)＋主語(my brother)＋動
詞(uses)〉で表す。my brother usesの前

に目的格の関係代名詞が省略されている。
(2)〈help＋人＋動詞の原形 ～〉で「(人)が～するのを手伝う」。「問題を解決する」はsolve the problem。 (3)〈let＋人＋動詞の原形 ～〉で「(人)に～させてやる」。「話させてください」なのでLetから始まる命令文。

Words & Phrases

(1)出口 (2)訓練 (3)west (4)east

1 (1)イ (2)ア (3)ア (4)ア

2 (1)Do, when (2)north, south
(3)Please look (4)Have, Spanish
(5)started, Chinese

3 (1)I usually use the west elevator(.)
(2)There is a Korean restaurant next to the post office(.)
(3)If you are at home, watch the match on TV(.)

解き方 **1** (1)「イタリアの」というときは形容詞形を使う。 (2)否定の命令文。Don't[Do not]で始める。 (3)「東の」はeast。 (4)命令文では主語は省略する。Pleaseをつけると、ていねいな命令文になる。

2 (1)否定の命令文。空所のあとにnotがあるのでDoを入れる。「～のとき」はwhen ～を使う。 (2)「北(の)」はnorth、「南(の)」はsouth。 (3)命令文なので動詞で始める。「～を見る」はlook at ～。「～してください」とていねいに言っているので文の最初にpleaseを置く。 (4)「あなたはこれまでに～したことがありますか」と経験をたずねるときは〈Have you ever＋過去分詞 ～?〉。「スペイン料理」はSpanish food。(5)「出火する」は「火事が始まる」と考えて動詞はstartを使う。「中国料理店」はChinese restaurant。

3 (1)頻度を表す副詞usuallyは一般動詞の前に置く。 (2)「～があります」はThere is ～.の形で表す。「～の隣に」はnext to ～。 (3)カンマ(,)が与えられているので、「もし～なら、…」はIf ～, ….の形で表す。

pp.94〜95 ぴたトレ2

1 (1)ウ (2)イ (3)エ

2 (1)party, held[had] (2)boy you
(3)that he can

3 (1)I bought a computer that they sold at that shop(.)
(2)She was surprised to hear the story which he told(.)
(3)I know the girl that Susan is waiting for(.)

4 (1)This is the book which he read yesterday.
(2)The girl that you saw in the park last Monday is my sister.

5 (1)①caught ④said
(2)because these pieces look like their food
(3)人間が捨てるプラスチックが多くの海洋生物を殺しています
(4)than

6 (1)They were surprised and very pleased.
(2)They made paper planes.

解き方 **1** (1)The pen ～ usesは「カトウ先生が使うペン」という意味になる。The penが先行詞の目的格の関係代名詞の文。「もの」が先行詞のとき、関係代名詞はwhich[that]を使う。 (2)The chair ～ onは「彼がすわっているいす」という意味になる。The chairが先行詞の目的格の関係代名詞の文。「もの」が先行詞のとき、関係代名詞はwhich[that]を使う。 (3)「人」を表すthe boyが先行詞。「私が助けた少年」という意味になるよう〈先行詞＋関係代名詞＋主語＋動詞 …〉の形にする。

2 (1)Paulの前の目的格の関係代名詞which[that]が省略されているので、「ポールが昨日開いたパーティー」は〈名詞＋主語＋動詞 …〉で表す。hold「開催する」の過去形はheld。 (2)「あなたが話していた少年」を〈名詞＋主語＋動詞 …〉で表す。この文も目的格の関係代名詞thatが省略されている。 (3)先行詞subjectにthe onlyがついているので、関係代名詞はthatを使う。

3 (1)「私は～を買いました」なのでI bought ～の形にする。「彼らがあの店で売っていたコンピュータ」は〈先行詞(a computer)＋目的格の関係代名詞that＋主語(they)＋動詞(sold) …〉の語順で表す。 (2)「彼女は～を聞いて驚きました」はShe was surprised to hear ～.の形で表す。「彼が

24 英語

話した話」は〈先行詞(the story)＋目的格の関係代名詞which＋主語(he)＋動詞(told)〉の語順になる。 (3)「私は〜を知っています」なのでI know 〜.の形にする。「スーザンが待っている少女」は〈先行詞(the girl)＋目的格の関係代名詞that＋主語(Susan)＋動詞(is waiting for)〉の語順で表す。

④(1)「これは〜です」なのでThis is 〜で始める。「彼が昨日読んだ本」を〈先行詞(the book)＋目的格の関係代名詞which＋主語(he)＋動詞(read) ...〉で表す。 (2)「〜は私の妹です」なので〜 is my sister.の形となる。「この前の月曜日にあなたが公園で見た少女」を〈先行詞(the girl)＋目的格の関係代名詞that＋主語(you)＋動詞(saw) ...〉の語順で表す。

⑤(1)①get caught in 〜で「〜に捕えられる」。④It is said (that) 〜で「〜と言われています」。 (2)「〜なので」は〈because＋主語＋動詞〜〉で表す。「〜のように見える」はlook like 〜を用いる。 (3)thatは目的格の関係代名詞。The plasticsが先行詞で,that humans throw awayがうしろから説明を加えている。 (4)比較級moreがあるのでthanを入れる。

⑥(1)「加瀬さんがたくさんの折り紙を折り始めたとき，子どもたちはどうでしたか」という質問。Kase soon took out origami paper and folded a lot of origami. The children were surprised and very pleased.「加瀬さんはすぐに折り紙を取り出して，たくさんの折り紙を折りました。子どもたちは驚き，そしてとても喜びました」とある。 (2)「授業の最後に子どもたちは何を作りましたか」という質問。At the end of the class, the children made paper planes and flew them together.「授業の最後に，子どもたちは紙飛行機を作って一緒にそれらを飛ばしました」とある。

pp.96〜97　ぴたトレ3

① (1)○ (2)× (3)×
② (1)イ (2)ア (3)イ
③ (1)I play (2)that I
(3)who[that] came
(4)which[that], works
④ (1)This is the train that I want to take.

(2)I know the woman that Jack is looking for.
(3)The lunch that I ate at the restaurant was delicious.
⑤ (1)let me choose the one I liked
(2)Another one is the black watch that my father used when he was young.
(3)which[that] I bought (4)sold
⑥ (1)The girl that you talked to is my friend.
(2)The book which I read last night was interesting.
(3)This is the cup that Mike made.

解き方

① (1)「南(の)」「ある量」 (2)「逃げる」「うれしい」 (3)「印をつける」「傷つける」
② (1)「研究者，調査員」 (2)「有害な，危険な」 (3)「集める」
③ (1)「私がいっしょにサッカーをする」が「学生」を説明している。studentsのあとに目的格の関係代名詞が省略されている。 (2)先行詞に最上級bestがついているので，関係代名詞はthatを使う。thatのうしろは現在完了形の文。 (3)「先月日本に来た」が「中国の男の子」を説明している。主格の関係代名詞を使う。先行詞はThe Chinese boyで「人」なので〈who[that]＋動詞 〜〉の形になる。 (4)「ハヤトが働いている」が「店」を説明している。目的格の関係代名詞を使う。先行詞the shopのあとは〈which[that]＋主語＋動詞 ...〉になる。
④ (1)the train＝itなので，目的格の関係代名詞の文を作る。2つ目の文を使ってthe trainを説明する。「これは私が乗りたい電車です」という意味の文にすればよい。下線部は〈先行詞(the train)＋関係代名詞that＋主語(I)＋動詞(want to take)〉の形になる。 (2)the woman＝her。2つ目の文を使ってthe womanを説明する。「私はジャックがさがしている女性を知っています」という意味の文にする。下線部は〈先行詞(the woman)＋関係代名詞that＋主語(Jack)＋動詞(is looking for)〉の形になる。 (3)The lunch＝it。2つ目の文を使ってThe lunchを説明する。「私がそのレストランで食べた昼食はとてもおいしかったです」という意味の文にする。下線部は〈先

行詞(The lunch)+関係代名詞that+主語
(I)+動詞(ate)…〉の形になる。

⑤ (1)〈let+人+動詞の原形 ～〉で「(人)に～さ
せてやる」。「私が好きなもの」はthe oneを
先行詞とする目的格の関係代名詞の文を作
る。 (2)the black watch＝itなので目的格
の関係代名詞の文を作る。2つ目の文を
使って，the black watchを説明する。「も
う1つは父が若いときに使っていた黒い腕
時計です」という意味の文にする。下線部
は〈先行詞(the black watch)+関係代名詞
that+主語(my father)+動詞(used)…〉
の形になる。 (3)「私が買った」が「腕時計」を
説明しているので，目的格の関係代名詞の
文。 (4)直前のbe動詞isに着目して「(時計
は)売られている」と受け身の形にすると意
味が通る。sellの過去分詞はsold。

全訳

あなたは何か集めるのが好きですか。もの
を集めるのが好きな人もいます。たとえば，
カード，マンガ，文房具や服を集めます。私
は腕時計を集めるのが好きです。

私は今，3つの腕時計を持っています。そ
のうちの1つは私の誕生日プレゼントとして
祖父が私にくれた時計です。私の誕生日に，
彼は私をデパートに連れていき，それを私に
買いました。彼は私が好きなものを私に選ば
せてくれました。もう1つは黒い腕時計です。父
が若いときにそれを使っていました。それは
父が約30年前に買った古い腕時計です。まだ
動いていて，私は使い続けたいです。もう1
つは私が買った腕時計です。昨年の夏ドイツ
に旅行したときに，私はその腕時計を見つけま
した。それは青いベルトでとてもかっこいいです。

来週，もう1つ腕時計を買う予定がありま
す。その時計は1か月前に開店した店で売ら
れています。黒いベルトでイタリア製です。
私は，すてきな新しい腕時計を買うのが待ち
きれません。

⑥ (1)「あなたが話しかけた少女」は〈先行詞(the
girl)+目的格の関係代名詞(that)+主語
(you)+動詞(talked to)〉と表す。 (2)「昨晩
(私が)読んだ本」は〈先行詞(the book)+目
的格の関係代名詞(which)+主語(I)+動詞
(read)…〉の形で表す。 (3)「これは～です」
という文なので，This is ～で始める。「マ
イクが作ったカップ」は〈先行詞(the cup)

+目的格の関係代名詞(that)+主語(Mike)
+動詞(made)〉で表す。

英作文の採点ポイント
□単語のつづりが正しい。(2点)
□( )内の指示に従っている。(1点)
□(1)(2)(3)〈先行詞+目的格の関係代名詞+主語+ 動詞 …〉の形を正しく使えている。 (各5点)

PROGRAM 7

pp.98～99　　　　　　　ぴたトレ**1**

Words & Phrases

(1)形 (2)内部に (3)地図 (4)掃除機
(5)suggest (6)deep (7)online
(8)search for

1 (1)イ (2)イ (3)ア (4)イ

2 (1)were, would (2)If I were, I would save
(3)If I were a dolphin, I would swim in
the ocean.

3 (1)If he were in Japan (, I could see him.)
(2)I cannot decide what to do next(.)
(3)My brother made me clean the room
(yesterday.)

解き方

1 現在の事実とは異なる仮定は仮定法過去で
表す。(1)主語がmy fatherでも〈if ～〉の中
のbe動詞はwereを使う。 (2)主語がIでも
〈if ～〉の中のbe動詞はwereを使う。
(3)仮定法過去の文では，助動詞はwillでは
なくwouldを使う。 (4)仮定法過去の文で
は，助動詞はcanではなくcouldを使う。

2 (1)「もし私が鳥だったら，空を飛ぶでしょ
う。」 (2)「もし私が医師だったら，人々を救
うでしょう。」(3)「もし私がイルカだったら，
海を泳ぐでしょう。」

3 (1)「もし(人)が～だったら」という仮定法過
去は〈if+主語+were ～〉で表す。
(2)「何をするべきか」はwhat to do。
(3)「(人)に～させる」は〈make+人+動詞の
原形 ～〉。

pp.100～101　　　　　　　ぴたトレ**1**

Words & Phrases

(1)すぐに，速く (2)想像する (3)能力
(4)選ぶ (5)熟練者，達人 (6)ticket
(7)choice (8)process (9)chance

(10)have, break

1 (1)イ (2)イ (3)ア (4)イ

2 (1)could lend (2)if, got (3)would tell
(4)If you heard

3 (1)If you had the key, you could open the door(.)
(2)He has been waiting for the letter since (this morning.)
(3)I bought a bag made in Japan(.)

1 現在の事実とは異なる仮定は仮定法過去で表す。(1)〈if 〜〉の中の動詞は過去形を使うのでhadを選ぶ。 (2)仮定法過去の文では，助動詞はcanではなくcouldを使う。 (3)〈if 〜〉の中の動詞は過去形なのでlikedを使う。(4)仮定法過去の文では，助動詞はwillではなくwouldを使う。

2 (1)「貸す」はlend。仮定法過去の文で「貸せるでしょう」なので助動詞はcouldを使う。(2)〈if 〜〉「もし〜」が文の後半に置かれている。「手に入れる」はget。仮定法過去の文なので，過去形gotを使う。 (3)仮定法過去の文なので，「〜を伝えるでしょう」は〈would＋動詞の原形〉で表す。「〜を伝える」= tell (4)would be surprised「驚くでしょう」とあるので，仮定法過去の文。「もし〜したら」はhear「聞く」の過去形heardを使う。

3 (1)仮定法過去〈If＋主語＋動詞の過去形 〜，主語＋could＋動詞の原形 ....〉の文。(2)「ずっと待っている」は現在完了進行形〈have[has] been＋動詞の-ing形〉で表す。(3)「日本で作られたかばん」は〈名詞＋過去分詞 〜〉を使って表す。

pp.102〜103 ぴたトレ1

Words & Phrases

(1)ガン (2)正しく，正確に (3)信じられない
(4)気持ち，感情 (5)暖房器具，ヒーター
(6)disease (7)convenient (8)operation
(9)patient (10)from now on

1 (1)イ (2)イ (3)ア (4)ア

2 (1)could play (2)wish, had a brother
(3)I wish I were a bird.

3 (1)I wish I could buy the ticket for (the concert.)
(2)My mother speaks more quickly than

(my father.)
(3)They may lose their chance(.)

1 I wish のあとに続く文では，動詞や助動詞は過去形を使う。(1)be動詞はwereを使う。(2)過去形を使うので I lived を選ぶ。 (3)主語が3人称単数でもbe動詞はwereを使う。(4)助動詞は過去形を使う。

2 (1)「私がバイオリンがひければいいのに。」(2)「私に兄[弟]がいればいいのに。」(3)「私が鳥ならいいのに。」

3 (1)〈I wish＋主語＋(助)動詞の過去形〉の文。 (2)副詞quicklyの比較級はmore quickly。-lyで終わる副詞はmoreをつけて比較級にする。 (3)「〜かもしれない」と推量を表す助動詞はmay。

pp.104〜105 ぴたトレ2

1 (1)ウ (2)イ (3)ウ

2 (1)wish, were (2)if, gave (3)knew, would

3 (1)If I were taller, I would play volleyball(.)
(2)I wish I could sing the song(.)
(3)If she had two pens, she could lend one(.)

4 (1)If I had a textbook, I could study.
(2)If I were free, I could go there with you.

5 (1)which (2)If I were you
(3)それはどうやって違う形の部屋

6 (1)It was created in Sapporo.
(2)They enjoy soup curry.

1 (1)文の後半にwould often swimとあるので，仮定法過去の文だとわかる。〈if 〜〉の中の動詞は過去形。「もし私が海の近くに住んでいたら，しばしば泳ぐでしょう。」(2)If it were sunnyとbe動詞が過去形なので，仮定法過去の文。助動詞も過去形を使う。「もし晴れていたら，公園でサッカーができるでしょう。」(3)願望を表すI wishのあとに続く文の動詞は過去形になる。「本を読む時間がもっとあったらいいのに。」

2 (1)〈I wish＋主語＋(助)動詞の過去形〉の文。主語が何であってもbe動詞はwereを使う。(2)仮定法過去の文。〈if＋主語＋動詞の過去形 〜〉が文の後半に置かれている。「父が私にお金をくれたら」はgive「与える」の過去形gaveを使って表す。 (3)仮定法過去の文

「もし（人）が〜したら，…するでしょう」は〈If＋主語＋動詞の過去形　〜，主語＋would＋動詞の原形　....〉で表す。know「知っている」の過去形はknew。

❸(1)「もし（人）が〜だったら，…するでしょう」は〈If＋主語＋were〜，主語＋would＋動詞の原形　....〉の語順で表す。 (2)「〜ならいいのに」は〈I wish＋主語＋(助)動詞の過去形〉で表す。 (3)oneは人やものを指す代名詞。ここではpenを指す。

❹(1)「私は教科書を持っていません，だから勉強できません。」→「もし私が教科書を持っていれば，勉強できるでしょう。」という文に書きかえる。 (2)「私はひまではありません，だからあなたといっしょにそこへ行くことができません。」→「もし私がひまなら，あなたといっしょにそこへ行くことができるでしょう。」という文に書きかえる。

❺(1)「どの〜を…したらよいか」は〈which＋名詞＋to＋動詞の原形〉で表す。空所のあとのoneは代名詞で掃除機を指している。 (2)仮定法過去の文。「もし（人）が〜だったら」は〈if＋主語＋were〜〉で表す。be動詞は過去形のwereを使うことに注意。 (3)このhowは方法をたずねる疑問詞。

❻(1)「スープカレーはどこで生み出されましたか」という質問。It was created as a local food of Sapporo.「それは札幌の地元の食べ物として生み出されました」とある。 (2)「多くの観光客は札幌を訪れると何をしますか」という質問。Many visitors visit Sapporo and enjoy soup curry.「多くの観光客は札幌を訪れ，スープカレーを楽しみます」とある。

---

pp.106〜107　ぴたトレ3

❶(1)◯ (2)× (3)×

❷(1)ア (2)イ (3)イ

❸(1)you stayed (2)wish, had
(3)could open (4)there were

❹(1)If I were tired, I would have a break(.)
(2)I wish you could be with me(.)

❺(1)that are covered with snow
(2)were
(3)もし写真をとったら，それらを彼女に見せることができるでしょう。
(4)I would buy (5)イ

---

❻(1)I wish I lived in London.
(2)If I had headphones, I could listen to music. [I could listen to music if I had headphones.]
(3)If it is sunny tomorrow, let's play baseball. [Let's play baseball if it is sunny tomorrow.]

解き方

❶(1)「内部に」「オンラインの」
(2)「患者」「(vacuum cleanerで)電気掃除機」
(3)「処理する」「何か」

❷(1)「ミュージカル」 (2)「想像する」
(3)「便利な」

❸(1)would come「行くでしょう」とあるので，仮定法過去の文。「もし（人）が〜したら」は〈if＋主語＋動詞の過去形　〜〉で表す。stay「滞在する」の過去形はstayed。
(2)「〜ならいいのに」と現在の事実と違う願望は〈I wish＋主語＋(助)動詞の過去形〉で表す。have「持っている」の過去形はhad。
(3)文の前半が〈if＋主語＋were〜〉なので，仮定法過去の文だとわかる。文の後半の「〜できるでしょう」は〈could＋動詞の原形〉で表す。「開ける」＝open (4)would play soccer「サッカーをするでしょう」とあるので，仮定法過去の文。there is 〜「〜がある」は，仮定法過去の文ではIf there were 〜「もし〜があったら」の形になる。be動詞はwereを使うことに注意。

❹(1)「もし（人）が〜だったら，…するでしょう」は〈If＋主語＋were〜，主語＋would＋動詞の原形　....〉で表す。「休憩する」＝have a break (2)「〜できたらいいのに」はI wishのあとに〈主語＋could＋動詞の原形〜〉を続ける。beはbe動詞の原形。

❺(1)the mountains以下を「雪でおおわれた山」という意味にする。the mountainsを先行詞として，are covered with snowを関係代名詞thatを使ってつなぐ。 (2)I wishのあとに続く文の動詞は過去形。be動詞はwereにする。 (3)〈If＋主語＋過去形〜，主語＋could＋動詞の原形　....〉の形に着目する。仮定法過去の文なので，「もし（人）が〜したら，…できるでしょう」と訳す。take photos＝「写真をとる」，show＝「見せる」 (4)If I were you,が文の前半にあるので，仮定法過去の文。助動詞wouldを使う。(5)May I 〜 ?「〜してもいいですか」と

「許可」を表す助動詞mayを選ぶ。

全訳
全訳

ルーシー：この美術館に来るのは初めてだわ。

マイ：私もよ！ あら，あの雪でおおわれた山の絵を見て。とても美しいわ。

ルーシー：うん，あの絵好きだわ。ベッキーがここにいたらいいのに。彼女は絵を見るのが好きなの。

マイ：ほんとう？ 次回は，彼女といっしょに来ましょう。

ルーシー：それはいい考えね。ここでは写真をとってもいいの？

マイ：だめよ。

ルーシー：もし写真をとったら，彼女に見せられるのに。

マイ：もし私があなたなら，その絵のはがきを買って，彼女にあげるわ。

ルーシー：どこではがきを買えるの？

マイ：あの店で売られているはずよ。

ルーシー：家に帰る前に確認してもいい？ 彼女にはがきを何枚か買いたいわ。

マイ：もちろん！

⑥ (1)現在の事実と違う願望は〈I wish＋主語＋(助)動詞の過去形〉で表す。 (2)現在の事実とは異なる仮定を表して，「もし（人）が～したら，…できるでしょう」は〈If＋主語＋動詞の過去形 ～，主語＋could＋動詞の原形 ....〉の形で表す。「ヘッドホン」はheadphonesと複数形で使う。 (3)現実に起こる可能性があるので，仮定法ではなく条件を表す文を作る。条件を表す〈if～〉の中では未来のことでも現在形で表すので，「もし明日晴れたら」はIf it is sunny tomorrow, となる。

英作文の採点ポイント

☐単語のつづりが正しい。（1点）

☐（　）内の語数で書けている。（2点）

☐(1)〈I wish＋主語＋(助)動詞の過去形〉の文が正しく書けている。 (2)〈If＋主語＋動詞の過去形 ～，主語＋could＋動詞の原形 ....〉の文が正しく書けている。 (3)〈If＋主語＋動詞の現在形 ～，let's ....〉の文が正しく書けている。
（各5点）

Reading 2 ～ Word Web 3

p.108　　　　　　　　　　ぴたトレ1

Words & Phrases

(1)女子生徒　(2)殺し屋，無法者

(3)solution　(4)deeply

1 (1)The information is processed by the computers.

(2)Jane's birthday was celebrated by us.

(3)Why was this room used (by them)?

2 (1)The question was repeatedly (asked.)

(2)This window was not broken by them(.)

解き方 **1** 受け身の文は〈be動詞＋過去分詞〉の形で表す。(1)受け身の文の主語が3人称単数で現在の文なので，be動詞はisを使う。元の文の主語を〈by ～〉の形で文の最後に置く。 (2)受け身の文の主語が3人称単数で過去の文なので，be動詞はwasを使う。 (3)疑問詞で始まる受け身の疑問文は〈疑問詞＋be動詞＋主語＋過去分詞 ～?〉の語順になる。

2 (1)repeatedlyは動詞を説明する副詞なのでbe動詞と過去分詞の間に置く。 (2)受け身の否定文。be動詞のうしろにnotを置く。

p.109　　　　　　　　　　ぴたトレ1

Words & Phrases

(1)北の，北部地方の　(2)みじめな

(3)group　(4)freedom

1 (1)After that　(2)One day

2 (1)Later, his blog made many people angry(.)

(2)They had to hide their food under the floor(.)

解き方 **1** (1)「そのあと」はafter thatで表す。 (2)「ある日」はone dayで表す。

2 (1)「後に」はlater。カンマ(,)が与えられているので，Later, から始める。「（人）を…(の状態)にする」は〈make＋人＋形容詞〉で表す。 (2)「～しなければならなかった」は〈had to＋動詞の原形 ～〉。

p.110　　　　　　　　　　ぴたトレ1

Words & Phrases

(1)沈黙した，静かな　(2)recover

1 (1)more important　(2)youngest child

2 (1)This is the tallest tower to be built in this city(.)

(2)He was taken to a hospital in Tokyo(.)

解き方 **1** (1)「かつてないほど〜です」は〈比較級 + than ever〉で表す。important「重要な」の比較級はmore important。 (2)「いちばん年下の」はyoung「若い，年下の」の最上級youngestで表す。

2 (1)最上級を使った文。「この市に建てられている」という説明は不定詞〈to + 動詞の原形〉を使ってtowerのうしろに加える。(2)〈take + 人 + to 〜〉「(人)を〜へ連れていく」を受け身で表した形。be taken to 〜で「〜へ連れていかれる，〜へ運ばれる」という意味になる。

---

p.111 ぴたトレ1

Words & Phrases

(1)兵士，軍人 (2)効果的な，有効な
(3)reality (4)hometown

1 (1)イ (2)ア

2 (1)Let us cook dinner for you(.)

(2)Instead of sending an email, write a letter(.)

解き方 **1** (1)be good at 〜は「〜が得意である」という意味。atは前置詞なので，うしろの動詞は動名詞にする。 (2)〈let + 人 + 動詞の原形〉で「(人)に〜させてやる」。choseはchooseの過去形なので不適切。

2 (1)〈let + 人 + 動詞の原形〉の語順。命令文なのでLet 〜.の形にする。 (2)「〜する代わりに」はinstead of 〜ingの形で表す。カンマ(,)が与えられているのでInstead of 〜,の形にする。

---

pp.112〜113 ぴたトレ2

1 (1)イ (2)エ (3)ウ

2 (1)was, attacked (2)Let, explanation
(3)After that

3 (1)The price is higher than ever(.)

(2)He passed the exam without studying(.)

(3)She let us stay at her house(.)

4 (1)The question was easily solved (by them).

(2)This is the most interesting story of all.

---

5 (1)had to hide

(2)That made the Taliban very angry(.)

(3)her voice was stronger than ever

(4)歴史上でその賞を受賞した最も若い人になりました

(5)ア She was born in the Swat Valley of northern Pakistan.

イ No, they weren't[were not].

ウ She was shot on October 9, 2012.

解き方 **1** (1)主語がThe studentsで直前にbe動詞があるので受け身の文にする。moveの過去分詞形はmoved。 (2)「ある日」という意味の表現にする。 (3)直前のofは前置詞なので，あとに続く動詞は動名詞にする。

2 (1)疑問詞で始まる受け身の疑問文で表す。(2)〈let + 人 + 動詞の原形〉を使う。「説明」はexplanation。 (3)「そのあと」はafter that。

3 (1)〈比較級 + than ever〉で「かつてないほど〜」を表す。 (2)「〜せずに」はwithout 〜ingで表す。 (3)〈let + 人 + 動詞の原形〉を使って「(人)に〜させてやる」を表す。「〜に泊まる」はstay at 〜で表す。

4 (1)受け身の文の主語は3人称単数で過去の文なので，be動詞はwasを使う。副詞のeasilyはbe動詞と過去分詞の間に置く。元の文の主語を〈by 〜〉の形で文の最後に置く。 (2)interestingの最上級はmost interesting。最上級の前はtheになることに注意する。

5 (1)have to 〜「〜しなければならない」の過去形はhad to 〜。「〜をかくす」はhide。 (2)「そのことはタリバンをとても怒らせました」という意味の文にする。「(人)を…(の状態)にする」は〈make + 人 + 形容詞〉で表す。 (3)her voiceを主語にする。「かつてないほど〜」は〈比較級 + than ever〉を使う。strongの比較級はstronger。 (4)to receive the prizeはpersonの説明をしている。in historyは「歴史上で」という意味。 (5)ア「マララはどこで生まれましたか」という問い。第1段落第1文参照。イ「タリバンの支配下で，女の子たちは自由に教育を受けることができましたか」という問い。第1段落3〜6文参照。ウ「マララはいつ殺し屋に撃たれましたか」という問い。第2段落第3文参照。

Words & Phrases

(1)親切，思いやり　(2)勝利

(3)spent　(4)meaningful

1 (1)ア　(2)ア　(3)イ　(4)ア　(5)イ

2 (1)for us　(2)how to　(3)easy, use

(4)when to　(5)what to

3 (1)It is necessary for you to get rest(.)

(2)The lunch she brought was delicious(.)

(3)The field trip was so special to me(.)

解き方
1 (1)「〜する方法」は〈how to＋動詞の原形〉で表す。　(2)「…するのは〜である」は〈It is[It's]〜 to ....〉の形で表す。　(3)〈疑問詞＋to＋動詞の原形〉を用いる文。「何」なのでwhatを使う。　(4)〈疑問詞＋to＋動詞の原形〉の文。「いつ」なのでwhenを使う。　(5)〈It is〜 to ....〉の文では，to ...の動作を行う人は〈for＋人〉で表しtoの前に置く。

2 (1)〈It is〜 to ....〉の文。to ...の動作を行う人は〈for＋人〉で表す。　(2)「〜する仕方」はhow to〜で表す。　(3)〈It is〜 for＋人＋to ....〉の形の文。　(4)「いつ〜したらよいか」はwhen to〜。　(5)「何を〜するか」はwhat to〜で表す。

3 (1)〈It is〜 for＋人＋to ....〉の語順で表す。　(2)「彼女が持ってきた昼食」は〈名詞(the lunch)＋(関係代名詞which[that])＋主語(she)＋動詞(brought)〉で表す。ここでは関係代名詞は省略されている。　(3)「〜にとって特別な」はspecial to〜。

Words & Phrases

(1)車いす　(2)カヌー

(3)Olympic　(4)Paralympic

1 (1)イ　(2)イ　(3)イ　(4)ア

2 (1)were, golf

(2)If I were, would, swimming

(3)If I were an Olympic athlete, I would compete in table tennis.

3 (1)My sister is a triathlon athlete(.)

(2)Would you like to compete in wrestling(?)

(3)If I were a teacher, I would teach science(.)

解き方
1 (1)「水球」はwater poloという。

(2)athleteは「選手」という意味。「ボート」はrowingという。

(3)「サーフィン」はsurfing。

(4)「ゴールボール」はgoalball。

2 仮定法過去の文。現在の事実とは異なる仮定を述べる。〈If I were〜，I would＋動詞の原形 ....〉で「もし私が〜なら，私は…するでしょう」。(1)「ゴルフ」はgolf。　(2)「競泳」はswimming。　(3)「卓球」はtable tennis。

3 (1)「トライアスロンの選手」はa triathlon athleteで表す。　(2)「〜(競技など)に参加する」はcompete in〜で表す。　(3)仮定法過去〈If＋主語＋were〜，主語＋would＋動詞の原形 ....〉の形で表す。Iが主語の場合でもbe動詞はwereを使うことに注意。

Further Reading 1

Words & Phrases

(1)驚いたことに，意外にも

(2)奇抜な，ありそうにもない　(3)成功した

(4)given　(5)past　(6)silly

1 (1)ア　(2)イ　(3)ア　(4)ア

2 (1)has, reading　(2)It has been

(3)They have been looking for their cat

3 (1)She has been talking with Jane for thirty minutes(.)

(2)He works at the restaurant as a (cook.)

(3)Suzan was successful in getting a new job(.)

解き方
1 (1)現在完了進行形〈have[has] been＋動詞の-ing形〉の文にする。　(2)「〜しましたか」はhear「聞く」の過去分詞が使われているので，現在完了の疑問文で表す。　(3)「〜したところだ」と完了を表す文は現在完了〈have[has]＋過去分詞〉の形で表す。just「ちょうど」はhave[has]と過去分詞の間に置く。　(4)「〜に一度も行ったことがない」は経験を表す現在完了形 have[has] never been to〜の形で表す。

2 現在完了進行形〈have[has] been＋動詞の-ing形〉で表す。(1)「彼女は3時間ずっと本

を読んでいます。」 (2)「昨日からずっと雨が降っています。」 (3)「彼女たちは今朝からずっとネコをさがしています。」

3 (1)現在完了進行形の文を作る。「〜と話す」はtalk with 〜で表す。 (2)「〜として」はas 〜で表す。 (3)be successful in 〜ingで「〜することに成功する」という意味。「新しい仕事を得る」はget a new jobで表す。

pp.120〜121   ぴたトレ**1**

Words & Phrases

(1)発見 (2)その後 (3)audience
(4)scientific

1 (1)イ (2)イ (3)ア (4)イ

2 (1)known to (2)is called (3)was named
(4)looks, heavy (5)covered with

3 (1)This stadium is filled with baseball fans(.)
(2)(The house) looks bigger when you see it from here(.)
(3)Ms. White made a speech about the world peace(.)

解き方
1 (1)〈be動詞＋過去分詞〉を使って受け身の文にする。makeの過去分詞はmade。 (2)「呼ばれる」は受け身で表す。 (3)「〜に見える」は〈look＋形容詞〉で表す。 (4)be filled with 〜で「〜でいっぱいだ」。

2 (1)「〜に知られている」はbe known to 〜で表す。 (2)〈call＋〜（人など）＋…（名前）〉を受け身の文にするときは〈人など＋be動詞＋called＋名前〉の語順にする。 (3)〈name＋〜（人など）＋…（名前）〉を受け身の文にするときは〈人など＋be動詞＋named＋名前〉の語順にする。 (4)「〜に見える」は〈look＋形容詞〉で表す。(5)「〜でおおわれている」はbe covered with 〜。

3 (1)主語はthis stadium。「〜でいっぱいだ」はbe filled with 〜。 (2)「より大きく見える」はlook biggerと比較級を使う。「ここから見るとき」は接続詞whenを使う。 (3)make a speechで「スピーチをする」。「世界平和」はthe world peaceで表す。

pp.122〜123   ぴたトレ**1**

Words & Phrases

(1)増やす，強める (2)curiosity

1 (1)イ (2)ア (3)イ (4)ア

2 (1)what color, like (2)where she lives
(3)us run (4)you decide

3 (1)His speech made the audience cry(.)
(2)Do you hope to meet Lucy again(?)
(3)You will find something interesting there(.)

解き方
1 (1)疑問詞を含む文が動詞の目的語になるときは〈疑問詞＋主語＋動詞〉の語順にする。how much moneyで疑問詞と同じ働きをしている。 (2)〈make＋人＋動詞の原形〉で「〜に…させる」を表す。 (3)「何が大切か」は「何が」が主語になるので〈疑問詞＋動詞〉の語順になる。 (4)〈help＋人＋動詞の原形〉で「〜が…するのを手伝う」の意味になる。

2 (1)「あなたが何色が好きか」を〈疑問詞＋主語＋動詞〉で表す。「何色」はwhat colorで疑問詞と同じ働きをしている。 (2)「彼女がどこに住んでいるか」を〈疑問詞＋主語＋動詞〉で表す。主語がsheで現在の文なので動詞はlivesとなる。 (3)〈make＋人＋動詞の原形〉で「〜に…させる」の意味。 (4)「何があなたに〜を決めさせたのですか」と読みかえて〈make＋人＋動詞の原形〉の形を使う。decide to 〜で「〜することに決める」。

3 (1)「〜を…させる」を〈make＋人＋動詞の原形〉で表す。 (2)「〜することを望む」はhope to 〜。 (3)「何か〜なもの」は〈something＋形容詞〉で表すので，「何かおもしろいもの」はsomething interestingとなる。

pp.124〜125   ぴたトレ**2**

1 (1)ウ (2)エ (3)イ

2 (1)makes, laugh[smile] (2)has wanted
(3)how much water

3 (1)The movie is known to many people in the world(.)
(2)My mother makes me eat fruit every day(.)
(3)Mike has been drawing a picture since this morning(.)

英語

④ (1)I don't know how many cameras he has.

(2)The dog is called Hachi (by them).

⑤ (1)heard of　(2)in other words

(3)(the Prize) has become popular throughout the world

(4)④inventing　⑥held

(5)連続して10年以上の間イグノーベル賞をとっています

(6)ウ　(7)No, it didn't[did not].

解き方

❶ (1)〈name＋〜（人など）＋…（名前）〉の文の受け身の形。be named …で「…と名づけられる」という意味になる。　(2)疑問詞を含む文が動詞knowの目的語になっている。〈how many chairs＋主語＋動詞〉の形にする。　(3)現在完了進行形の文〈have[has] been＋動詞の-ing形〉にする。

❷ (1)〈make＋人＋動詞の原形〉で「〜に…させる」を表す。「笑う」はlaugh[smile]。　(2)want「ほしい」は状態を表す動詞なので，現在完了（継続）で表す。　(3)「どのくらい水が必要か」を〈疑問詞＋主語＋動詞〉の形で表す。「水」は数えられないので「どのくらいの〜」はhow much 〜を使う。how much waterで疑問詞と同じ働きをしている。

❸ (1)「〜に知られている」はbe known to 〜。　(2)「〜に…させる」を〈make＋人＋動詞の原形〉で表す。　(3)現在完了進行形〈have[has] been＋動詞の-ing形〉の文。「今朝からずっと」はsince this morningと表す。

❹ (1)疑問文がknowの目的語になるので，疑問文を〈疑問詞＋主語＋動詞〉の語順にして続ける。how many camerasはひとまとまりで疑問詞と同じ働きをしている。

(2)〈call＋〜（人など）＋…（名詞）〉を受け身の文にするとbe called …となり「…と呼ばれる」という意味になる。

❺ (1)現在完了（経験）の疑問文。「〜のことを耳にする」はhear of 〜。　(2)「つまり，言い換えれば」はin other words。wordは複数形になることに注意。　(3)「（その賞は）世界じゅうで人気になってきています」という意味の現在完了の文にする。現在完了は〈have[has]＋過去分詞〉の形。become「〜になる」の過去分詞はbecome。　(4)④forは前置詞なので，あとに続く動詞は-ing形（動

名詞)にする。⑥be heldと受け身で表すと「開催される」という意味になる。(5)more than 〜は「〜以上」，in a rowは「連続して」という意味。現在完了進行形なので「(ずっと)〜している」と訳す。(6)be filled with 〜で「〜でいっぱいだ」。(7)「イグノーベル賞はノーベル賞の2等賞として始まりましたか」という問い。第1段落第2文参照。

Further Reading 2

pp.126〜127　　ぴたトレ1

Words & Phrases

(1)婦人　(2)ほえる　(3)百科事典

(4)確かに，必ず　(5)demand　(6)title

(7)lick　(8)promise

❶ (1)イ　(2)ア　(3)ア　(4)イ　(5)イ

❷ (1)help, wash　(2)made, angry

(3)me think　(4)us cut　(5)made, sad

❸ (1)His mother let him go out at night(.)

(2)A good boy would be allowed to come in the room(.)

(3)You might as well finish your work(.)

解き方

❶ (1)〈let＋人＋動詞の原形〉で「〜が…するのを許す」。原形wearを選ぶ。　(2)〈make＋〜（人など）＋形容詞〉で「〜を…（の状態）にする」。　(3)〈help＋人＋動詞の原形〉で「〜が…するのを助ける」。　(4)否定の命令文。do notのあとは動詞の原形。〈leave＋〜（人など）＋形容詞〉で「〜を…のままにしておく」を表す。　(5)〈let＋人＋動詞の原形〉の形にする。look at 〜で「〜を見る」。

❷ (1)〈help＋人＋動詞の原形〉の文。

(2)〈make＋人＋形容詞〉で「〜を…（の状態）にする」。　(3)「〜に…させる」は〈make＋人＋動詞の原形〉で表す。「〜について考える」はthink about 〜。　(4)「〜に…させてやる」は〈let＋人＋動詞の原形〉で表す。「切る」はcut。(5)〈make＋人＋形容詞〉「〜を…（の状態）にする」を用いる。

❸ (1)「〜が…するのを許す」は〈let＋人＋動詞の原形〉で表す。「出かける」はgo out。

(2)「〜することが許されるだろう」はwould be allowed to 〜で表す。　(3)「〜するほうがよい」はmight as well 〜で表す。このうしろには動詞の原形を置く。

Words & Phrases

(1)(否定文で)これ以上　(2)うまくやっていく

(3)toe　(4)feet

1　(1)イ　(2)イ　(3)ア　(4)イ　(5)ア

2　(1)There weren't　(2)didn't run

(3)never sings　(4)What an

(5)never seen[met]　(6)No, understand

3　(1)What a big house(!)

(2)I got used to speaking in English(.)

(3)I like to have my dog around(.)

解き方

1　(1)否定の文。notを使う場合はdoesが必要
だが，neverは1語だけで否定の文を作る
ことができる。　(2)〈What a[an]＋形容詞＋
名詞！〉で「なんて〜な…でしょう」を表す。
(3)noは否定を表す語。イはdoesn't[does
not]とnoの2つの否定語が入っているので，
適切な意味にならない。　(4)〈What a[an]＋
形容詞＋名詞！〉という語順。(5)名詞を否定
するときは名詞の前にnoを置く。

2　(1)There was[were] 〜.「〜がいました」の
否定文にする。名詞が複数形なのでwere
notの短縮形を使ってThere weren'tを入
れる。　(2)「走りませんでした」なので，一般
動詞の過去の否定文。　(3)「決して〜ない」は
neverを使う。主語sheは3人称単数で現
在の文なので動詞はsingsとする。
(4)〈What a[an]＋形容詞＋名詞！〉の形にす
る。(5)「一度も〜したことがない」は〈have
[has] never＋過去分詞〉の形で表す。(6)「だ
れも〜ない」はno one。

3　(1)「なんて〜な…でしょう」は〈What a[an]
＋形容詞＋名詞！〉の語順で表す。　(2)get
used to 〜ingで「〜することに慣れる」。
toのうしろは動詞の-ing形であることに注
意。　(3)have 〜 aroundで「〜が周囲にい
る」という意味。主語はIにする。

Words & Phrases

(1)〜のほうへ　(2)気づく　(3)(動物の)足

(4)meant　(5)ignore　(6)burst into

1　(1)ア　(2)イ　(3)ア　(4)ア　(5)イ

2　(1)as much as　(2)as heavy as

(3)as, walked　(4)as a present

3　(1)She started to talk as she opened the

door(.)

(2)This is the only computer you can
use(.)

(3)I didn't understand what she said(.)

解き方

1　(1)as 〜 as ... canで「…ができるだけ〜」。
(2)as 〜 as ...で「…と同じくらい〜」を表す
比較の文。mineはmy roomのこと。
(3)「〜として」はas 〜を使う。　(4)接続詞
as「〜しながら」を使った文。このasのう
しろには主語と動詞が続く。(5)as 〜 as ...
can[could]の文。「速く」を表す副詞はfast。

2　(1)as 〜 as ... can[could]で「…ができる
だけ〜」。「たくさん」はmuchを使う。
(2)as 〜 as ...で「…と同じくらい〜」を表す。
「重い」はheavy。　(3)「〜しながら」は接続
詞asを使う。　(4)「〜として」はas 〜。

3　(1)「彼女はドアを開けながら」を〈as＋主語
＋動詞 〜〉の形で表す。「〜し始める」は
start to 〜で表す。　(2)「あなたが使える唯
一のコンピュータ」を〈先行詞＋(目的格の関
係代名詞that＋)主語＋動詞〉の形で表す。
ここでは関係代名詞が省略されている。先行
詞はthe only computer。　(3)「彼女が何を
言ったのか」は〈疑問詞＋主語＋動詞〉の語順。

Words & Phrases

(1)ごみ入れ　(2)裏庭

(3)neighborhood　(4)normal

1　(1)イ　(2)イ　(3)ア　(4)イ　(5)ア

2　(1)To know, is　(2)to get[receive]

(3)to go　(4)chance to speak

3　(1)I went to the sea to swim(.)

(2)I'm not good at math, either(.)

(3)We will play soccer unless it rains(.)

解き方

1　(1)「マイクはここに来ました」のあとに「あな
たに会うために」を続ける。「〜するために」
は〈to＋動詞の原形〉で表す。　(2)「ジュンは
図書館に行きます」のあとに「勉強するため
に」を続ける。　(3)「〜したい」は〈want to＋
動詞の原形〉で表す。　(4)「パイロットになる
という夢」を〈名詞＋to＋動詞の原形〉の形
で表す。(5)「〜しようとする」は〈try to＋動
詞の原形〉で表す。

2　(1)「ほかの文化を知ること」が主語。「〜する
こと」を〈to＋動詞の原形〉で表す。主語に

なる不定詞は3人称単数扱いなのでbe動詞はisを使う。 (2)「～して」と感情の原因を表すときは〈to＋動詞の原形〉を使う。 (3)「～する理由」は〈名詞(reason)＋to＋動詞の原形〉の形で表す。 (4)「～する機会」は〈名詞(chance)＋to＋動詞の原形〉で表す。

3 (1)「私は海へ行きました」のあとに「泳ぐために」を続ける。「～するために」は〈to＋動詞の原形〉で表す。 (2)〈否定文，either.〉の形で「～も…でない」という意味になる。

(3)unlessは「もし～でなければ」という意味の接続詞。〈unless＋主語＋動詞〉の形で使い，if ～と同じように未来の内容でも動詞は現在形を使う。カンマ(,)が与えられていないのでunless ～は文の後半に置く。

pp.134～135　　　　　　**ぴたトレ2**

1 (1)イ　(2)エ　(3)ア

2 (1)made, angry　(2)What, idea
(3)No, seen

3 (1)She noticed a mistake as she read the newspaper(.)
(2)I tried to open the door with the key(.)
(3)Please let me get rest(.)

4 (1)My brother never drinks coffee for breakfast.
(2)Jane has a dream to be a police officer.

5 (1)イ　(2)to be quiet
(3)would certainly be allowed to come back
(4)自分自身を役に立つようにするほうがよいです
(5)being
(6)He let small children stand on his back
(7)ア If you cannot be quiet, you will have to leave.
イ It starts at three (o'clock).

解き方 **1** (1)〈let＋人＋動詞の原形〉「～が…するのを許す」の文。目的格の代名詞meと動詞の原形enterを選ぶ。 (2)as ～ as ... can「…ができるだけ～」の文。主語がHarutoで過去の文なので，heとcanの過去形couldを選

ぶ。 (3)〈名詞＋to＋動詞の原形〉「～するという…」を使った文。

2 (1)〈make＋人＋形容詞〉で「～を…(の状態)にする」。過去の文なのでmadeを入れる。
(2)〈What a[an]＋形容詞＋名詞！〉で「なんて～な…でしょう」を表す。「考え」はidea。
(3)〈no＋名詞〉の否定の文。助動詞canを使った受け身の文なので〈can be＋過去分詞〉の形にする。see「見る」の過去分詞はseen。

3 (1)「～しながら」は〈as＋主語＋動詞 ～〉で表す。「間違いに気づく」はnotice a mistake。
(2)〈try to＋動詞の原形〉で「～しようとする」。「～で」と手段を表す前置詞はwith。
(3)〈let＋人＋動詞の原形〉を使って，「私が休むのを許してください」という意味にする。与えられた語にカンマ(,)がないのでpleaseは文頭に置く。

4 (1)neverは一般動詞の前に置く。ほかの部分は何も変えなくてよい。 (2)「ジェーンは警察官になりたいです」を「ジェーンには警察官になるという夢があります」という文にする。

5 (1)「だれ」をたずねる疑問詞を選ぶ。
(2)〈promise to＋動詞の原形〉で「～することを約束する」という意味になる。quiet「静かな」は形容詞なのでbe動詞が必要。
(3)「確かにもどることが許されるだろう」という意味の文にする。 (4)might as well ～で「～するほうがよい」という意味。そのあとに〈make＋目的語＋形容詞〉「～を…(の状態)にする」の形が続いている。(5)withoutは前置詞。前置詞のうしろに動詞を置く場合は-ing形にする。(6)「～に…させてやる」は〈let＋人＋動詞の原形〉を使う。「彼の背中に」はon his backで表す。(7)ア「メリーウェザーさんがライオンに伝えた規則とは何ですか。」第1段落第5文のメリーウェザーさんの発言参照。イ「お話の時間は何時に始まりますか。」第2段落第3文に「お話の時間は3時までありません」とあるので3時に始まることがわかる。

pp.138〜139 　予想問題 1

出題傾向

＊〈It is 〜（for＋人）to ....〉の文や〈疑問詞＋主語＋動詞〜〉を含む文などの文の形や使い方などをマスターしておく。

❶ (1)エ　(2)イ
(3)（公園の近くにある）お年よりの男性の家
(4)彼女はそのお年よりの男性を助ける[手伝う]ことができて幸せでした。
(5)ア tired　イ park

❷ (1)I'll show you that he is a good tennis player(.)
(2)Mike wants us to join his team(.)
(3)I am afraid that she will be nervous(.)
(4)Please tell me where I should change trains(.)

❸ (1)interesting for　(2)who uses
(3)me that　(4)he practices

❹ (1)John asked me to open the door.
(2)My mother is surprised that I cleaned the room.
(3)Could you tell me how to get to Tokyo Station?

考え方

❶ (1)直後のso以下の内容から判断する。
(2)〈動詞＋人＋to＋動詞の原形〉の形になるのはイのasked。〈ask 〜 to ...〉で「〜に…するように頼む」。　(3)シホが男性と向かったのは彼の家である。　(4)be happy that 〜の文ではthat以下の内容がhappyの理由を表す。(5)ア「シホがお年よりの男性に会ったとき，彼は疲れているように見えました」イ「お年よりの男性は公園の近くに住んでいました」

全訳

　昨日，シホが家に帰っているとき，お年よりの男性を見ました。彼は3つの大きなかばんを持って彼女の家の近くに立っていて，疲れて見えました。彼女はお年よりを助けるのは大切だと思っているので，彼に話しかけて，どのように彼を手伝えるかたずねました。そ

のお年よりの男性は彼女に彼のかばんの1つを持つように頼みました。彼の家は公園の近くで，彼女は彼とそこに行きました。家に着くと，彼は彼女に感謝しました。彼は彼女に何かお返しを渡すために彼女の電話番号もたずねましたが，彼女は何かをもらうために彼を助けたのではないので彼に伝えませんでした。彼女はそのお年よりの男性を助けることができて幸せでした。

❷ (1)〈show＋人＋that 〜〉で「(人)に〜ということを示す」。　(2)〈want 〜 to ...〉で「〜に…してほしいと思う」。　(3)be afraid that 〜で「〜ということを心配している」という意味になる。　(4)「私がどこで電車を乗りかえるべきか」を〈疑問詞＋主語＋動詞〉の語順で表す。

❸ (1)「スピーチを書くことはルーシーにとっておもしろいです。」〈It is 〜 （for＋人）to ....〉の文に書きかえる。　(2)「このコンピュータをだれが使うのか私に教えてください」という文にする。この疑問詞whoは主語の役割をするので，who以下の語順は変わらない。　(3)〈tell＋人＋that 〜〉で「(人)に〜ということを言う」。　(4)動詞のうしろに疑問詞を置く場合，〈疑問詞＋主語＋動詞〉の語順にする。この主語はheなのでpracticesと-sをつけることに注意。

❹ (1)〈ask 〜 to ...〉「〜に…するように頼む」の形を使う。　(2)be surprised that 〜で「〜なので驚いている」という意味になる。thatのあとは〈主語＋動詞〉の形にする。(3)「〜していただけませんか」はCould you 〜?，「〜への行き方」はhow to get to 〜で表せる。

英作文の採点ポイント

□単語のつづりが正しい。（1点）
□(1)〈ask 〜 to ...〉が正しく使えている。　(2)〈be surprised that＋主語＋動詞〉が正しく使えている。　(3)〈tell＋人＋how to get to 〜〉の語順で正しく書けている。
（各6点）

＊〈主語＋動詞＋目的語＋補語（名詞／形容詞）または動詞の原形〉の文や分詞の後置修飾の使い方を正しく覚えておく。

❶ (1)Let us tell you about this zoo(.)　(2)エ
(3)going
(4)あなた(たち)は食事をしている動物の写真をとることができます。
(5)ア Forest Area　イ ask, staff

❷ (1)ウ　(2)ウ　(3)イ　(4)ア

❸ (1)We helped the man look for his cat(.)
(2)My classmates call me Saki(.)
(3)Who is the boy reading a book(?)
(4)Please do not leave the window open(.)

❹ (1)The movie made her famous.
(2)The watch bought by my father was made in Italy.
(3)Our teacher always makes us laugh.

考え方 ❶ (1)〈let＋人など＋動詞の原形〉「〜に…させてやる」の形を使う。　(2)more than 〜で「〜以上」。　(3)「動物園をまわるバスサービスがあります」という意味にする。現在分詞を使った後置修飾。　(4)eating their mealsがthe animalsについて説明を加える現在分詞の後置修飾の文。　(5)ア「グリーンパーク動物園では小さな動物をどこで見ることができますか。」第1段落第6文参照。イ「エサの時間について知りたい場合，あなたたちは何をしますか。」第2段落最終文参照。

全訳

　グリーンパーク動物園へようこそ。私たちにこの動物園について話させてください。1965年に開園し，それ以来動物園のすべての動物が子どもたちを幸せにしてきました。現在，500以上の動物を見ることができます。動物園には2つのエリアがあります。森エリアと山エリアです。小さな動物を展示している森エリアは北門の近くに位置しています。大きな動物を展示している山エリアは南門の近くに位置しています。動物園をまわるバスサービスがあり，このバスに乗れば両方のエリアを訪れることができます。

　この動物園で最も人気のあるイベントの1つがエサの時間です。食事をしている動物の写真をとることができます。エサの時間についてさらに知りたい場合は，スタッフにおたずねください。

　グリーンパーク動物園で一日を楽しく過ごすことを願っています。

❷ (1)「これは1973年に建てられた塔です。」(2)〈too＋形容詞＋to＋動詞の原形…〉で「〜すぎて…できない」。　(3)「舞台で歌っている少年を知っていますか。」(4)〈let＋人など＋動詞の原形〉で「〜が…するのを許す，〜に…させてやる」。

❸ (1)〈help＋人など＋動詞の原形〉で「〜が…するのを手伝う」。　(2)「〜を…と呼ぶ」は〈call＋〜（人など）＋…（名前）〉。　(3)「本を読んでいる少年」を〈名詞＋現在分詞 〜〉で表す。　(4)〈leave＋〜（人など）＋…（形容詞）〉で「〜を…のままにしておく」。

❹ (1)「〜を…（の状態）にする」は〈make＋〜（人など）＋…（形容詞）〉で表す。　(2)「私の父によって購入された腕時計」を〈名詞＋過去分詞 〜〉で表す。「〜で作られました」は受け身で表す。　(3)〈make＋人など＋動詞の原形〉で「〜に…させる」を表す。

英作文の採点ポイント

□単語のつづりが正しい。（1点）
□（　）内の語数で書けている。（1点）
□(1)〈make＋〜（人など）＋…（形容詞）〉が正しく使えている。　(2)〈名詞＋過去分詞 〜〉を使って，正しく文が書けている。　(3)〈make＋人など＋動詞の原形〉が正しく使えている。
（各5点）

＊主格および目的格の関係代名詞を正しく使えるようにしておく。

❶ (1)エ　(2)Yoshida Trail　(3)③エ ⑤イ
(4)降りるときは異なる登山道を使います
(5)(Goraiko is a sunrise) that can be seen from the top(.)
(6)ア

❷ (1)ア　(2)ウ　(3)ウ　(4)イ

❸ (1)I have an aunt who lives in

Germany(.)

(2)London is the city many tourists
visit(.)

(3)The bread which I ate yesterday was
delicious(.)

(4)On the other hand, the environment
is getting worse(.)

④ (1)The girl that you saw[met] in the park
yesterday is my sister.

(2)This is a[the] picture that was taken
by a famous photographer.

考え方

① (1)a beautiful mountainが先行詞の関係
代名詞の文。 (2)直前の文参照。 (3)空所
のあとに理由となる文が続いている。⑤結
論を表す文が続いている。 (4)go downは
「下に行く」つまり, ここでは「(山を)降り
る」という意味。differentは「異なる」とい
う意味。 (5)このthatは関係代名詞。a
sunriseを先行詞とする。(6)ア「この経験を
まだしていないなら, いつかその山に登る
べきです。」イ「まだ富士山に登っていないな
ら, この山はすすめられないです。」ウ「以前
に富士山に登ったことがあるなら, もう一
度日の出を見る必要はありません。」エ「日の
出を楽しみたいなら, ほかの山に登るべき
です。」

全訳

　富士山に登ったことがありますか。富士山
は, 世界遺産の１つである美しい山です。ふ
つう, 毎年７月から９月までこの山に登るこ
とができます。山の頂上へは４つの登山道が
あります。

　最も人気のある登山道は吉田登山道です。登
山者の半数以上がそれを選びます。頂上までは
約６時間かかります。吉田登山道は, 登山者た
ちが何かを買ったり休憩したりできる店がたく
さんあるので人気です。また, 降りるときは異
なる登山道を使います。だから登山道からさま
ざまな景色を楽しむことができます。

　この登山の最も有名な見どころはご来光で
す。ご来光は頂上から見ることができる日の
出です。晴れているとき, 登山者は美しい景
色を楽しむことができます。この経験をまだ
していないなら, いつかその山に登るべきです。

② (1)the chairを先行詞とする目的格の関係
代名詞を選ぶ。 (2)a teacherが先行詞の目

的格の関係代名詞の文。 (3)the girl and
the dogが先行詞。「人＋もの」が先行詞の
ときは関係代名詞はthatを使う。 (4)関係
代名詞のうしろに続く動詞は先行詞に合わ
せる。先行詞はThe studentで３人称単数
なので, wantsを選ぶ。

③ (1)「ドイツに住むおば」を〈先行詞(an aunt)
＋主格の関係代名詞(who)＋動詞(lives)〜〉
の語順で表す。 (2)「多くの観光客が訪れる
都市」を〈先行詞(the city)＋(目的格の関係
代名詞)＋主語(many tourists)＋動詞
(visit)〉の語順で表す。ここでは目的格の関
係代名詞は省略されている。 (3)「私が昨日
食べたパン」が文の主語。この部分を〈先行
詞(the bread)＋関係代名詞(which)＋主
語(I)＋動詞(ate)〜〉の語順で表す。 (4)「一
方」はon the other hand。〈get＋比較級〉
で「どんどん〜になる」という意味。

④ (1)「あなたが昨日公園で見た女の子」は〈先行
詞(the girl)＋目的格の関係代名詞(that)
＋主語(you)＋動詞(saw)〜〉の形で表す。
(2)「有名な写真家によってとられた写真」を
〈先行詞(a picture)＋主格の関係代名詞
(that)＋動詞(was taken)〜〉の形で表す。

英作文の採点ポイント

□単語のつづりが正しい。（１点）

□関係代名詞thatを使っている。（１点）

□(1)〈先行詞＋目的格の関係代名詞(that)＋主語
＋動詞 〜〉の形が正しく使えている。 (2)〈先行
詞＋主格の関係代名詞(that)＋動詞 〜〉の形が
正しく使えている。

（各５点）

pp.144〜145　　　予想問題 4

出題傾向

＊仮定法過去およびI wish 〜の文の形を正し
く使えるようにしておく。

① (1)それは10月に開催される最も人気のある行
事です。

(2)ア　(3)were　(4)(生徒たちからの)拍手

(5)C　(6)ウ

② (1)would agree　(2)I wish

(3)I had　(4)she lived

③ (1)If Bob had more time, he could teach
us math(.)

(2)I wish my cat could speak Japanese(.)

(3)Camping is fun for both adults and children(.)

(4)He became the oldest person to climb the mountain(.)

④(1)If I had a yard[garden], I could grow flowers.[I could grow flowers if I had a yard[garden].]

(2)I wish I were taller.

考え方

①(1)the most popular eventが先行詞の主格の関係代名詞の文。heldはhold「開催する」の過去分詞形。 (2)「コンサートでバイオリンを演奏するのはどうですか」という意味にする。(3)「もし私があなたなら，コンサートで演奏するでしょう」という意味になる。現在の事実とは違う仮定を表す文は，仮定法過去を使う。be動詞は，主語が何でも過去形のwereにする。 (4)Itは直前の文のthe applause from them(= the studetns)を指している。(5)補う文は「それでミキは演奏することを決めました」という意味。母のアドバイスを聞いたあとに決心した。(6)質問は「なぜミキはコンサートで演奏することに決めたのですか」。

全訳

ミキは音楽が大好きで，バイオリンをとても上手に演奏することができる生徒です。ミキの学校では，毎年学校祭があります。それは10月に開催される最も人気のある行事です。今年の学校祭のおよそ1か月前，音楽教師のスズキ先生がミキに「学校祭では音楽コンサートがあります。コンサートでバイオリンをひいたらどうですか」と言いました。彼女はそれを聞いてうれしかったのですが，あまりに不安でそのときは決められませんでした。彼女は彼にそのことについて考えると伝えました。

ミキは帰宅したあと，母親と話し，アドバイスを求めました。彼女は「私があなたならコンサートで演奏するでしょう」と言いました。「たとえ間違えたとしても，すばらしい経験になるでしょう。あなたにとって挑戦することが大切よ」とも言いました。それでミキは演奏することを決めました。

ミキは学校祭の日まで毎日練習しました。彼女はコンサートでとても上手に演奏し，生徒たちは彼女のバイオリンを楽しみました。

彼女が演奏を終えたとき，彼女は生徒たちからの拍手を聞きました。それはミキを幸せにしました。

②現在の事実とは違う仮定は仮定法過去で表す。(1)「あなたの意見に賛成するでしょう」は〈would＋動詞の原形〉で表す。「～に賛成する」はagree with ～。 (2)〈I wish＋主語＋(助)動詞の過去形〉の文。 (3)〈if ～〉の中の動詞は過去形を使う。 (4)I wishのあとに続く文では，動詞は過去形を使う。

③(1)仮定法過去の文。〈If＋主語＋一般動詞の過去形 ～，主語＋could＋動詞の原形 ....〉の形で表す。 (2)〈I wish＋主語＋(助)動詞の過去形〉の文。 (3)Campingが主語の文にする。「～と…の両方」はboth ～ and ...で表す。 (4)最上級を使った文。「その山に登った」という説明はto不定詞を使ってpersonのうしろに加える。

④(1)現在の事実とは違う仮定なので，仮定法過去の文にする。「もし(人)が～したら，…できるでしょう」は〈If＋主語＋一般動詞の過去形 ～，主語＋could＋動詞の原形 ....〉の形で表す。「花を育てる」はgrow flowers。 (2)現在の事実とは違う願望を表すときは〈I wish＋主語＋(助)動詞の過去形〉で表す。be動詞は主語が何でもwereを使う。「もっと背が高い」はtallの比較級tallerを使う。

英作文の採点ポイント

☐単語のつづりが正しい。（1点）

☐（　）内の語数で書けている。（1点）

☐(1)〈If＋主語＋一般動詞の過去形 ～，主語＋could＋動詞の原形 ....〉の文が正しく書けている。 (2)〈I wish＋主語＋(助)動詞の過去形〉の文が正しく書けている。

（各6点）

pp.146～147　　予想問題 5

出題傾向

＊これまで習ったさまざまな文法事項やイディオムを再度確認しておく。

①(1)(some) shops　(2)As you know

(3)また，森は多くの動物たちが住む場所です。

(4)ウ　(5)イ

②(1)as, walk　(2)filled with[full of]

(3)might, well　(4)used to

❸ (1)She has been talking on the phone for two hours(.)

(2)Could you tell me when to visit her(?)

(3)My brother let me use his camera(.)

❹ (1)Mike never eats tomatoes.

(2)I have a dream to be[become] a doctor.

(3)Do you know how many books Ken has?

考え方

❶ (1)「客に袋をわたすのをやめた」という動作をしたのはだれか[何か]。 (2)「ご存じのように」はas you knowで表すことができる。 (3)Alsoは「また」という意味のつなぎ言葉。the placesを先行詞とする目的格の関係代名詞whichの文。 (4)この文章の結論の文として適切な文を選ぶ。ア「ビニール袋や紙袋を使うことはお気に入りの店を助けます。」イ「店は客が必要とするときには，紙袋を売らなくてはなりません。」ウ「自分の袋を持ち歩くことは環境がよくなるのを助けます。」 (5)質問は「ビニール袋はなぜ環境に悪いのですか」という意味。ア「それらなしでは物を運べないから。」イ「それらは動物を殺すかもしれないから。」ウ「それらは二酸化炭素を増やすから。」ビニール袋については第3段落で述べられている。

全訳

　あなたは買い物に行くとき，自分の袋を持っていきますか。最近では，客が買ったものを運ぶための袋が必要なときは自分の袋を使うように客に頼む店もあります。なぜ彼らは紙袋やビニール袋を客にわたすのをやめたのでしょう。

　紙袋が客に配布されるなら，多くの紙が必要です。ご存じのように，紙は木から作られます。今，私たちはみんな，多すぎる二酸化炭素は環境によくないと知っています。十分な木がないと，二酸化炭素を減らせません。また森は多くの動物たちが住む場所です。したがって，森を守る必要があります。

　ビニール袋はどうでしょう。客が物を運ぶためにビニール袋を使ったあと，その袋の一部は適切に捨てられていません。ビニール袋は軽く，風がたやすく海や森に吹き飛ばせます。それらの袋は粉々になりますが，分解されません。動物たちが間違って食べて死んでしまうかもしれないので，このことは環境によくありません。

　もし，袋を持ち歩いていないなら，今すぐ

考えを変えるべきです。自分の袋を持ち歩くことは環境がよくなるのを助けます。

❷ (1)「～しながら」を表す接続詞はas。 (2)be filled with ～で「～でいっぱいだ」。 (3)「～するほうがよい」はmight as well ～で表すことができる。 (4)「～することに慣れる」はget used to ～ingで表すことができる。

❸ (1)「ずっと～している」を現在完了進行形〈have[has] been＋動詞の-ing形〉で表す。 (2)「いつ～するか」を〈when to＋動詞の原形〉で表す。「～していただけませんか」とていねいにお願いするときはCould you ～?の形で表す。 (3)〈let＋人＋動詞の原形〉で「(人)に～させてやる」を表す。

❹ (1)「マイクは決してトマトを食べません」という文にする。never「決して～ない」を使って表す。主語Mikeは3人称単数で現在の文なので，eat「食べる」に-sをつけることに注意。tomato「トマト」の複数形はtomatoes。 (2)「私には医者になるという夢があります」という文にする。「私には～がある」はI have ～で始める。「～になるという夢」は形容詞的用法の不定詞を使って〈名詞(dream)＋to＋動詞の原形(be[become] ～)〉の形で表す。 (3)「あなたは，ケンが何冊の本を持っているか知っていますか」という文にする。「あなたは～を知っていますか」はDo you know ～?の形になる。「ケンが何冊の本を持っているか」を〈疑問詞(how many books)＋主語(Ken)＋動詞(has)〉の語順で表す。

英作文の採点ポイント

□単語のつづりが正しい。（1点）
□（　）内の語数で書けている。（1点）
□(1)〈主語＋never＋動詞 ～.〉の語順で正しく書けている。 (2)〈名詞＋to＋動詞の原形〉の形を使って正しく書けている。 (3)knowのあとの〈how many books＋主語＋動詞〉の語順が正しく書けている。
（各5点）

リスニングテスト
〈解答〉

① 5つの文構造

❶ (1)×　(2)○　(3)×

ココを聞きトレ🎧　動詞のあとにくる目的語や補語に注目しよう。だれがだれに何をするのか，だれがだれをどうするのかなどを正しく聞き取ろう。

英文
(1)Yesterday was my brother's birthday. I gave him a jacket, and my father gave him a camera.
(2)I visited Jun's house last week. He showed me his album, and his mother made us some cookies.
(3)My grandmother has a cat and a dog. She calls the cat Ken. And she calls the dog Sam.

日本語訳
(1)昨日は私の兄弟の誕生日でした。私は彼にジャケットをあげて，私の父は彼にカメラをあげました。
(2)私は先週ジュンの家を訪れました。彼は私に彼のアルバムを見せてくれて，彼のお母さんは私たちにいくつかクッキーを作ってくれました。
(3)私の祖母は1匹のネコと1匹のイヌを飼っています。彼女はそのネコをケンと呼びます。そして，彼女はそのイヌをサムと呼びます。

❷ ウ，エ

ココを聞きトレ🎧　目的語の聞き取りがポイント。動詞の意味に注意し，だれがだれに何をするのかを正しく聞き取ろう。

英文
Makoto : Mr. Smith will go back to Canada next week.
Sally : I know. Are you going to give him a present?
Makoto : I'll give him some flowers. And you?
Sally : I'll write a letter and make a cake for him tomorrow.
Makoto : That's good! I want to make it with you.
Sally : Sure. Mr. Smith will be happy.

日本語訳
マコト：来週，スミス先生がカナダに帰ってしまうよ。
サリー：そうね。何か彼にプレゼントをあげるつもり？
マコト：ぼくは彼に花をあげるつもりだよ。君は？
サリー：私は彼に手紙を書いて，明日は彼のためにケーキを作るの。
マコト：それはいいね！ぼくも明日君といっしょにそれを作りたいな。
サリー：もちろん。スミス先生が喜ぶわ。

② 接続詞

❶ (1)イ　(2)ウ　(3)ウ

ココを聞きトレ🎧　whenやifのあとにくる「時」や「条件」の内容に注意。時や条件とそれに対応する事柄の関係を正しく聞き取ろう。数字の聞き取りも重要なポイント。

英文
(1)*Man :* Were you watching TV when I called you, Miki?
　Woman : No. I was helping my mother. She was washing the dishes.
(2)*Woman :* Will you play baseball tomorrow, Yuta?
　Man : Yes. But if it rains, I will play the guitar in my room.
(3)*Man :* Is this pen five dollars?
　Woman : Yes. But if you buy two pens, they will be eight dollars. And if you buy three, they will be ten dollars.

日本語訳
(1)男性：私が電話したとき，あなたはテレビを見ていましたか，ミキ。
　女性：いいえ。私は母を手伝っていました。彼女は皿を洗っていました。
(2)女性：あなたは明日，野球をしますか，ユウタ。
　男性：はい。でも雨が降ったら，私は部屋でギターをひきます。
(3)男性：このペンは5ドルですか。
　女性：はい。でも2本買えば，8ドルになります。そして3本買えば，10ドルになります。

❷ オ，カ

ココを聞きトレ⑥ 時を表す表現に注意し，時の経過を意識して英文を聞こう。sayやthink，hopeのあとに続く〈that＋文〉は，言ったり思ったりする内容を表す。thatは省略されることも多いので注意。

英文 Yesterday, I visited my grandmother at the hospital. I bought some flowers for her before going there. When I arrived at the hospital, she was in her bed in her room. I gave her the flowers. She looked very happy. She said that she liked them very much. I told her many things about my friends. When I left the hospital, she said, "Please come again." I think I will show her some pictures of my friends next time. I hope she will get well soon.

日本語訳 昨日，私は病院に祖母のお見舞いに行きました。私はそこへ行く前に，彼女に花を買いました。私が病院に到着したとき，彼女は部屋のベッドに寝ていました。私は彼女に花をあげました。彼女はとてもうれしそうでした。彼女はそれがとても気に入ったと言いました。私は友だちについて多くのことを彼女に話しました。私が病院を出るとき，彼女は「また来てね」と言いました。私は，次は友だちの写真を彼女に見せようと思います。私は彼女がすぐによくなってほしいと思っています。

③ SVOO（that 節）

❶ エ

ココを聞きトレ⑥ ２つの目的語がある文の２つ目の目的語がthat節になる場合があることに注意しよう。showはこの形でよく使われる動詞の１つ。

英文
Steve : Did you see Kate yesterday, Beth?
Beth : Yes. I played tennis with her. She talked about your brother. Is he on the baseball team, Steve?
Steve : Yes. He is a very good player.
Beth : Do you play baseball, too?
Steve : No. I'm on the basketball team.
Beth : Really? That team has a lot of good players.
Steve : That's right. I want to be a starter, so I have to show the coach that I can play very well.

Question : What does Steve have to show the coach?

日本語訳
スティーブ：昨日ケイトに会ったの，ベス？
ベス：ええ。彼女とテニスをしたよ。彼女があなたのお兄さんのことを話してたよ。彼は野球部に所属しているの，スティーブ？
スティーブ：うん。彼はとてもうまい選手だよ。
ベス：あなたも野球をするの？
スティーブ：いや。ぼくはバスケットボール部に所属してるよ。
ベス：本当？　チームにはいい選手がたくさんいるでしょ。
スティーブ：そのとおり。先発メンバーになりたいから，コーチにとてもうまくプレーできることを見せなきゃいけないんだ。
質問：スティーブはコーチに何を見せなければいけませんか。

❷ (1)four months ago　(2)do their best　(3)performed very well

ココを聞きトレ⑥ that節が動詞の目的語になる場合，thatはふつう弱く発音されることに注意。また，省略される場合もあることも頭に入れておく。

英文
　Yumi is in her school's brass band. It held a concert four months ago. The performance wasn't very good. Yumi's music teacher is Ms. Tanaka. She told the members of the band that they should do their best to make their performance better. Her words made them strong and positive.

　Yumi and the other members practiced very hard to prepare for the next concert. It was held last Sunday. They performed very well this time. Everyone was smiling at the end of the concert. It was a very exciting experience for Yumi.

Questions :
(1)When was the first concert held?
(2)What did Ms. Tanaka want the members of the brass band to do?
(3)Why was everyone smiling at the end of the second concert?

日本語訳　ユミは学校のブラスバンド部に所属し

ています。4か月前にコンサートを開きました。その演奏はあまりよくなかったのです。ユミの音楽の先生はタナカ先生です。彼女は部員に，演奏をよりよくするために最善を尽くすべきだと言いました。彼女の言葉は彼らを強く，積極的にしました。

ユミと他の部員は，次のコンサートに備えるためにとても熱心に練習しました。それはこの前の日曜日に開かれました。今回，彼らはとてもうまく演奏しました。コンサートの最後では，みんなほほえんでいました。それはユミにとって，とても興奮した経験でした。

質問(1)1回目のコンサートはいつ開かれましたか。

(2)タナカ先生はブラスバンド部員にどうしてもらいたかったのですか。

(3)2回目のコンサートの最後で，みんながほほえんでいたのはなぜですか。

④ 不定詞を含む表現

1 (1)× (2)○ (3)○

ココを聞きトレ6 不定詞を含む表現を正しく聞き取ろう。〈It is ... for 人＋to ～.〉の文では，itに「それ」という意味はなく，toからあとの「～すること」が主語になるので注意。

英文 (1)Emma was very busy, so she asked Mike to help her clean the kitchen.

(2)It is difficult for Jun's mother to make dinner this evening. She wants Jun to make dinner.

(3)It is easy for Kana to study English and Japanese. It is necessary for her to study math harder.

日本語訳 (1)エマはとてもいそがしかったので，マイクに彼女が台所を掃除するのを手伝ってくれるように頼みました。

(2)ジュンのお母さんにとって今晩，夕食を作ることは難しいです。彼女はジュンに夕食を作ってほしいと思っています。

(3)カナにとって英語と国語を勉強することは簡単です。彼女は数学をもっと一生懸命，勉強する必要があります。

2 (1)ウ (2)エ

ココを聞きトレ6 男性の指示内容から，病院の位置とケイトの次の行動を推測しよう。不定詞を含む表現や位置を表す表現を正しく聞き取ること。

英文
Kate : Excuse me. Could you tell me how to get to the hospital?

Man : Sure. You can walk, but it's easier for you to take a bus.

Kate : I see. Do you know where to take the bus?

Man : Yes. There's a bus stop at the next corner. Take the bus which goes to the station.

Kate : OK. How many stops from here?

Man : Get off at the fifth stop. Shall I help you carry your bag to the bus stop?

Kate : Oh, thank you very much. You're so kind.

Questions : (1)Where is the hospital?
(2)What will Kate do next?

日本語訳
ケイト：すみません。病院への行き方を教えてもらえますか。

男性：もちろん。歩くこともできますが，バスに乗るほうがあなたには簡単です。

ケイト：わかりました。どこでバスに乗ればよいかわかりますか。

男性：はい。次の角にバス停があります。駅に行くバスに乗ってください。

ケイト：わかりました。ここからいくつ目のバス停ですか。

男性：5つ目のバス停で降りてください。バス停まであなたのかばんを運ぶのを手伝いましょうか。

ケイト：まあ，どうもありがとうございます。ご親切ですね。

質問(1)病院はどこにありますか。

(2)ケイトは次に何をしますか。

⑤ 分詞

1 ケン：ア エミ：オ ユウタ：ウ アヤ：カ

ココを聞きトレ6 名詞の後ろにある動詞のing形で始まる語句は，その名詞について説明している。人名に注意して，その人物が何をしている人なのかを正しく聞き取ろう。

英文
There are some people in this picture. The boy riding a bike is Jun. Aya is the girl running with a dog. The girls singing

a song are Emi and Rika. Rika is also playing the guitar. The boys eating lunch under the tree are Shinji and Yuta. Yuta is wearing a cap. Ken is the boy taking pictures of birds.

【日本語訳】

　この絵には何人かの人がいます。自転車に乗っている男の子はジュンです。アヤはイヌと走っている女の子です。歌を歌っている女の子たちはエミとリカです。リカはまたギターをひいています。木の下で昼食を食べている男の子たちはシンジとユウタです。ユウタは帽子をかぶっています。ケンは鳥の写真をとっている男の子です。

❷　(1)イ　(2)エ

【ココを聞きトレ⑥】　名詞の後ろに続く説明の語句に注意。現在分詞や過去分詞，前置詞などがつくる句が名詞を説明している。登場人物が多いので，だれが何をしたかを整理しながら聞こう。

【英文】

　Hi, everyone. I'm Takashi. Yesterday was my birthday. My family and friends had a party for me. My father gave me a watch made in Japan. It looked very nice. Mike gave me a book written in English. I think I can read it if I use a good dictionary. My brother gave me a CD of my favorite singer. Koji played the guitar and Yuki sang some songs. We ate the cake made by my mother. It was delicious. These are the pictures taken by Kana at the party. Everyone had a good time. Thank you.

Questions :
(1)What did Takashi get from Mike?
(2)What did Kana do for Takashi at the party?

【日本語訳】

　こんにちは，みなさん。ぼくはタカシです。昨日はぼくの誕生日でした。家族と友だちがぼくのためにパーティーを開いてくれました。父はぼくに日本製の時計をくれました。それはとてもすてきに見えました。マイクはぼくに英語で書かれた本をくれました。よい辞書を使えば，ぼくはそれが読めると思います。兄はぼくの大好きな歌手のCDをぼくにくれました。コウジはギターをひき，ユキは何曲か歌を歌ってくれました。ぼくたちは

母の作ってくれたケーキを食べました。それはおいしかったです。これらはパーティーでカナがとってくれた写真です。みんな楽しい時を過ごしました。ありがとう。

質問(1)タカシはマイクから何をもらいましたか。
　　(2)カナはパーティーでタカシのために何をしましたか。

⑥ 関係代名詞

❶　(1)イ　(2)キ　(3)オ　(4)エ

【ココを聞きトレ⑥】　名詞の後ろにあるwho，which，thatで始まる語句は，その名詞について説明している。説明されている名詞がどんな人や動物なのかを正しく聞き取ろう。

【英文】

(1)This is a person who works in a hospital and takes care of sick people.
(2)This is an animal which we can see in Australia. It jumps very well.
(3)This person is someone who cooks food as a job at a restaurant.
(4)This is the largest animal that lives in the sea. It looks like a fish.

【日本語訳】

(1)これは病院で働き，病気の人々の世話をする人です。
(2)これはオーストラリアで見ることができる動物です。それはとても上手に跳びます。
(3)この人は，レストランで仕事として食べ物を料理するだれかです。
(4)これは海に住む最も大きい動物です。それは魚のように見えます。

❷　(1)教師　(2)8　(3)4　(4)医師

【ココを聞きトレ⑥】　職業の名前と，その職業につきたい生徒の人数を正しく聞き取ろう。whoで始まる語句が，直前にある名詞について説明していることに注意。

【英文】

Kumi : Mike, we talked about our future jobs in class last week, right?
Mike : Yes, Kumi. Thirteen students want to be sports players. There are eight students who want to be baseball players.

Kumi : Right. And there are five students who want to be soccer players.

Mike : Yes. There are four students who want to be musicians and there are three students who want to be doctors.

Kumi : Well, I'm one of them. The most popular job is teacher. Nine students want to be teachers. And six answered other jobs.

Mike : That's right. I hope everyone's dream will come true!

日本語訳

クミ：マイク，私たちは先週，授業で将来の職業について話したわね。

マイク：うん，クミ。13人の生徒がスポーツ選手になりたがっているよ。野球選手になりたい生徒が8人いる。

クミ：そうね。そしてサッカー選手になりたい生徒が5人いるわね。

マイク：うん。ミュージシャンになりたい生徒は4人，医師になりたい生徒は3人いるね。

クミ：ええと，私もその1人よ。最も人気のある職業は教師ね。9人の生徒が教師になりたいと思っているわ。そして6人はほかの職業を答えたわね。

マイク：そのとおり。みんなの夢が実現するといいな！

⑦ 仮定法

❶ イ

ココを聞きトレ⑤ 仮定法の文では，現在の状況と異なる想定を述べるのに過去形を使うことに注意。主語が何であってもbe動詞は原則的にwereとなる。

英文

Bob : Hi, Meg. Where are you going?

Meg : I'm going to the museum. How about you, Bob?

Bob : I'm on my way home from the post office.

Meg : The weather hasn't been very good since yesterday.

Bob : I don't like rainy days. If it were hot and sunny today, I would go swimming in the sea.

Meg : I like rainy days. I like taking pictures of flowers in the rain.

Question : What does Bob want to do?

日本語訳

ボブ：やあ，メグ。どこへ行くの？

メグ：美術館へ行くところよ。あなたはどう，ボブ？

ボブ：郵便局から家に帰るところだよ。

メグ：昨日からずっと天気があまりよくないね。

ボブ：雨の日は好きじゃないよ。今日晴れて暑かったら，海へ泳ぎに行くのに。

メグ：私は雨の日が好きよ。雨の中の花の写真をとるのが好きなの。

質問：ボブは何がしたいと思っていますか。

❷ イ，オ

ココを聞きトレ⑥ I wish ～の形の仮定法の意味を正しく聞き取ろう。現実とは異なる願望を表すときに，wishの後ろでは動詞・助動詞が過去形になることに注意。

英文

Mary : Hi, Josh. I went to your sister's concert last Saturday. It was amazing.

Josh : Really? She'll be happy to hear that, Mary.

Mary : She is definitely a great singer. I like her sweet voice. I wish I could sing like her.

Josh : She plays the piano, too. She really loves music.

Mary : Do you like music, too?

Josh : Actually, I don't. I'm not good at singing. I like going camping in the mountains.

Mary : Oh, I didn't know that. My father sometimes climbs mountains on weekends. He likes watching birds. How about you?

Josh : I like watching the stars better.

日本語訳

メアリー：こんにちは，ジョシュ。この前の土曜日にあなたのお姉さんのコンサートに行ったよ。すばらしかったわ。

ジョシュ：本当？ それを聞いたら彼女は喜ぶよ，メアリー。

メアリー：彼女は絶対にすばらしい歌手よ。彼女の甘い声が好き。私も彼女のように歌えたらいいのに。

ジョシュ：彼女はピアノもひくよ。彼女は本当に音楽が大好きなんだ。

メアリー：あなたも音楽が好き？

ジョシュ：実はそうじゃないんだ。歌うのが得意じゃないし。ぼくは山へキャンプをしに行くのが好きなんだ。

メアリー：あら、それは知らなかった。父がときどき週末に山に登るよ。彼はバードウォッチングが好きなの。あなたはどう？

ジョシュ：ぼくは星を見るほうが好きだよ。

⑧ その他の文

① (1)イ　(2)ア　(3)エ

ココを聞きトレ🎧　会話の最後の文をよく聞いて、次にくる応答を推測しよう。whoやwhat time, whatのような疑問詞は、何が話題になっているかを特定するための重要なヒントになるので、注意して聞き取ろう。

英文

(1)*Man :* Miki, your brother is over there.

Woman : Oh, you're right. He's talking with a girl. Do you know who she is?

Man : (　　　　)

(2)*Woman :* I hear this movie is very good. I want to see it tonight.

Man : Me, too. But I don't know what time it will start.

Woman : (　　　　)

(3)*Man :* Hi, Becky. This is my cat. I got it from my aunt yesterday.

Woman : Oh, it's very cute. What do you call it?

Man : (　　　　)

日本語訳

(1)男性：ミキ、あそこにきみの弟がいるよ。

女性：あら、ほんとね。女の子と話しているわ。あなたは彼女がだれか知ってる？

(2)女性：この映画はとてもいいと聞くわ。今晩それを見たいんだけど。

男性：ぼくもさ。でも、何時に始まるか知らないんだ。

男性：ぼくもさ。でも、何時に始まるか知らないんだ。

(3)男性：やあ、ベッキー。これはぼくのネコだよ。昨日おばからもらったんだ。

女性：まあ、とてもかわいいわね。何と呼ぶの？

② ア、オ

ココを聞きトレ🎧　電話の表現、Can I ～?のような申し出、Can you ～?のような依頼の表現に注意。2人の電話のやりとりから、状況や依頼の内容を正しく聞き取ろう。

英文

Rika : Hello. This is Rika. May I speak to Tom, please?

Tom's mother : Hello, Rika. This is his mother. I'm afraid he's out but I don't know where he is. Can I take a message?

Rika : Yes, please. I want to know what he wants for his birthday. Can you ask him to call me back?

Tom's mother : All right. I'll tell him to call you, but I'm sure any present will make him happy, Rika.

Rika : Oh, I hope so. Thank you very much.

日本語訳

リカ：もしもし。リカです。トムをお願いします。

トムの母：こんにちは、リカ。彼の母です。彼は外出していると思うけれど、どこにいるかわからないの。伝言を伝えましょうか。

リカ：ええ、お願いします。私は誕生日に彼は何がほしいか知りたいんです。私に電話をかけ直すように、彼に頼んでもらえますか。

トムの母：わかりました。彼にあなたに電話をするように言うわ。でもきっと、彼はどんなプレゼントでも喜ぶと思うわ、リカ。

リカ：まあ、そうだといいのですが。どうもありがとうございます。

⑨ 3年間の総復習①

① (1)エ　(2)ウ　(3)ウ

ココを聞きトレ🎧　質問への答えの選択肢から、それ

がどんな質問か予測しよう。そしてそれを頭に入れて英文を聞こう。

英文 (1)David was talking with Meg on the phone when George arrived at the station. They talked about Lucy and Patty on the train.

Question : Who was David talking with on the phone?

(2)Jack is a member of a volleyball team. He is going to meet Jane to ask her to write a song for the team.

Question : What does Jack want Jane to do?

(3)I have three dogs. They are Sora, Gonta and Kurumi. Sora is bigger than Kurumi. Gonta is the biggest of the three. My uncle's dog is Hana. Kurumi is bigger than Hana.

Question : Which is the smallest dog of the four?

日本語訳 (1)ジョージが駅に着いたとき，デイビッドはメグと電話で話していました。彼らは電車の中で，ルーシーとパティーについて話しました。 質問 デイビッドは電話でだれと話していましたか。

(2)ジャックはバレーボールのチームの一員です。彼はチームのために歌を書いてくれるように頼むために，ジェーンと会うつもりです。 質問 ジャックはジェーンに何をしてほしいのですか。

(3)私はイヌを3匹飼っています。彼らはソラ，ゴンタとクルミです。ソラはクルミより大きいです。ゴンタは3匹の中で最も大きいです。おじのイヌはハナです。クルミはハナより大きいです。 質問 4匹の中で最も小さいイヌはどれですか。

❷ (1)有名な歌手 (2)40年前
(3)動物園 (4)大好きな

ココを聞きトレ❻ まとめの文の空所にどのような情報が入るか予測しながら，英文を聞こう。まとめの日本文は英文の直訳ではなく，要約になっているので，英文の中からポイントを正しくつかむようにしよう。

英文

Brian : Have you ever read this book, Susie?

Susie : No. Is it interesting, Brian?

Brian : Yes. I really like it. It was written by a famous singer.

Susie : Can I borrow it?

Brian : Sure.

Susie : Thanks. Anyway, look at this photo. My grandfather took it forty years ago.

Brian : Do you know where he took it?

Susie : At the City Zoo.

Brian : Is the boy holding a banana your father?

Susie : You're right. Bananas have been his favorite food since he was a little child.

日本語訳

ブライアン：この本を読んだことある，スージー？

スージー：いいえ。それはおもしろいの，ブライアン？

ブライアン：うん。本当に気に入ってるよ。それは有名な歌手によって書かれたんだよ。

スージー：それを借りてもいい？

ブライアン：もちろん。

スージー：ありがとう。ところで，この写真を見て。祖父が40年前にこれをとったの。

ブライアン：彼がそれをどこでとったか知ってる？

スージー：市立動物園でだよ。

ブライアン：バナナをにぎっている男の子は，きみのお父さんかい？

スージー：そのとおり。バナナは小さい子どものときから彼が大好きな食べ物よ。

⑩ 3年間の総復習②

❶ エ

ココを聞きトレ❻ ケンと母の2人の行動とそれをする時間の聞き取りがポイント。2人がいつ，どんな行動をするかに注意しながら，ケンの行動とその時間を正しく表しているものを選ぼう。

英文

Ken's mother : Ken, what time will you leave home tomorrow morning?

Ken : At six thirty.

Ken's mother : Oh, you have to get up very early. Do you have any homework to do today?

Ken : Yes. I'm going to finish it by seven.

Ken's mother : Is there anything that you want me to do?

Ken : Can you make me some sandwiches? I'll eat them before I leave tomorrow.

Ken's mother : Sure.

日本語訳

ケンの母：ケン，明日の朝は何時に家を出るの？

ケン：6時30分だよ。

ケンの母：まあ，あなたはとても早く起きなきゃいけないわね。今日やる宿題はあるの？

ケン：うん。7時までに終わらせる予定だよ。

ケンの母：私にしてほしいことはある？

ケン：ぼくにサンドイッチを作って。明日出発する前にそれを食べるつもりだよ。

ケンの母：わかったわ。

② (1)feels great　(2)goes skiing
　 (3)Since, was

ココを聞きトレ⑥　質問に対する応答文を見て，ヒントになりそうな語句を探そう。そしてそれらに注意しながら英文を聞き取ろう。

英文　Hello, Everyone. I'm Sarah. I'm going to talk about myself and my family. What is your favorite thing to do? Mine is riding a bicycle. It really makes me happy. It makes my body stronger, too. I feel great when I ride a bicycle.

My father is a fire fighter and my mother is a nurse. They work for people who need help. My father often goes skiing in winter. My mother likes watching movies.

My brother is a university student. He studies computer science. He has been interested in computers since he was in elementary school.

Questions :

(1)How does Sarah feel when she rides a bicycle?

(2)What does Sarah's father often do in winter?

(3)How long has Sarah's brother been interested in computers?

日本語訳

こんにちは，みなさん。私はサラです。私自身と家族について話します。みなさんはどんなことを

するのが好きですか。私の好きなことは自転車に乗ることです。それは私をとても楽しい気持ちにさせます。それは私の体をより強くもします。自転車に乗ると，とてもいい気分になります。

　父は消防士で，母は看護師です。彼らは助けが必要な人々のために働いています。父はよく冬にスキーに行きます。母は映画を見るのが好きです。

　兄は大学生です。彼はコンピュータ科学を学んでいます。彼は小学生のころから，ずっとコンピュータに興味を持っています。

質問(1)　自転車に乗っているときに，サラはどう感じますか。

(2)サラの父は冬によく何をしますか。

(3)サラの兄はどのくらいの間，コンピュータに興味を持っていますか。

英作文にチャレンジ！
〈解答〉

❶ This graph shows the number of dogs and cats kept as pets in Japan. According to the graph, the number of dogs was larger than that of cats in 2015. The number of dogs has been decreasing for the last several years and has been smaller than that of cats since 2017.

英作力 UP↗　まず，何についてのグラフかについて説明する文から始める。そして，2文目以降でそこから読み取れることを具体的に説明していく。2つのものの数値の推移を表すグラフなので，比較級や現在完了形の継続用法，現在完了進行形などを使って表せばよい。

❷ In Japan, May 5 is a national holiday known as Children's Day. People pray for their children's good health. Kashiwamochi is one of the traditional foods eaten on this day. It is wrapped with the leaf of a tree called kashiwa in Japanese.

英作力 UP↗　まず，「こどもの日」の基本的な情報を伝える文から始める。そして2文目以降に，この日の意味や習慣などを説明する文を続ける。

❸ (1)I am looking forward to walking in the beautiful mountains with you. (2)I want you to show me around the places you like. (3)Could you tell me what your parents like to do?

英作力 UP↗ (1)「楽しみにしていること」は，例えばlook forward to 〜を使って表すことができる。〜に動詞がくる場合はing形にする。このほかにもIt is exciting for me to 〜などの表現も使える。(2)「相手にしてもらいたいこと」は，〈want＋人＋to＋動詞の原形〉を使って表せる。(3)「相手の家族のこと」は，間接疑問文などを使って表せばよい。「〜してほしい」と頼む場合は，Could you 〜?の形で表すことができる。

❹ I do not think that junior high school students should read newspapers every day. I have two reasons. First, newspapers are less useful than the Internet. We can easily get the latest information from the Internet. Second, we can read the news without paying for it on the Internet. That helps us save money. I do not think that it is necessary to read newspapers every day.

英作力 UP↗ まず，賛成か反対のどちらの立場をとるかを表す文から始める。理由を含めるという条件があるので，2文目からは理由について述べてゆけばよい。理由の数には指定がないので，60語程度という語数制限に合うように，1つにするか2つ以上にするか決める。そして最後に，論題に対する自分の考えを述べる。

❺ This map shows where you should go in an emergency. You should walk to the shelters instead of using cars. You should not go to Sakura Junior High School if a large fire happens. You should not go to Midori Stadium in case of heavy rain.

英作力 UP↗ まず，地図が何を伝えているかを説明する文から始める。これに続けて，注意書きが表す内容をまとめる。日本語の表現をそのまま英語にするのが難しいと感じたら，自分の力で表せそうな表現に置きかえてから英文にしてみればよい。

❻ If I could sing like my favorite singer, I would lead my own band. I want to write songs which make a lot of people happy. I wish people around the world would love my songs.

英作力 UP↗ まず質問への返答として，「〜ならば…するだろう」というIf 〜, I would …の形の仮定法の文を作る。そして，2文目と3文目のどちらかがI wish 〜の仮定法の文となるように，全体を構成する。

赤シート×直前対策！

ぴたトレ mini book

テストに出る！

重要文
重要単語
チェック！

開隆堂版　英語3年

赤シートでかくしてチェック！

← 「ぴたトレ mini book」は取り外してお使いください。

●赤字の部分に注意し，日本語を見て英文が言えるようになりましょう。
●英文が言えるようになったら，□に✓（チェックマーク）を入れましょう。

現在完了形・現在完了進行形

□私たちは5年間大阪に住んでいます。　　We have lived in Osaka for five years.

□彼は3年間中国語を勉強しています。　　He has studied Chinese for three years.

□私は昨日から神戸にいます。　　I have been in Kobe since yesterday.

□あなたは長い間東京に住んでいるのですか。　　Have you lived in Tokyo for a long time?

　　―はい，住んでいます。／

　　いいえ，住んでいません。　　― Yes, I have. / No, I have not.

□あなたはどのくらい日本にいますか。　　How long have you been in Japan?

　　―10年間です。　　― For ten years.

□私は以前その絵を見たことがあります。　　I have seen the picture before.

□エミは今までに北海道に行ったことがありますか。　　Has Emi ever been to Hokkaido?

□私はそんなに悲しい話を一度も聞いたことがありません。　　I have never heard such a sad story.

□私の父はちょうど仕事を終えたところです。　　My father has just finished his work.

□私はまだ昼食を食べていません。　　I have not had lunch yet.

□あなたはもう部屋をそうじしましたか。　　Have you cleaned your room yet?

□私の父は1時間ずっと料理をしています。　　My father has been cooking for an hour.

2

分詞

□マリには札幌に住んでいるおじがいます。	Mari has an uncle living in Sapporo.
□テニスをしている女性はだれですか。	Who is the woman playing tennis?
□私は中国で作られた車を持っています。	I have a car made in China.
□これはジョンによって書かれた物語ですか。	Is this a story written by John?

関係代名詞

□私には英語を上手に話す友だちがいます。	I have a friend who speaks English well.
□私のおばは部屋がたくさんある家に住んでいます。	My aunt lives in a house which has many rooms.
□これは千葉へ行く電車です。	This is a train that goes to Chiba.
□その知らせを聞いた人はみんな泣いていました。	All the people that heard the news were crying.
□あなたは，先月私たちがパーティーで会った女性を覚えていますか。	Do you remember the woman (that) we met at the party last month?
□これは昨日私が使った自転車です。	This is the bike (which) I used yesterday.
□これらは私の友だちがカナダでとった写真です。	These are the pictures (that) my friend took in Canada.

不定詞を含む表現

□私はこのコンピュータの使い方がわかりません。	I don't know how to use this computer.
□駅への行き方を教えてもらえますか。 —いいですよ。	Can you tell me how to get to the station? — Sure.
□私の友だちが，次に何をすればよいか教えてくれました。	My friend told me what to do next.
□彼は私にどこに滞在したらよいかたずねました。	He asked me where to stay.
□彼女はいつ出発したらよいか知っていますか。	Does she know when to start?

□たくさんの本を読むことは(私たちにとって)大切です。	It is important (for us) to read many books.
□私にとって英語を話すことはやさしくありません。	It is not easy for me to speak English.
□私は彼女に歌を歌ってほしいです。	I want her to sing a song.
□母は私に宿題をするように言いました。	My mother told me to do my homework.
□私は父が車を洗うのを手伝った。	I helped my father wash his car.
□このコンピュータを使わせてください。	Let me use this computer.

その他の文

□私たちはそのネコをタマと呼びます。	We call the cat Tama.
□この歌は私たちを幸せにします。	This song makes us happy.
□なんて素敵なの！	How nice!
□私はなぜ今日彼が学校に来なかったのか知っています。	I know why he didn't come to school today.
□私はあなたが何について話しているのかわかりません。	I don't know what you are talking about.

仮定法

□私が裕福だったら，もっと大きな家に引っ越すのに。	If I were rich, I would move to a larger house.
□私がそこに住んでいたら，毎日その城に行くことができるだろうに。	If I lived there, I could go to the castle every day.
□カレーが毎日食べられたらなあ。	I wish I could eat curry every day.
□私が彼の友達だったらなあ。	I wish I were his friend.

PROGRAM 1

☐	available	利用できる
☐	bandage	包帯
☐	blossom	（主に果樹の）花
☐	chilly	寒くて身ぶるいするような
☐	colorful	色彩に富んだ
☐	deliver	配達する
☐	develop	発展させる，開発する
☐	different	違った，異なる
☐	fantastic	すばらしい，すてきな
☐	fever	高熱
☐	headache	頭痛
☐	home-made	自家製の
☐	least	little（小さい）の最上級
☐	lent	lendの過去形，過去分詞
☐	marathon	マラソン
☐	medicine	薬
☐	noon	正午
☐	nutrition	栄養
☐	own	独自の
☐	pain	痛み
☐	picnic	ピクニック
☐	relay	リレー（競争）
☐	service	サービス，公共事業
☐	stapler	ホッチキス
☐	stomachache	胃痛
☐	suitcase	スーツケース
☐	told	tellの過去形，過去分詞
☐	variety	さまざまな
☐	well-balanced	バランスのとれた
☐	workplace	職場

Word Web 1

☐	air conditioner	エアコン
☐	boil	（液体を）ふっとうさせる
☐	bread	パン
☐	brush	ブラシをかける
☐	easy	くつろいだ
☐	garden	庭
☐	light	明かり
☐	mirror	鏡
☐	skirt	スカート
☐	sofa	ソファー
☐	spend	（時間を）過ごす
☐	stair	階段
☐	sweater	セーター
☐	tie	ネクタイ
☐	toast	キツネ色に焼く

Steps 1

☐	journalist	ジャーナリスト
☐	publish	出版する
☐	trust	信頼する

PROGRAM 2

☐	affect	影響を及ぼす
☐	asleep	眠って，眠りについて
☐	bamboo	竹
☐	bell	鈴，鐘
☐	body	体
☐	brain	頭脳
☐	bright	光っている
☐	concentrate	集中する
☐	cross	横断する
☐	daytime	昼間
☐	energy	エネルギー
☐	even though	〜にもかかわらず
☐	giant panda	ジャイアントパンダ
☐	habit	習慣
☐	held	holdの過去形，過去分詞
☐	improve	改善する
☐	lack	不足
☐	lose	失う
☐	minute	(時間の)分
☐	nap	昼寝，仮眠
☐	result	結果
☐	sign	標識，表示
☐	tight	ぐっすりと，深く
☐	tonight	今夜(は)
☐	walker	歩行者

Power-UP 1

☐	traveler	旅行者

PROGRAM 3

☐	angry	怒った
☐	arena	競技場，試合場
☐	baby	赤ん坊，赤ちゃん
☐	bake	(菓子などを)を焼く
☐	born	生まれる
☐	comfortable	心地よい
☐	create	作り出す，生み出す
☐	especially	特に
☐	final	最後の，最終の
☐	indoor	屋内の，室内の
☐	laugh	笑う
☐	let	〜させてやる
☐	luck	幸運
☐	outdoor	戸外の，野外の
☐	power	力
☐	report	報告，レポート
☐	rest	休息，休養
☐	super	超強力な
☐	tournament	トーナメント
☐	wake	目が覚める，起きる

Steps 2

☐	painting	絵
☐	hand in	〜を提出する

重要単語 チェック！ Our Project 7 ～ Power-Up 2

教科書 pp.39 ～ 50

Our Project 7

☐	boat	船，ボート
☐	choose	選ぶ
☐	dress	服を着る
☐	fashion	ファッション，流行
☐	interviewer	インタビューする人
☐	island	島
☐	middle	真ん中
☐	ocean	海，大洋
☐	speaker	話者
☐	support	支持，支え
☐	survive	生き延びる
☐	wind	風

Reading 1

☐	a few	少しの，いくつかの
☐	army	陸軍
☐	cage	(動物の)おり
☐	clever	頭がよい，賢い
☐	examine	検査[試験]する
☐	faithful	忠実な
☐	gentle-hearted	やさしい心を持った
☐	get away	逃げ出す
☐	go through	貫通する
☐	harm	害を与える，傷つける
☐	injection	注射
☐	kill	殺す

☐	lie	横たわる
☐	little by little	少しずつ
☐	loving	愛情のこもった
☐	needle	注射針
☐	not ～ any more	もはや～ない
☐	poisoned	毒入りの
☐	poor	かわいそうな
☐	raise	(持ち)上げる
☐	skin	皮ふ
☐	stomach	胃
☐	stood	standの過去形
☐	trunk	(ゾウの)鼻
☐	visitor	来訪者，訪問者
☐	weak	弱い，衰弱した
☐	worse	badの比較級
☐	zookeeper	動物園の飼育係

Power-Up 2

☐	damage	～を痛める
☐	exchange	交換する
☐	lens	レンズ
☐	May I help You?	いらっしゃいませ
☐	receipt	レシート
☐	salesclerk	店員
☐	sleeve	そで
☐	stain	しみ

PROGRAM 4

☐	alphabet	アルファベット
☐	bench	ベンチ
☐	communicate	情報を伝え合う
☐	design	デザインする
☐	expression	表現
☐	eyebrow	まゆげ
☐	facial	顔の
☐	gesture	ジェスチャー
☐	kid	からかう
☐	lower	下げる
☐	necessary	必要な
☐	official	公式の
☐	photo	写真
☐	realize	理解する
☐	sign language	手話
☐	spell	つづる，書く
☐	stage	舞台，ステージ
☐	user	使用者
☐	widely	広く
☐	worn	wearの過去分詞

Power-Up 3

☐	activity	活動
☐	beginner	初心者
☐	championship	優勝

☐	competition	試合，競技会
☐	council	協議会，議会
☐	defeat	負かす
☐	display	展示
☐	election	選挙
☐	elementary school	小学校
☐	including	(～を)含めて
☐	instrument	道具，楽器
☐	match	試合
☐	outing	遠足
☐	seed	シードする
☐	semifinal	準決勝の
☐	several	いくつかの
☐	starting player	スタメン，先発選手

PROGRAM 5

☐	add	加える
☐	bean	豆
☐	begin	始める
☐	belong to	～に属する
☐	cacao	カカオ
☐	cartoon	マンガ
☐	consume	消費する
☐	crush	押しつぶす
☐	dark	暗い
☐	debut	デビュー
☐	fair	公正な
☐	female	女性の
☐	figure	図
☐	force	～せざるを得ない
☐	image	印象，イメージ
☐	in a row	続けて
☐	jean	ジーンズ
☐	magic	魔法の
☐	male	雄，男性
☐	movement	動き，運動
☐	neck	首
☐	pocket	ポケット
☐	prefecture	県
☐	price	値段

☐	record	記録
☐	regard	みなす
☐	row	列
☐	scene	場面
☐	serve	(食事などを)出す
☐	side	面
☐	solid	固形の
☐	spice	スパイス
☐	surround	囲む
☐	throughout	～の至るところに
☐	tool	道具
☐	unfairly	不公平に
☐	used	中古の
☐	valuable	高価な
☐	website	ウェブサイト

Steps 4

☐	daily	日常の
☐	dictionary	辞書
☐	electronic	電子の
☐	perfect	完全な，申し分のない
☐	scroll	スクロールする
☐	traffic light	信号機

Word Web 2

☐	butterfly	バタフライ

PROGRAM 6

☐	actually	実際に
☐	amount	ある量
☐	area	地域，地方
☐	broadcasting	放送
☐	cleanup	掃除
☐	collect	～を集める
☐	contain	～を含む
☐	cream puff	シュークリーム
☐	escape	逃げる
☐	fat	太った
☐	float	浮く，浮かぶ
☐	huge	巨大な
☐	human	人間
☐	hurt	傷つける
☐	mark	印をつける
☐	project	企画，計画
☐	reduce	減らす
☐	researcher	研究者
☐	sail	船旅をする
☐	stew	シチュー
☐	surface	表面
☐	system	装置
☐	term	学期
☐	throw	投げる
☐	tiny	とても小さい
☐	ton	トン
☐	trash	ごみ
☐	whole	全部の，全体の

Steps 5

☐	battery	電池
☐	blanket	毛布
☐	bucket	バケツ
☐	radio	ラジオ
☐	sunscreen	日焼け止め
☐	tent	テント

Our Project 8

☐	emotional	感情の
☐	excellent	優れた，すばらしい
☐	explanation	説明
☐	feature	特長，特質
☐	logical	論理的な
☐	pause	停止
☐	percent	パーセント
☐	smell	においがする

Power-Up 4

☐	exit	出口
☐	drill	訓練
☐	east	東(の)
☐	north	北(の)
☐	south	南(の)
☐	west	西(の)

PROGRAM 7

☐	ability	能力
☐	cancer	(病気の)がん
☐	chance	チャンス，機会
☐	choice	選択
☐	clean up	きれいに掃除する
☐	cleaner	掃除機
☐	convenient	便利な
☐	correctly	正しく，正確に
☐	deep	深い
☐	disease	病気
☐	enemy	敵
☐	exam	試験
☐	expert	達人，熟練者
☐	feeling	感情
☐	from now on	これからは
☐	grandparent	祖母，祖父
☐	have a break	休憩する
☐	heater	暖房器具
☐	imagine	想像する
☐	inside	内部に
☐	knew	knowの過去形
☐	level	(能力や地位などの)水準
☐	map	地図
☐	musical	ミュージカル
☐	nobody	だれも〜ない
☐	online	オンラインの
☐	operation	手術
☐	patient	患者
☐	process	処理する，整理する
☐	pyramid	ピラミッド
☐	quickly	速く
☐	search for	〜をさがす
☐	select	選ぶ
☐	shake	握手をする
☐	shape	形
☐	suggest	提案する
☐	ticket	切符，チケット
☐	unbelievable	信じられない
☐	vacuum	真空作用の
☐	various	いろいろの

Reading 2

☐	control	支配，統制
☐	blog	ブログ
☐	deeply	深く
☐	effective	効果的な
☐	express	言い表す，述べる
☐	freedom	自由
☐	freely	自由に
☐	group	集団
☐	gunman	殺し屋，無法者
☐	hide	～を隠す
☐	hometown	故郷の町
☐	immediately	ただちに，すぐに
☐	miraculously	奇跡的に
☐	miserable	みじめな
☐	northern	北の
☐	opinion	意見
☐	reality	現実
☐	recover	回復する
☐	schoolgirl	女生徒，女学生
☐	shawl	ショール，肩かけ
☐	silent	黙っている
☐	soldier	兵士
☐	solution	解決法
☐	tank	戦車

Special Project

☐	kindness	親切
☐	meaningful	意味のある
☐	victory	勝利

Word Web 3

☐	archery	アーチェリー
☐	boxing	ボクシング
☐	canoe	カヌー
☐	compete	競争する
☐	fencing	フェンシング
☐	football	サッカー
☐	gymnastics	体操
☐	hammer throw	ハンマー投げ
☐	handball	ハンドボール
☐	Olympic	オリンピック
☐	Paralympic	パラリンピック
☐	rhythmic gymnastics	新体操
☐	rowing	ボート
☐	sailing	セーリング
☐	shooting	射撃
☐	surfing	サーフィン
☐	table tennis	卓球
☐	triathlon	トライアスロン
☐	wheelchair	車いす

13

Further Reading 1

☐	audience	聴衆，観客
☐	afterwards	その後
☐	award	賞
☐	bend	体を曲げる
☐	bend over	かがむ
☐	celebrate	祝う
☐	curiosity	好奇心
☐	decide	決定する
☐	demonstration	実演
☐	discovery	発見
☐	fill	満たす
☐	given	giveの過去分詞
☐	humorous	おかしい
☐	improbable	奇抜な
☐	increase	増やす，強める
☐	krona	クローナ
☐	million	100万
☐	Nobel Prize	ノーベル賞
☐	parody	もじり，パロディ
☐	past	過去
☐	presentation	プレゼンテーション
☐	recent	最近の
☐	scientific	科学の，科学的な
☐	serious	まじめな
☐	silly	ばかばかしい
☐	successful	成功した
☐	surprisingly	驚いたことに
☐	Swedish	スウェーデンの
☐	unusual	めずらしい
☐	winner	勝者

Further Reading 2

allow	許す
anymore	[否定文で]これ以上
backrest	背もたれ
backyard	裏庭
budge	ちょっと動く
burst	飛び込む
bush	低木のしげみ
certainly	確かに，必ず
circle	一周する
circulation desk	貸出カウンター
closed	閉じている
comfy	心地よい
demand	強くたずねる
dust	ほこりを払う
either	(否定分で)…もまた〜ない
encyclopedia	百科事典
envelope	封筒
glass	ガラス
ignore	無視する
lady	婦人
librarian	図書館員
lick	なめる
march	ずんずん歩く

meant	meanの過去形，過去分詞
might	mayの過去形
neighborhood	近所，近隣
normal	正常
notice	気づく
onto	〜の上に
ouch	痛い
paw	(動物の)足
promise	約束をする
roar	ほえる
scowl	顔をしかめる
seem	〜のように見える
softly	優しく，穏やかに
stack	書庫
stepstool	踏み台
stern	厳しい
stretch	(手足などを)いっぱいにのばす
title	題名，タイトル
toe	足の指
toward	〜の方へ
tug	引っぱる
unless	もし〜でなければ
whine	哀しそうに鳴く

A

開隆堂版・中学英語3年